U0720080

郭实猎与「开放中国」

Karl Gützlaff and the Opening of China

19th

李骛哲 著

十九世纪上半叶的中西碰撞

中華書局

图书在版编目(CIP)数据

郭实猎与“开放中国”:19世纪上半叶的中西碰撞/李骛哲著.
—北京:中华书局,2025.3(2025.6重印).
—ISBN 978-7-101-16890-7

Ⅰ.B979.951.6

中国国家版本馆CIP数据核字第2024EQ7608号

书　　名	郭实猎与“开放中国”——19世纪上半叶的中西碰撞
著　　者	李骛哲
责任编辑	葛洪春
装帧设计	刘　丽
责任印制	陈丽娜
出版发行	中华书局 (北京市丰台区太平桥西里38号　100073) http://www.zhbc.com.cn E-mail:zhbc@zhbc.com.cn
印　　刷	河北新华第一印刷有限责任公司
版　　次	2025年3月第1版 2025年6月第2次印刷
规　　格	开本/920×1250毫米　1/32 印张10½　插页14　字数300千字
国际书号	ISBN 978-7-101-16890-7
定　　价	68.00元

郭实猎像（1832 年，版画）

英国曼彻斯特大学图书馆藏

郭实猎画像

Weg und Wahrheit(《道路与真理》)，9.8.1981/Nr.32/17

J.R. 哈丁 (J.R.Harding) 绘于 1900 年的“郭实猎岛”

Far Eastern Sketchbook Electronic Version，国立威尔士图书馆藏

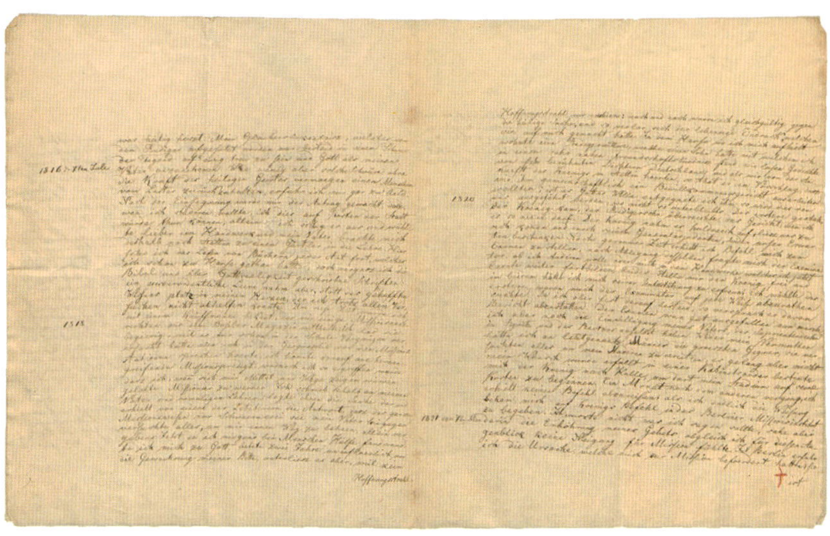

郭实猎《生平简述》（德语）

乌特勒支城市档案馆藏

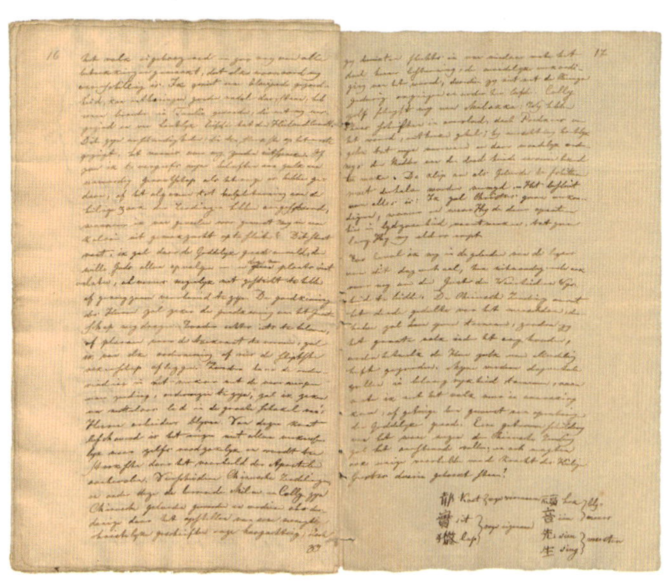

郭实猎日记（荷兰语）

乌特勒支城市档案馆藏

郭实猎致R．霍华德夫人信（英语）

伯明翰大学图书馆藏

郭实猎致亚历山大·洪堡的两封信（德语）

柏林国家图书馆藏

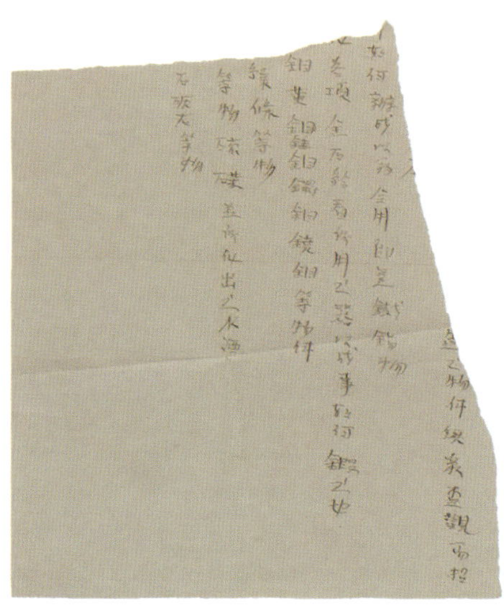

郭实猎中文手迹残稿

乌特勒支城市档案馆藏

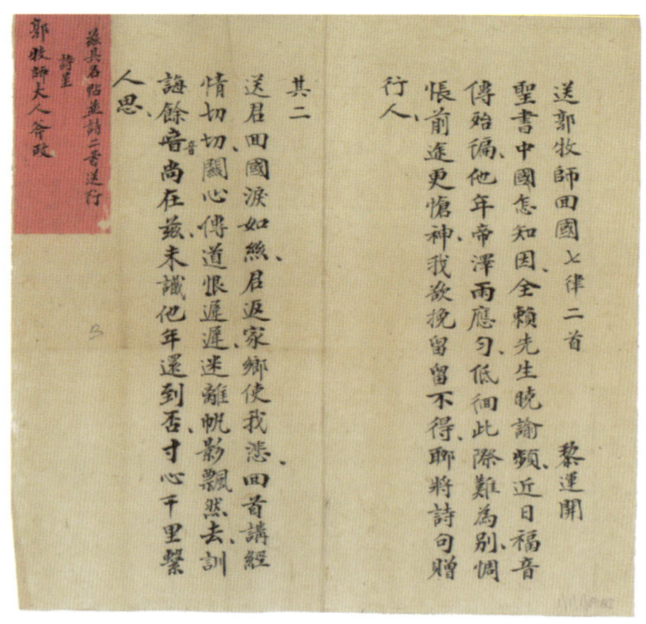

送郭牧師回國七律二首　黎運開

聖書中國怎知因、全賴先生曉諭頻、近日福音傳殆徧、他年帝澤雨應勻、低徊此際難為別、惆悵前途更愴神、我欲挽留留不得、聊將詩句贈行人、

其二

送君回國淚如絲、君返家鄉使我悲、回首講經情切切、關心傳道恨遲遲、迷離帆影飄然去、訓誨餘音尚在茲、未識他年還到否、寸心千里繫人思、

謹具名帖並詩二首送行

詩呈

郭牧師大人斧政

汉会成员写给郭实猎的送别诗

伯明翰大学图书馆藏

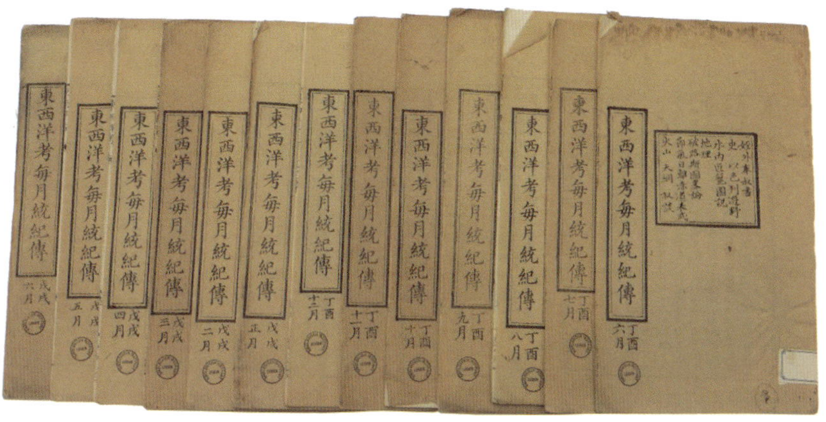

《东西洋考每月统记传》书影

汉会传单

莱顿大学图书馆藏

郭实猎用印，散见于郭实猎著作

目 录

序　一

2023年7月8日,郭实猎诞辰220周年。德国西德广播电台制作了一档15分钟的节目——“牧师、海盗、天才?中国宣教士郭实猎”(Pastor, Pirat, Genie? Karl Gützlaff, China-Missionar),其中一段话是这样说的:

> 他是新教传教士、间谍、语言天才和江湖骗子。今天,他几乎完全被人遗忘,但在19世纪,他在遥远的亚洲所撰写的游记在整个欧洲广为流传,成千上万的中国迷蜂拥而至,聆听他的演讲。(Er war evangelischer Missionar, Spion, Sprachgenie und Scharlatan. Heute fast völlig vergessen, wurden seine Reiseberichte aus dem fernen Asien im 19. Jahrhundert in ganz Europa gelesen, zu seinen Vorträgen strömten tausende China-Begeisterte.)

第一句是对郭实猎的盖棺定论,前两个称谓也出现在中文世界,后两个标签则不为中国人所熟悉。欧洲人之所以强调他是“语言天才”,凸显的是学习汉语难度之大,也说明当时汉语翻译之稀缺。那么,为什么要赠予他“江湖骗子”的恶名?或许是汉会“丑闻”的百年效应。可见无论中外,对郭实猎的褒贬至今仍然存在歧异，贬义中的“间谍”没有争议，而“江湖骗子”绝非是中国人所贴的标签，清代人给郭实猎所扣的“帽子”有“逆夷”和“汉奸”，后来中国学者又为他添加了“鸦片贩子”和“强盗”。

郭实猎到底是个什么样的人？电台节目的开场白恰恰昭示着一个事实，即郭实猎是一个毁誉参半、聚讼纷纭的人物，即使是在他去世170多年以后。无论在媒体还是在学界，无论在中国还是在欧洲，无论在当时还是在当下，郭实猎依然充满争议。活着的时候，他在欧洲引起的争论在教会内部，他本人也极力为自己申辩；而在中国引起的争议则呈现两极分化，官员斥之为“逆夷”，而民众“叨念”其爱民。48岁死于香港之后，他在欧洲教会内部引起的争论已趋于平息，更连续获得在华殖民当局的褒奖，香港以他名字命名的街名和上海以他名字称呼的外滩信号塔便是明证。

缺乏真切的了解，往往引发错误的判断，而错误的判断之所以难以被发现和纠正，原因在于乌纱帽的品级决定着判断的正确与否。视野开阔、坚定睿智如林则徐，早在江苏巡抚任上就与郭实猎打过交道，作为钦差大臣的他，在广州未能分清“甲利”、“吴士拉”、“咭吐啦”实际上是同一个人，也未能准确评估郭实猎的真实汉语水平；在浙江主持军事的扬威将军奕经认识到郭实猎的重要性，却误以他为“最为著名酋目”。

即便是七岁跟随郭实猎夫人学习的容闳也把自己老师的夫君当作是“英教士”。限于当时急迫的外交军事压力、翻译人才的匮乏和信息来源的单一，清代官员对郭实猎的认识和判断失误情有可原，令人感到惊讶的是，自20世纪上半叶起的学者同样因为缺乏真切的了解而急于下结论，其谬误甚至超过清代官员。今天我们很难想象，武堉干著《鸦片战争史》对郭实猎的国籍和主要活动地点、范文澜著《中国近代史》对郭实猎的职业的叙述都不符合事实。

李骛哲的博士论文《郭实猎与“开放中国”》正是为了澄清郭实猎到底“是什么”的一个大胆尝试。要想做好这一选题,需要具备三个要素:一是外语知识的储备,二是搜集外语第一手文献的能力,三是打破观念禁锢的勇气。在经过短暂的犹豫之后,李骛哲决定接受挑战。作为他的论文指导老师,我既感到欣慰,同时心里也不是完全有底。

目前呈现在读者面前的中华书局修订版的博士论文,便是李骛哲交出的圆满的答案。写作博士论文过程中产出了更多的“边际效应”:一是走万里路,为了发现和获得新文献,他前往柏林、伦敦、伯明翰和莱顿等地,最终满载而归;二是读通洋书,为了解读外文文献,他一方面努力提高自己的英文和德文阅读能力,另一方面跟从上外的荷兰语老师学习荷兰语,同时自学辨认手稿的技巧,最终完成了外文文献的整理、翻译和解读。

在此基础之上,再构建论文的视角和框架。本文的新颖之处,在于放弃了传统的博士论文写作框架和叙述方式,不是追求一本面面俱到的郭实猎传记,而是把郭实猎与第一次鸦片战争前英国“开放中国”的相关度作为考察的核心。这样做的好处,能够准确描绘出19世纪40年代之前中国与西方相处的实相,即当时不只是英国人,也不只是大鸦片贩子,而且还有几乎在华的所有传教士都支持英国“开放中国”的企图,他们甚至为武力胁迫中国开放而摇旗呐喊,所以郭实猎并不是一个异数或怪胎,只不过因为他是极个别掌握了汉语的口译和笔译,成为那时西方殖民列强中炙手可热的专业人才,再加上因心理有问题而导致的过人胆量,让他在商业冒险和外交交涉中的强劲风头迅速盖过了长期在南洋和中国经营的伦敦会传教士,也让他的翻译和传教成绩远超同侪。这是他的成功,同时也为自己埋下了引发日后巨大争议的伏笔。

开笔第一章《郭实猎姓名考》是关键，看似一个纯考据的标题，实际要做的是思想史的追溯：为什么郭实猎的汉文名如此之多？哪些是他自选的译名？他为什么最终选择姓郭名实猎？他为什么要学福建和广东方言？自选汉名的变化是否反映出他学习汉语的方法和对中国认知过程的深入和成熟？是否表征着他从学习方法和心态依附伦敦会的麦都思到逐渐确立自信走向独立传教的想法的形成？哪些是别人给他起的名字？不同时期的译名反映着什么样的时代氛围和个人心态？

通过对其众多汉语名称的追踪溯源，郭实猎的本来面目和在历史长河中扭曲变形的郭实猎面目被真实地勾勒出来。我说可以投《近代史研究》，李骛哲不敢相信自己的耳朵，我说不用找任何关系，编辑的眼睛是雪亮的。这里也想告诉年轻学子们，不要把学术界的“卷”都归咎于学术之外的因素。

信心确立起来，挑战自我的勇气油然而生。第二章《早年经历与人格特征》是借助于心理学完成的跨学科研究，所得到的结论也是耳目一新：郭实猎具有“病态人格”，集“乐观”、“狂热”、“孤僻”、“倔强”、“自负”、“任性”于一身。而这一人格的形成有着多重的原因——既有原生家庭所带来的心理创伤，也有幸福婚姻的突然崩溃所造成的“创伤后应激障碍”，还有早年在南洋依靠所掌握的福建话在暹罗华人中传教的超级效果的激励。也就是说，一个人事后所取得的成就与他最初的动机并非总是合拍，有时甚至正好南辕北辙。

与清初耶稣会士传教的路径截然不同，新教传教士走的是底层路线，而交接底层的最有效方式是医学传教，给那些需要帮助的底层民众带来实实在在的利益。从这一角度看，郭实猎是马礼逊和郭雷枢的承前者，也是伯驾和雒魏林的启后者。他在荷印群岛和暹罗的传教实践，都是为来华传教的预演。而郭实猎的相貌恰好与南洋华人接近，穿华服，说汉语，以医学作为传教的媒介，诸多机缘巧合，促成了郭实猎来华的动因和手段。

如果没有东印度公司和英国侵华战争的因素，郭实猎还会延续他在南洋和暹罗的成功的传教模式，而介入东印度公司事务和充当英国侵华战争的帮凶，则成为郭实猎来华传教的污点。其实沾染上这一污点的不只是他一个人，而是几乎所有在华传教士的主动选择，一手拿着英国大鸦片商的巨额赞助，另一手举着《圣经》引导迷途的中国"羔羊"，就成为那一时期在华新教传教士极为奇特的一景；而一方面极力批评中国人的愚昧，另一方面则为英国侵华战争摇旗呐喊、鸣锣开道，也成为那一时期在华新教传教士的必然选择。这里作者提出来的一个有趣问题是——既然是团体性的作恶，为什么最后独有郭实猎背上千秋骂名？除了"个性张扬"，是否还有其他的原因？譬如，是否具有竞争关系的英美新教传教士有意转移视线或者故意抹黑泼脏水？汉会"丑闻"的持续负面效应，是否成为郭实猎在华形象的一个转折点？学术之外因素的强力介入，是否在形塑郭实猎的负面形象中起到了决定性的作用？

最后一章利用图像来解读郭实猎与"开放中国"的相关度，新意迭出：图像中的衣装式样和发型的变化，与郭实猎的自我形象塑造、打开中国国门的诉求、对自己独特翻译地位的强调，都有着合乎逻辑的内在关联。

李骛哲博士论文的学术意义，在于它展示了研究郭实猎的可靠史料，开拓出研究郭实猎的新颖路径，解决了郭实猎研究中的一些基本和重要的问题。但这并不意味着郭实猎的研究可以画上句号，后来者可以在此基础之上进一步展拓研究的经纬度：比如伦敦会传教士（包括马礼逊父子、麦都思、理雅各、柯理兰）与郭实猎的关系，德语区背景的在华新教传教机构"三巴会"（巴陵、巴冕、巴色）与郭实猎的关联，其中尤其不可忽略的是符腾堡传教会在郭实猎后期在华传教活动中所扮演的角色，考虑到他们在郭实猎背后若隐若现的金主角色以及汉会“丑闻”中的要角韩山明的巴色会出身，无疑这方面还需花大力气进行深入考察。还有郭实猎在欧洲发表的大量文章在教内教外的影响，也需要一个准确的评估。卡尔·弗里德里希·诺伊曼（Karl Friedrich Neumann）在郭实猎1847年出版的一部有关中国历史的著作中透露了郭实猎写给他的一封信，信中郭实猎坦陈其出版该书的目的是——“我希望我的祖国能对中国产生持久的兴趣”。也就是说，尽管郭实猎撰写了数量可观的非母语的著作和文章，但他更在意德文版在其祖国的影响。这样的影响覆盖到从马克思到亚历山大·洪堡这样的知识精英，我们没有理由熟视无睹。

如前所述，郭实猎确实充当过英国东印度公司的情报搜集者、英国大鸦片贩子的帮凶、对华第一次鸦片战争的吹鼓手，这是铁的事实。“做异教徒的信使需要一定的胆量”（Es gehört eine gewisse Tollkühnheit zu einem Heidenboten），这是郭实猎的夫子自道，然而过于胆肥，就越过底线，成为为非作歹的同义词。郭实猎研究的魅力和价值，正在于他的思想和行为的复杂性和多样性：他是在华新教传教士传教方式的革新者——其官话和方言兼学，着华服并培养中国本土信徒传教的方式都深刻影响着当时和后来的传教事业；他参与修订马礼逊版《圣经》，成为后继者如麦都思继续翻译《圣经》的原动力。他是在华知识传教的先驱，其中文杂志《东西洋考每月统记传》的影响并没有得到恰当的评估，鸦片战争前广州关注“夷务”的学者萧令裕和梁廷枏以及三四十年代的两广总督是否读过郭实猎的这本杂志？无疑是令人遐想不已的有趣题目。他是在华新教传教士医学传教和教育传教（包括其夫人所办的女塾）的开拓者，容闳就是郭实猎夫妇教育传教的受益者。他是在华独立传教的第一人，其传教方式和成就对其他新教传教机构和个人所造成的压力，无疑也是他饱受争议的一个诱因，而他由此也成为激励后来者的一个榜样。最后，他也是现代欧美汉学研究的探路者，他对中国古典文学著作——如对《红楼梦》的介绍和对《聊斋志异》的翻译，都对后来者具有示范意义。这样的一个郭实猎，难道不值得我们花大力气研究吗？

时间过得真快，李骛哲进行博士论文答辩的情景宛如眼前，实际上他已离开复旦六年。他的博士论文修订本即将由中华书局刊出，我为他高兴，拉杂略述如上，既是表达衷心的祝贺，同时也希望他不要自满，继续扩展和深化这一课题的研究。

王维江

2024年6月22日草于柏林

序　二

19世纪前期,活跃于中国南方沿海的一批来华西人,有不少都成为“历史人物”,在各种不同的语境下进入历史叙述。这是因为,鸦片战争前夜的这一区域乃是世界地理和历史的十字路口,于此,他们所秉赋的西方文明在历史的关键节点与中国文明相遇,在当时就引发了改变历史走向的诸多事变,其涟漪则波及至今。这些人的事业和生活因此很自然地被编织进入大时代叙事,获得普通人难以企及的身后之名。但宏大叙事往往会将那些生动而丰富的细节湮没,而历史人物的个性也因之在不同程度上被忽略。本书研究的郭实猎即是这样一个历史人物。而李骛哲这本著作的一个突出特点,就是从丰富的细节重建其事业和生活的实态,其个性也藉此得到成功的描摹。

郭实猎还在世的时候,就成为西方和中国的作者在不同背景下进行记叙和探询的对象,他的种种传奇性经历也不断引起各种争议。在他死后,有关他的评论和研究迄未间断。年轻的研究者因此可以从较好的基础出发加以深化和拓展,但挑战在于,郭实猎的生平史实大致都已得到叙述,而相关的学术问题似乎大多已被讨论,故需要在探询研究空间方面耗费心力。李骛哲选择郭实猎为其博士论文研究对象,当然是因为看到既往研究作品所存在的欠缺或不足,但通过全面阅读和仔细酌核以确定其研究的范围和方法,其中的难度仍不容低估。我不知道他是否产生过很多人在类似状况下都会有的犹疑和彷徨,但可以想象,作此决定需要相当大的勇气。

本书并没有写成一部以铺陈史实为主的人物传记。但作者对每一个选定的专题都进行了深入的专门讨论,合起来则可以展现郭实猎不平凡的一生。对本书各章所研究的专题,学界同仁似乎都有所知,但对这些章节涉及的很多具体史实,则未必都了解,本书则在翔实的史料基础上提供了比以往论著都完整的叙述。例如,很多读者都只是略知郭实猎早期在南洋和暹罗的传教生涯,而本书很具体地描述了他在这些地区的具体作为,他所经历的事业转折与情感变化,为理解大家相对熟悉的他在中国的活动提供了很清晰的背景。本来受命在南洋传教的郭实猎,他的兴趣是如何转向对华传教?本书第三章就提供了颇具说服力的说明。参与鸦片走私是郭实猎这个传教士一生无法洗脱的污点。作者没有回避这个问题,相反,他对这个问题进行了细致的讨论,也对传教士群体与鸦片商人的关系进行了更广泛的观察。本书第五、六、七三章都涉及这一问题。郭实猎之外,其他传教士的活动也得到鸦片商人的资助。由于这些商人同时进行合法的进出口贸易,所以不能断定传教士进行文化活动的经济来源均为鸦片贸易所得,但相互之间的关联的确是无法辩解的。虽然我对作者关于传教士与鸦片问题的某些评论不一定都同意,但很欣赏他力图为在复杂背景下理解这一问题多重特征所进行的努力。本书第六章对郭实猎在鸦片战争前后中西关系转变的脉络中扮演的角色,也进行了更细致的探讨,触及到过往或无意或有意被忽略的一些问题。郭实猎以其大胆粗放的作风,留下了不少在西方赢得喝彩的传奇故事,但他最终败给了自己的阵营。汉会的故事终结了他的传奇,因此也引起历代研究者的极大兴趣。本书作者同意长期以来学界关于这个郭实猎一手创建和扶植的本土传教组织的一些观点,但在其运作模式等方面则进行了更深入的挖掘,所述也更全面。其中,关于韩山明在汉会中的角色,及其在这一曲折事件中所起的作用的分析,就是一项很明显的推进。本书各章在相关专题上都取得明显进展。各章主题相对独立,但在"郭实猎与'开放中国'"这一主题之下,都有机地联系在一起,使我们可以通过这个人物,更深入地理解那个时代。

李骛哲在研究中运用史料以复原史实的工作做得很扎实,在解读文献和分析问题上堪称细致、严谨,这也反映多年的严格训练所造就的学术功底。本书在方法上还有两个方面值得注意。一是运用了人格和心理分析的方法。李骛哲从"虔信宗信仰"、"浪漫主义"等方面描叙郭实猎的性格特征,并判定他是一位"自恋型人格障碍患者"。全书在多个关键性环节,以郭实猎的性格或人格特征来解释他的言行,形成本书的一大特色。性格和人格分析在人物研究方面,早已有很多运用的实例。但也应该看到,在一部史学作品中将其当作一种基本分析方法,本书还是进行了出色的尝试。二是在图像史料的运用方面做出了很好的示范。时下有一种说法叫作"图像证史",我以为此说可议。因为图像史料的作用如果只是"证"史,那不过是在文字史料之外增添一种证据而已。但实际上,图像史料不仅能带给我们一种新的证据(尽管这也很重要),而且能带来不同于文字史料的视野和更为直观和立体的信息,能够在研究上别开生面,丰富我们对史事认知的广度和深度。本书最后一章题为《图像中的郭实猎》,通过对多幅郭实猎画像以及照片的分析,为进一步理解这个人物的性格、言行和内心世界提供了不可替代的信息,因而也为进一步阐释郭实猎和他的时代提供了又一种路径。

如今,对新一代学者来说,运用多语种史料研治近代中外关系史,已渐成常规。但与那些较易获得的"大块史料"不同,有关郭实猎的资料分散在德国、荷兰、英国等多个国家的许多机构,李骛哲在欧洲各地寻访、收集郭实猎研究文献,可以想见,他在各方面都需要付出很大精力。从事博士论文研究期间,他就和我数次分享过他在文献上的发现。这些资料,构成他撰写本书的主要基础。本书由此出发,得以对郭实猎的生平事业和相关事件进行全面论述和深入阐述。还值得一提的是,李骛哲也尽力发掘和运用有关的中文史料。尽管关于郭实猎的第一手中文资料很少,而且未必都可信,但认真加以辨析、利用,也有助于对相关问题的讨论和分析。本书第七章征引中国档案文献、时人著述、地方志等资料,在分析郭实猎在鸦片战争过程中的行为时,与西文资料互证,所得结论便更有说服力。

即使本书以郭实猎这个具体人物为研究对象,也很难面面俱到。本书讨论了关于郭实猎的大部分史实。但在去世之前若干年,郭实猎的一个重要身份是香港英国当局的中文秘书。在那个时代,这个职位要处理大量政务,是港英官方的重要角色。对于这个方面,有关研究一向很少,本书亦未予梳理和论述,可能作者自有考虑。此外,郭实猎作为一个传教士,留下了众多中、西文宗教作品和其他作品,也一直为研究者所关注。但如同他的各种现实活动,他的这些作品也有待于深入分析。这些问题,期待李骛哲在后续的研究中予以重视。

吴义雄

绪　论

一、选题意义

郭实猎(Karl Friedrich August Gützlaff,1803—1851)是19世纪上半叶中西碰撞过程中不可忽视的人物。自20世纪初,中西学界对这位普鲁士籍的新教来华传教士的研究成果十分丰富,其中赫尔曼·施莱特(Herman Schlyter)用德文撰写的《郭实猎的在华传教事业》(*Karl Gützlaff als Missionar in China*)[①]是西方学界系统研究郭实猎的重要著作,但该书作者的宗教立场也削弱了其著作的学术价值;国内的相关研究则受制于意识形态和文献匮乏,导致对郭实猎的基本面貌描述和定性评价都存在争议。

笔者在英国圣公会、荷兰传道会、莱茵传道会、莱顿大学、伯明翰大学、柏林国家图书馆先后收集到涉及郭实猎的原始文献资料万余页,涉及英语、德语、荷兰语、汉语、法语等语种。特别是荷兰传道会档案和圣公会非官方档案,内含郭氏书信近百封,另有传教日记、自传等珍贵文献。这些档案资料,不但从未被华语学界利用,西方学界也没有对其进行过系统的整理和解读。整理和利用这批原始

①Herman Schlyter, *Karl Gützlaff als Missionar in China*, Lund:Gleerup,1946.

文献，不仅有助于复原郭实猎的家庭情况、早期经历及他的性格和人格形成之间的关联，而且也是确定郭实猎的来华动机、在华传教方式方法的有效途径。尽管存在阅读多语种文献的障碍，尤其是辨别西文手稿还需要专门的训练，但实在难于压抑求知的好奇心，笔者最终还是愿意接受挑战，在提高自己阅读英语和德语文献水平的同时，在上外荷兰语教师的帮助下，开始阅读荷兰语的档案资料，并逐渐达到独立阅读的水准。

本书定名为《郭实猎与"开放中国"》。"开放"一词源自郭实猎的名作"*China Opened; or, A Display of the Topography, History, Customs, Manners, Arts, Manufactures, Commerce, Literature, Religion, Jurisprudence, Etc. of the Chinese Empire*"。[①]郭实猎在鸦片战争前夕出版的著作中公然宣称中国已经开放，反映出他急于打开中国国门的迫切心情。本书采用郭实猎一直强调的"开放"这一词汇，正是为了展示他在"开放中国"（Opening China）过程中的主动态度和策略手段以及由此所产生的影响。

本书主要通过对前述档案文献的梳理，厘清郭实猎的家庭背景和成长历程，展示出他的信仰、价值观和人格特征，由此揭示出郭实猎在"开放中国"过程中的心态、动机、处境和传教方式之间的关联。进而展示出来华西人对进入中国、"开放中国"方法的探索，并尝试对郭实猎复杂、矛盾的行为作出合理的解释。

---

①Gutzlaff Charles, *China Opened; or, A Display of the Topography, History, Customs, Manners, Arts, Manufactures, Commerce, Literature, Religion, Jurisprudence, Etc. of the Chinese Empire*, Vol.1, London: Smith, Elder and Company, 1838.

二、研究综述

有关郭实猎的研究，属于早期来华新教传教士研究的范畴。相关问题在吴义雄所著《在宗教与世俗之间：基督教新教传教士在华南沿海的早期活动研究》中已有详述，此处不赘。[①]但有关郭实猎本人的专门研究，尚无人进行过系统的梳理。

对郭实猎的介绍，在他生前就大量存在。比如1851年在柏林出版的*Karl Gützlaff's Leben und Heimgang*（《郭实猎传》）[②]、柯尼斯堡出版的Cosack, C. J.著*Gützlaff und die evangelische Mission in China*（《郭实猎与中国的福音传教事业》）[③]等等。在郭氏去世后，1867年伟烈亚力（Alexander Wylie）在上海用英文出版了*Memorials of Protestant Missionaries to the Chinese：Giving a List of their Publications and Obituary Notices of the Deceased*[④]，其中郭实猎一节除简述了郭氏的生平外，还罗列了他用英语、德语、荷兰语、暹罗语、日语、汉语撰写的百余种著述的目录，为后世的研究提供了重要的线索。在此后数十年的时间里，一批记录西方传教士在华活动的文献相继出现，如1888年出版的卫斐列（Frederick Wells Williams）

---

①详可参见吴义雄：《在宗教与世俗之间：基督教新教传教士在华南沿海的早期活动研究》，广东教育出版社2000年版，第1—23页。

②*Karl Gützlaff's Leben und Heimgang*, Berlin：Haupt Verein für christliche Erbauungs-Schriften in den Preußischen Staaten, 1851.

③Cosack, C. J., *Gützlaff und die evangelische Mission in China*, Königsberg, 1851.

④该书的中文版由倪文君翻译，名为《1867年以前来华基督教传教士列传及著作目录》，已于2011年由广西师范大学出版社出版。

著*The Life and Letters of Samuel Wells Williams*[①]、1907年出版的季理斐(D. Mac Gillivray)编*A Century of Protestant Missions in China (1807—1907), Being the Century Conference Historical Volume*(《新教在华传教百年史》)[②]等等。此类著作大多对郭实猎有所记录,但其主要价值又多体现在文献方面。

1926年,许地山在英国牛津大学波德利安图书馆(Bodleian Library),将一批东印度公司在广州夷馆存放的旧函件及公文底稿抄录回国,并以《达衷集》[③]之名出版。其中收录了大量郭实猎于“阿美士德勋爵”(Lord Amherst)号航行期间,在厦门、福州、宁波、上海等港口,与官吏、商人往来的文件,为马士(Hosea Ballou Morse)《东印度公司对华贸易编年史》(*The Chronicles of the East India Company Trading to China, 1635—1834*)所未备。自此,国内学界方真正注意到郭实猎其人,相关的研究作品亦开始出现,而早期的研究又主要围绕《达衷集》涉及的“阿美士德勋爵”号航行一事。

20世纪30年代,郭廷以编纂《近代中国史》,大量使用了《达衷集》和部分清政府官方的文献,大体还原了“阿美士德勋爵”号航行的主要过程。郭廷以引用了马治平(Charles Marjoribanks)给林赛(Hugh Hamilton Lindsay)的命令,称此次航行是“去试探究竟英国的商务可以逐渐向北推进到什么地方,各地方民人和官府的态度意

①该书的中文版由顾钧、江莉翻译,名为《卫三畏生平及书信——一位来华传教士的心路历程》,已于2004年由广西师范大学出版社出版。

②D. Mac Giilivary, *A Century of Protestant Missions in China (1807—1907): Being the Century Conference Historical Volume*, Shanghai:American Presbyterian Mission Press, 1907.

③许地山编:《达衷集》,文物出版社2022年版。

向如何。但是切不要命人知道他是奉有公司的使命,船上亦不可装运鸦片",[①]而"因为这次的航行……中国政府的无能力与无组织处处都表露出来了"。[②]持论较为公允。但遗憾的是这部《近代中国史》在1949年以后大陆学界的影响却相当有限。

相比之下,范文澜著《中国近代史(上)》第一分册的影响则要大得多。该书初版于1946年,但就连范文澜自己也说"这本书的错漏如此之多,补过不遑"。比如,1949年修订版的《中国近代史》依旧称郭实猎为"久居天津的大鸦片商",[③]可谓大谬不然。但不容否认,这部颇具时代特征的历史著作所奠定的基本格局,影响了之后数十年的近代史研究。

1953年9月13日《进步日报》刊载了署名为南木的论文《鸦片战争以前英船阿美士德号在中国沿海的侦查活动》。[④]这是1949年以后第一篇直接涉及郭实猎本人的专门文章。该文认为:"一八三二年阿美士德号在中国沿海的航行,是英国侵略者一次有计划的侦查活动……在航行的过程中,他们不但完成了对厦门、福州、宁波、上海水道的探测工作,而且对清朝政治的腐败,军备的废弛和落后,以及各地经济状况,都有了十分深刻的认识。英国侵略者掌握了这些确实的材料之后,对中国一般情势,自然洞若观火了。因此他们后来不惜公然反对清政府禁烟,来挑起侵略中国的战争,达到他们

①郭廷以:《近代中国史》,《民国丛书》,上海书店1989年版,第589页。
②郭廷以:《近代中国史》,《民国丛书》,第614页。
③范文澜:《中国近代史》上编第1分册,读书出版社1947年版,第8页。
④南木:《鸦片战争以前英船阿美士德号在中国沿海的侦查活动》,列岛编:《鸦片战争史论文专集》,生活·读书·新知三联书店1958年版,第108—112页。

渴望已久的目的。”[①]此文所依靠和引述的文献数量有限，又存留了深刻的时代烙印，然而后人在描述“阿美士德勋爵”号航行时常用的“间谍航行”之说，以及郭实猎的“间谍”之名却均源于此，其影响至今犹存。

80年代中期，在萧致治、杨卫东编撰的《鸦片战争前中西关系纪事》[②]中，依旧强调郭实猎等人在鸦片战争之前“搜集了大量机密情报”，并为鸦片战争的“确定和规划打下了基础”。不过，这一时期的学术界已经开始注意到传教士群体研究的重要性。1981年和1985年，顾长声先后出版《传教士与近代中国》[③]与《从马礼逊到司徒雷登——来华新教传教士评传》两部专著，涉及17世纪到1949年来华传教士在华活动的全过程，包括军政、文教、慈善事业等诸多方面。《从马礼逊到司徒雷登——来华新教传教士评传》一书还为郭实猎立有专传。作为80年代较早研究新教传教士的专著，顾先生的作品大量使用外语文献，跳出先前国内学界集中讨论教案的套路，大有开先河的意味，足以嘉惠后学。但由于文章篇幅所限，文中所述诸多有关郭氏的重要史实未免失之于略，甚至存在一定的偏差；而文中依旧将郭实猎称为“间谍”和“第一次鸦片战争的帮凶”[④]则显示出该文尚未摆脱前一时代的影响。

进入90年代，研究西学东传与近代以来中国社会变迁的著作相继出现。1994年以后，国内先后出版了熊月之的《西学东渐与晚

---

①南木：《鸦片战争以前英船阿美士德号在中国沿海的侦查活动》，列岛编：《鸦片战争史论文专集》，第111页。

②萧致治、杨卫东编：《鸦片战争前中西关系纪事》，湖北人民出版社1986年版。

③顾长声：《传教士与近代中国》，上海人民出版社1981年版。

④顾长声：《从马礼逊到司徒雷登——来华新教传教士评传》，上海人民出版社1985年版。

清社会》[①]、顾卫民的《基督教与近代中国社会》[②]、王立新的《美国传教士与晚清中国现代化》[③]等著作。1997年黄时鉴整理的《东西洋考每月统记传》[④]由中华书局出版。黄先生在该书导言中除了对该刊的出版情况、编纂内容、编纂宗旨进行了考订,还指出郭实猎创办该刊的宗旨是"鉴于中国人仍然妄自尊大……需要谨慎巧妙地展示西方的文明,使中国人认识到洋人不是'蛮夷',并且知有不足,愿向西方学习,俾以维护在华洋人的利益,发展他们与中国人的交往"。陈力丹1999年发表的《郭士立与马克思、恩格斯》[⑤]则注意到马克思和恩格斯的很多有关中国的论述,都与郭实猎有关。上述著作和文献在向人们展示郭实猎等传教士的著作、进一步梳理近代中西交流史的同时,也似乎标志着,华语学界对近代中西交通史的研究,已经抛开了简单的帝国主义侵华叙事,进入了新的阶段。

新旧世纪之交,华语学界有关近代传教士和近代中西文化交流的研究迅速地丰富了起来。不但大量西文回忆录、研究成果被翻译为中文,相关的中文研究也如雨后春笋般涌现出来。这一现象在有关郭实猎的研究上,同样得到了体现。

首先需要提及的是吴义雄的《在宗教与世俗之间》,这部出版于2000年的专著,在大量使用西人游记和华语档案文献的基础上,系统论述了新教传教士与鸦片战争前后的中西关系。在有关郭实猎的部分,他较为详细地梳理了"阿美士德勋爵"号航行的过程以及郭实猎在其间的主要活动,认为"如果否认郭士立鸦片战争前在中国

---

①熊月之:《西学东渐与晚清社会》,上海人民出版社1994年版。
②顾卫民:《基督教与近代中国社会》,上海人民出版社1996年版。
③王立新:《美国传教士与晚清中国现代化》,天津人民出版社1997年版。
④爱汉者等编,黄时鉴整理:《东西洋考每月统记传》,中华书局1997年版。
⑤陈力丹:《郭士立与马克思、恩格斯》,《国际新闻界》1999年第1期。

沿海的十多次航行具有宗教上的目的，那将是不公允的。但同样不可否认的是，郭士立也相当明确地赋予他的航行活动以商业上和政治上的目的”，“郭士立通过这次航行，制造了一种以强硬手段解决所谓‘中国问题’的舆论”。吴先生同时也注意到，郭实猎“来到中国没有几年，就完全堕落为鸦片贩子的同路人”。[①]在厘清历史事实的同时，已关注到郭实猎其人的复杂性。[②]

此后，除“阿美士德勋爵”号的航行之外，郭实猎其他方面的问题也陆续进入学界的视线，相关研究成果涉及医药传教、慈善事业、教育、贸易、鸦片战争等多个领域，[③]而其中价值较高者集中在有关“汉会”的研究，以及对郭氏著作的述评。

---

①吴义雄:《在宗教与世俗之间:基督教新教传教士在华南沿海的早期活动研究》,第216—236页。

②同年，苏精在《文本与意向：印刷出版在阿美士德号事件中的角色》一文中，也认为“阿美士德勋爵”号的这次航行结合了“商业、政治、宗教、军事等多重目标”。“此行不论在英国或在华英人间都产生相当影响”，是“继马戛尔尼与阿美士德两次使节团之后，中国的落后衰弱再一次暴露于西方国家面前”，而其报告的真切深入又迥非使节团可比，令外人大开眼界，几乎难以相信其“所述，即是以天朝自居的中国形象”。而此行亦成为大开鸦片买卖的先锋。（苏精:《马礼逊与中文印刷出版》，台湾学生书局2000年版。）

③相关研究包括：张琳:《鸦片战争前后来华传教士的典型代表——郭士立研究》，硕士学位论文，广州大学人文学院历史系，2004年；陈虹:《郭实猎评传》，《图书馆杂志》2004年第5期；张琳:《郭士立的医药传教思想与实践》，《广州大学学报》2005年第5期；邢甲志:《德国传教士郭士立在中国的活动及其影响》，《黑龙江科技信息》2008年第35期；赵晓阳:《太平天国刊印圣经底本源流考析》，《清史研究》2010年第3期；吴义雄:《条约口岸体制的酝酿：19世纪30年代中英关系研究》，中华书局2009年版；杨玉秋:《基督教传教士与鸦片战争》，硕士学位论文，暨南大学中国文化史籍研究所，2012年；何艳:《郭士立及其汉语观研究》，硕士学位论文，华东师范大学对外汉语学院，2014年，等等。

关于“汉会”的研究,吴义雄在《郭士立与福汉会》[1]一文中以《福汉会调查备忘录》等新文献为基础,梳理了汉会从建立、兴起到爆出丑闻以及后来联合调查的整个过程。他认为早在1838年,郭实猎就“开始宣传利用中国信徒到五口以外的地区传教,并进行了这方面的尝试”,而汉会正是郭实猎迈向新目标——到中国内地传教这一新观念付诸实践的结果。吴先生认为郭实猎公布的汉会的数字“无疑含有较大的水分”,“福汉会作为一个传教组织,不是在当时的历史条件下宗教传播的正常结果,而是郭士立个人的意志和想象的产物。郭士立对福汉会内部的种种问题不可能一无所知……但他显然认为,可以容忍他的信徒道德上的瑕疵,大胆地加以利用。而郭士立这种作风,也被广东沿海寻求生计的游民所利用,可谓相得益彰”。但同时,这个传教组织在新教传教史上的影响又是不容忽视的。

同年,苏精在《郭实腊与其他传教士的紧张关系》[2]一文中,依靠伦敦会和美部会的相关档案,系统梳理了从1847年伦敦会传教士柯理兰(John Fullerton Cleland)对汉会的质疑开始,到郭实猎去世这段时间,传教界对汉会所产生的怀疑及有关郭实猎的一系列争议。该文与上述吴义雄之文各有侧重,而又能相互补充,基本还原了汉会自兴起而至丑闻爆发后迅速解体的历史过程。值得注意的是,苏精在文中引用伦敦会档案所存马礼逊的信件,称郭实猎的性格“热诚有余而孤僻不群,任性执拗而倔强自负”。又指出,“当时在华的外国传教士,不是只有少数弟兄对他不满,竟是传教界相当普遍的

①吴义雄:《开端与进展:华南近代基督教史论集》,台湾宇宙光全人关怀机构2006年版。文中的“福汉会”即指“汉会”。

②苏精:《郭实腊与其他传教士的紧张关系》,《上帝的人马:十九世纪在华传教士的作为》,香港基督教中国宗教文化研究社2006年版,第33—71页。

现象”,进一步揭示了郭实猎其人的复杂性格和处境。

在郭实猎著作的评介方面,吴义雄于2008年发表的《〈中国丛报〉与中国历史研究》[①]一文,在简要介绍郭实猎所著《中国简史》等文的同时,指出郭实猎反复强调中国历史的“单一性与停滞性”。2009年阚红柳在《传教士眼中的清代君主——以郭实腊〈道光皇帝传〉为中心》[②]一文中,则认为“以郭实腊为代表的19世纪传教士,将清代君主放在世界领域内,进行研究和分析,他们的清代君主观念因此沾染了时代的风采,而传输宗教,则是传教士一切思想和行为的出发点”。同年,熊月之发表《郭实腊〈贸易通志〉简论》[③]一文,主要介绍了《贸易通志》一书的内容、版本和叙述特点。

宋莉华在2010年出版的《传教士汉文小说研究》中,设专章讨论了郭实猎的小说作品。她认为“宗教信仰的传播不仅依赖军舰和商船的支持,而且传教士们也常常因时、因地、因势地自觉变换身份与角色,以实现改宗信仰、土地征服和利益获取的共同目标。郭实腊是其中最突出的代表之一,他的小说正是他的多重身份共同作用下的产物,他们显然已不仅仅作为纯文学文本而存在,将之作为19世纪中国近代史上独特的文化形态加以考察意义重大”。又称郭实猎的小说作品“带着先验的文化取向,以欧洲特别是英国作为参考系”,把中国“排斥在欧洲科学、艺术和商业发展的主流之外,成为需要欧洲关注、重构甚至挽救的对象”。而郭实猎的作品事实上已构成了19世纪殖民扩张这一全球性历史进程中“一个明显的组成

---

①吴义雄:《〈中国丛报〉与中国历史研究》,《中山大学学报》(社会科学版)2008年第1期。

②阚红柳:《传教士眼中的清代君主——以郭实腊〈道光皇帝传〉为中心》,《历史档案》2009年第2期。

③熊月之:《郭实腊〈贸易通志〉简论》,《史林》2009年第3期。

部分”。[①]该书在文后附录中还列出了郭实猎部分著作的提要。

2013年庄钦永在《“镀金鸟笼”里的呐喊:郭实猎政治小说〈是非略论〉析论》[②]中,从文本分析的角度,讨论了郭实猎试图冲破中国对外封锁,实现平等对话的努力。他认为《是非略论》“实实在在是一本政治小说……它反映了19世纪30年代广州十三行外商,特别是英国东印度公司及商馆散商对清廷单口贸易体制、《防范夷人章程八条》等的抱怨与不满。在小说中,我们感受到郭实猎强烈的反清政治思想”。

2015年庄钦永在新加坡出版《“无上”文明古国:郭实猎笔下的大英》[③]一书。该书上编用新发现的《大英国统志》(利兹本)与原有的《大英国统志》(燕京本)进行比较,讨论了两书撰写的时代背景、版本、内容、互文性的创作技巧以及书中记录的可靠性等问题,并证明了最早的一部英国历史的中文著作并非1881年由慕维廉(William Muirhead)译自马士·米尔纳(Thomas Milner)的《大英国志》,而是郭实猎作于1839年的《大英国统志》(利兹本)。此书下编则是庄钦永校注的《大英国统志》(燕京本)和《大英国统志》(利兹本)。此类文本的研究无疑为系统地理解郭实猎其人及其所处的时代提供了重要的参考。

在西文研究领域,最早系统研究郭实猎的著作是赫尔曼·施莱特用德文撰写的《郭实猎的在华传教事业》(*Karl Gützlaff als*

①宋莉华:《传教士汉文小说研究》,上海古籍出版社2010年版,第78—88页。

②庄钦永:《“镀金鸟笼”里的呐喊:郭实猎政治小说〈是非略论〉析论》,《国际汉学》2013年第1期。

③庄钦永:《“无上”文明古国:郭实猎笔下的大英》,八方文化出版社2015年版。

Missionar in China)[①]。该书以时间为序列,实际上是一部郭实猎的传记。由于使用了大量的西文档案与书信材料,该书以及施莱特于1976年出版的另一部专著《在中国的传教士郭士立和他的本土背景》(*Der China-Missionar Karl Gützlaff und seine Heimatbasis*)[②]披露了大量极富参考价值的史料和史实。因受时代的限制,施莱特未能使用英国的差会档案、外交档案,以及相应的中文文献,他的许多论述也自然会因此而显得有些隔膜。此外,施莱特修习的专业为神学,所以他在解读史料时的角度和立场,也与一般的历史学者有所不同。1958年,阿瑟·韦利(Arthur Waley)著《中国人眼中的鸦片战争》(*The Opium War through Chinese Eyes*)[③],用一章的篇幅对郭实猎的生平和在华活动作了简要的介绍,并着重强调了郭实猎矛盾复杂的经历和行为动机。

在来华传教士的研究方面,如赖德烈(Kenneth Scott Latourette)于1929年著《基督教在华传教史》(*A History of Christian Missions in China*)[④];费正清(Fairbank, John King)于1974年主编的论文集《在华传教事业与美国》(*The Missionary Enterprise in China and*

---

①该书有关汉会的部分观点于20世纪70年代末曾被介绍到国内。徐如雷于1979年第4期《文史哲》杂志上发表的《太平天国的基督教和“汉会”的关系问题》一文,很多相关内容便来自于本书。徐如雷也引用施莱特的观点认为“郭实猎的目的是中国人必须自己传福音……他也指派了两个中国人当‘汉会’领袖,事实上他自己才是领袖和独裁者”。

②Herman Schlyter, *Der China-Missionar Karl Gützlaff und seine Heimatbasis*, Lund: LiberLäromedel/Gleerup, 1976.

③Arthur Waley, *The Opium War through Chinese Eyes*, London: Harvard University Press, 1958, p.233.

④Kenneth Scott Latourette, *A History of Christian Missions in China*, New York: Macmillan Company, 1929.

America)[①]和慕瑞·鲁宾斯坦(Murray A. Rubinstein)于1996年出版的《英美在华传教事业的起源:1807—1840》(*The Origins of the Anglo-American Missionary Enterprise in China,1807—1840*)[②]。以上三部著作较为详尽地研究了鸦片战争前伦敦会和美部会传教士在中国华南地区的传教活动,也涉及到一些郭实猎的信息。此外,Hartmut Walravens在2001年出版《诺依曼与郭实猎:19世纪的两位德籍中国通》(*Karl Friedrich Neumann und Karl Friedrich August Gützlaff: Zwei deutsche Chinakundige im 19. Jahrhundert*)[③],对郭实猎的生平作过传记式的梳理。孔正滔(Thoralf Klein)于2005年编集论文集《郭实猎与东亚的基督教:一位跨文化的传教士》(*Karl Gützlaff und das Christentum in Ostasien: ein Missionar zwischen den Kulturen*)[④]以跨文化视角解读郭实猎在东亚的活动。

自80年代以来,美国学者鲁珍晞(Jessie G. Lutz)一直致力于郭实猎的研究,并陆续有论文发表,至2008年最终形成专著《打开中国:郭实猎与1827—1852年间的中西关系》[⑤]。该书行文大致按照时间顺序,梳理郭实猎在华26年间的主要活动,是第一部郭实猎的英

---

①John King Fairbank, *The Missionary Enterprise in China and America*, London: Harvard University Press, 1974.

②Murray A. Rubinstein, *The Origins of the Anglo-American Missionary Enterprise in China,1807—1840*, Lanham and London: Scarecrow Press, 1996.

③Hartmut Walravens, *Karl Friedrich Neumann und Karl Friedrich August Gützlaff: Zwei deutsche Chinakundige im 19. Jahrhundert*, Wiesbaden: Harrasswitz Verlag, 2001.

④Thoralf Klein, Reinhard Zöllner, *Karl Gützlaff und das Christentum in Ostasien: ein Missionar zwischen den Kulturen*, Nettetal: Stetzer Verlag, 2005.

⑤Jessie G. Lutz, *Opening China: Karl F. A. Gützlaff and Sino-western Relation,1827—1852*, Grand Rapids: Wm. B. Eerdmans Publishing Co., 2008.

文传记，因此受到西方学界广泛的重视和引用。不过，鲁书罗列的档案文献虽然丰富，但她对事实的掌握和分析却未能超越施莱特在1946年出版的著作。其中有不少论断，甚至建立在施莱特原有的推测之上，却未能注释明晰。该书也很少使用汉语一手文献，造成偏差在所难免。

这也正反映出目前学界对郭实猎研究的现状及问题。尽管学界对于郭实猎创办的期刊、翻译作品等文化活动已经有较为丰富的研究。但无论是在西方还是中国，都没有人对郭实猎的档案资料进行过高质量的完整梳理。在施莱特以后的研究常依赖二手论述，不但未能厘清郭氏的性格特征、行事风格和他在中国沿海地区的活动情况，而且对于一些基本的事实，譬如郭氏的中文名究竟应该是郭实猎、郭实腊抑或是郭士立都没能考证清楚。这便为笔者后续的研究留下了广阔的空间，也为更好地解读19世纪上半叶的中西交流史提供了一个富有价值的视角。

三、研究方法与文献

“历史研究必须从材料出发，历史的事实只能从矛盾的陈述中间清理出来，当然前提还是以为历史属于过去，属于任何个人意向或时髦异说都改变不了的客观存在。”[①]全面占有研究资料是本书的特色。本书采用实证的方法，主要使用英文、德文、荷兰文的原始文献与中文档案进行对勘，力图揭示郭实猎在华活动的基本实相，并反映出他在西方“开放中国”的过程中所发挥的作用和影响；引入心理学领域较为成熟的部分理论，使用科学方法对郭实猎特殊的个

---

①朱维铮：《走出中世纪二集》，复旦大学出版社2008年版，第73页。

性和行为进行分析和解读;同时,尝试“以图证史”,对十余幅郭实猎的肖像画或宣传画的来源、内容、流传过程、影响以及历史作用进行梳理。

本书使用的基本文献是档案,这也是考察郭实猎生平的基本史料。本书使用的西文未刊档案主要包括英国圣公会、伦敦会、荷兰传道会、巴色会、莱茵传道会、英国外交部、英国陆军博物馆、柏林国家图书馆、莱顿大学、伯明翰大学、曼彻斯特大学等机构收藏郭氏档案,涉及英语、德语、荷兰语、汉语、法语、希腊语、日语、暹罗语、希伯来语、拉丁语等10个语种,书信超过200封,另有日记、印书账目、布道辞、肖像画、字典手稿、藏书目录、信徒资料、告示等文献百余种,中文刻本130余种,以及他为英国政府、东印度公司、英国陆军撰写的各类调查报告和官方文件。此外,还有郭实猎的个别同事撰写的私人日记原稿。

除去档案资料,丰富的西文出版物也是郭实猎发表言论、表明主张的重要媒介。除了他经常刊载文论的《中国丛报》等西文媒体外,郭实猎还出版了大量的著述,包括《中国沿海三次航行记》(*Journals of Three Voyages along the Coast of China in 1831, 1832, &1833*)、《中国简史》(*A Sketch of Chinese History*)、《开放的中国》(*China Opened*)、《道光皇帝传》(*The Life of Taou-Kwang, Late Emperor of China*)的英文原版与其他语种的译本,以及他用德文和荷兰文撰写的《爱汉的中国报告》(*Gaihan's Chinesische Berichte*)、《在华传教》(*Die Mission in China*)、《东亚地区的贸易条件》(*Über die Handelsverhältnisse im östlichen Asien*)、《基督教王国全球扩张史》(*Geschiedenis der uitbreiding van Christus Koningrijk op aarde*)、《代表外邦人与穆斯林致所有荷兰基督徒的请愿书》(*ten behoeve der heidenen en Mahomedanen, gerigt aan alle christenen van Nederland*)、《在我的荷兰基督徒兄弟中间》

(*Aan mijne mede-christenen in Nederland*)等。此外其他一些19世纪出版的著作或回忆录也会记录部分郭实猎的言论和活动。

除了西文档案之外,中文文献中涉及郭实猎的内容亦十分丰富,主要包括郭实猎以爱汉者、善德者、汉会等名义刻印的百余种传教小册子和宗教小说、《圣经》、《东西洋考每月统记传》,已经出版的官方文献《清实录》、《清史稿》、《上谕档》、《筹办夷务始末》、《鸦片战争档案史料》,未刊的《军机处录副奏折》、《朱批奏折》、《剿捕档》,以及《海国图志》、《夷氛闻记》、《中西纪事》、《出围城记》、《林文忠公日记》等数十种清人著作、笔记、日记,另有清代地方志十余种。这些材料为笔者考证西文文献中涉及郭实猎的内容,还原他在中西碰撞过程中的具体作用提供了方便。依靠上述丰富的档案史料,本书拟重新梳理郭实猎的主要活动和经历,还原他在西方“开放中国”的过程中所发挥的影响和作用。

第一章　郭实猎姓名考*

中外文历史文献中出现过的郭氏姓名至少有34个。他自己先后用过的有：爱则蜡、郭实猎、甲利、爱汉者、爱汉（Gaihan）、善德者、善德等；别人给他起的中文名有：郭士立、郭士力、郭吐吻、郭士笠、郭士利、郭子立、郭士林、郭实腊、郭实拉、郭实烈、郭施拉、郭甲利、吴士利、吴士拉、吴士拉付、咭吐啦、吉士笠、甲士立、古特拉富、古兹拉夫、古茨拉夫、居茨拉夫等；外文中出现的还有：Karl Friedrich August Gützlaff、Charles Gutzlaff、Karel Gutzlaff、Carl Gützlaff、Philo-Sinensis等。①

此前，并非没有中国学者注意到郭实猎汉名众多这一特殊现象。早在1997年，黄时鉴就根据见于*Marty Gregory's Catalogue*的郭氏签名，敏锐地指出他本人用的是“郭实猎”三个字。②但由于后续研究所依靠的多是二手文献，直到2000年以后，学界仍在使用的郭氏姓名，尚有郭实猎、郭士立、郭实腊、郭施拉、居茨拉夫等十数种

---

* 本章主要内容曾以《郭实猎姓名考》为题，刊载在《近代史研究》2018年第1期。

①郭氏在发表英文作品时，还曾以“Scholasticus”、“a correspondent”、“a reader”、“an impartial reader”署名，但这四个笔名的代表性及影响皆有限，故不论。

②爱汉者等编：《东西洋考每月统记传》，第32—33页。

之多。[①]我们究竟该如何称呼他？那些数量庞大而又区别明显的中文姓名从何而来？通过对郭氏姓名、笔名、译名以及讹传的清理，可以展现出郭实猎起汉名与其学习中文、了解中国的互动关系，尤其是其汉名背后所反映的观念变化。

一、原名与中文姓名

1803年7月8日，郭实猎出生于普鲁士波美拉尼亚省（Pommern）的小城佩日采（Pyritz）[②]，父亲为他取名Karl Friedrich August Gützlaff。Gützlaff表明这个家族来自于一个位于北波美拉尼亚，名叫Gützlaffshagen的村庄。其氏族可以追溯至艾伦堡的Werner Gützlaff。[③]在波美拉尼亚地区，这一姓氏至今仍在使用。

在英文中，郭氏的名拼作Charles，这是他的教名。[④]又因英文中没有字母ü，所以在英文中，郭氏的全名一般拼为Charles Gutzlaff。在荷兰语中，郭氏的名字还有另外两个版本，1828年出版的*Geschiedenis der uitbreiding van Christus Koningrijk op aarde*（《基督教王国全球扩张史》）[⑤]中，作为著者，他将自己的荷兰名字拼为Karel Gutzlaff。在荷兰传道会档案中，郭氏的名字有时也被标注为Carl Friedrich August Gützlaff。

---

①统计来源于“读秀”学术搜索。

②*Kurzgefaszte Lebensbeschreibung von Carl Friedrich August Gützlaff*, p.1, ANZ, 1102—1.1.2.2.7.1.3.804.

③GMC, p.8.

④RVA, p.49.

⑤Karel Gutzlaff, *Geschiedenis der uitbreiding van Christus Koningrijk op aarde,* Rotterdam：Contze &Overbroek, 1828.

由于西方各国语言所用的字母略有不同，德文名字转换为英文名或其他文字，将K变为C是一种常见的做法。但是在华语学界的相关研究中，有人将郭氏之名写作Karl Gutzlaff，则明显混淆了他的德文与英文姓名。

1826年底，受荷兰传道会派遣，郭氏来到东南亚传教。[①]得益于麦都思（Medhurst）的帮助，他在巴达维亚结识了大量当地的华人移民。1827年的春节，郭氏第一次目睹了当地华侨聚集在庙宇中所表现出的那种“盲目至极的迷信”（blindest Aberglauben），并且深受刺激。[②]他由此决心要学习中文，向中国人宣教。1827年1月29日是大年初二，在写给荷兰传道会的传教日志中，郭氏用极其生硬的笔法，描下了他的第一个中国名字：“爱则蜡”。在日志里，他没有向荷兰母会解释这三个汉字的涵义，也没有说明是谁为他选择了这个名字，却记录下了他初学中文时的痛苦感受：

> 我今天忐忑地开始学习中文，如果主不指引我的话，我想我是学不会这门语言的。一般人根本没有办法想象这门语言有多难，我开始和中国人交流，用中文布道，我想这样困难会慢慢地变小吧。[③]

---

①在郭实猎的旅行日志“1826年11月24日至1827年1月6日”一则中，记录了他在巴达维亚登陆的情况。可能是因为长期没有写日志的缘故，文中对日期的记录有些含糊。从日志的内容来看，郭实猎在1月6日之前的一个星期天就已经在巴达维亚参加了一次礼拜，而1月6日之前最近的一个星期天是1826年12月31日。所以郭实猎在巴达维亚登陆的时间，应在1826年12月31日之前，而非伟烈亚力所述的1月6日。参见：*Reisverhaal van Zend.Gützlaff,* ANZ, 1102—1.1.2.2.7.1.3.804., pp.4—7.

②Dr. C. Gützlaff, *Die Mission in China,* Berlin, 1850, p.5.

③*Reisverhaal van Zend.Gützlaff*, pp.18—19, ANZ, 1102—1.1.2.2.7.1.3.804.

从郭氏传教日志的内容推测，最初帮助他学习汉语的人，很可能是麦都思本人，或者麦氏推荐给他的福建籍华侨。“爱则蜡”或许就是麦都思为他取的。在用字上，“爱”字后来被郭氏拼作“Gai”，恰好用到了Gützlaff的首字母，在表意时，“爱”字的作用也与同时期伦敦会传教士取名时所用的“思”、“逊”、“怜”等字类似。“蜡”则表示郭氏德语姓氏的谐音。在清代，使用“蜡”字作西文“La”音音译的例子很多，比如利玛窦在《天主实义》中便将赫拉克利特（Heraclitus）译作“黑蜡”；[①]全祖望在《鲒埼亭集·刘继庄传》中称拉丁语为“蜡顶话”；[②]郭氏等人在《救世主耶稣新遗诏书》中称翻译底本为“希蜡原本”。[③]这种使用姓氏谐音取名的方法，至今仍是西方人选择中文名的重要途径。传教士如艾儒略（Aleni）、马礼逊（Morrison）、裨治文（Bridgman）、李提摩太（Timothy Richard）等人的名字皆是如此。在马礼逊的《华英字典》中“爱”、“蜡”二字分别被释作“The operation of 仁 Jin, or a Benevolent mind”[④]和“The wax formed by bees”[⑤]，“则”字的解释则接近“A particle denoting that which follows next in order”[⑥]一条。考虑到郭氏当时可以从麦都思处接触到这本字典，以上释义应该较为接近郭氏对这个名字最初的理解。

但时隔不久，郭氏就更换了自己的中文名。至迟到1827年4月15日，也就是在他离开巴达维亚，独自来到廖内群岛（Riouw）之后

---

① 利玛窦著，朱维铮主编：《利玛窦中文著译集》，复旦大学出版社2001年版，第25页。

②全祖望：《鲒埼亭集》卷28，第12页，四部丛刊景清刻姚江借树山房本。

③《救世主耶稣新遗诏书》，出版时间、地点不详，莱顿大学东亚图书馆藏。

④马礼逊：《华英字典》第2册，大象出版社2008年影印版，第162页。

⑤马礼逊：《华英字典》第3册，第285页。

⑥马礼逊：《华英字典》第1册，第236页。

的第三天，郭氏便已经开始使用“郭实猎”三字来落款，给西方的差会写信了。[①]8月12日，这位刚刚立志要献身于“上帝对中国事业”[②]的传教士在日志中再次记下了他的这个新名字。在寄往欧洲的信件或者赠予友人的画像上，他常于自己的西文姓名旁边，用钢笔直行书写下这个中文名字。在他后来出版的一些中文书籍的序言里，也会用这个名字落款。[③]除之前出现的一处“爱则蜡”之外，现存郭氏的所有中文亲笔签名，均为“郭实猎”。这些签名多出现在19世纪40年代，而又以郭氏去世之前的1850年最为集中。[④]这证明“郭实猎”一名应是他一直使用的中文姓名，直到他1851年去世时，都没有再改变过。

在8月12日的传教日志中，郭氏在这个新的汉语名字后面加上了注释。“郭”字之后注有荷兰语“voornaam”，在“实猎”之后注有“eigennaam”。他似乎想以自己的中文名为例，向荷兰母会展示中文姓名的结构。在荷兰语中，“voornaam”意为“名”，与“achternaam”也就是“姓”对应；“eigennaam”的意思则是“自己的名字”，既不用来特指姓，也不用以特指名。学习中文已经近七个月，这位年轻人对于汉语中名和姓的关系，似乎并不清楚。读音方面，他称“郭实

---

①*Brief von K. Gützlaff an der Gesellschaft am 15. April 1827*, ARM, 2222.

②*Dagvrhaal van Ferbuari tot Augustus 1827. Door Zend. Gützlaff*, p.14, ANZ, 1102—1.1.2.2.7.1.3.804.

③参见爱汉者:《赎罪之道传》，道光甲午年刻本，莱顿大学东亚图书馆藏；爱汉者:《常活之道传》，道光十四年刻本，莱顿大学东亚图书馆藏。

④参见*Letter from Dr. Charles Gutzlaff to Mrs. R. Howard of Tottenham,* 7th March 1850, CMS/ACC46 C1；*Portret (silhouet) van Karl Friedrich Gützlaff*, NHA, Digitale Collectie；Karl Gützlaff, *Gützlaff's Geschiedenis van het Chinesche Rijk*, Gravenhage, 1852.

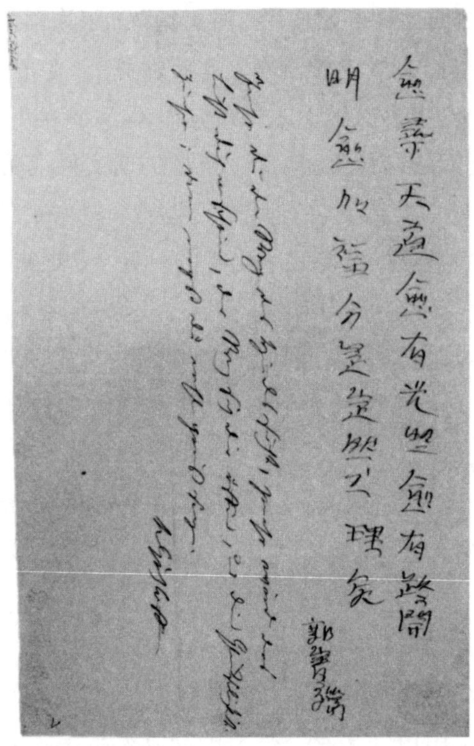

图1–1 郭实猎手书格言及签名(约1850年)[①]

猎”三字读作“Koet Sit Lap”。[②]这与德语中郭氏本姓的Gützlaff发音完全吻合,也比较接近闽南语的发音。

西方传教士在中文名具体用字的选择上,常倾向于较为雅致的“儒”、“礼”、“文”、“雅”、“德”等字。郭氏选择“实猎”二字,明显有悖于这种传统。由于在巴达维亚停留期间,郭氏主要跟随社会底层

①Gützlaff, Karl Friedrich:*Sinnspruch, chinesisch und deutsch* SBH/ Nachl.480, 4.

②*Dagvrhaal van Ferbuari tot Augustus 1827. Door Zend. Gützlaff*, p.17, ANZ, 1102—1.1.2.2.7.1.3.804.

的华人学习汉语口语，并没有相对固定的老师，所以其名的用字，不如其他传教士雅训也在情理之中。[①]郭氏以“实猎”二字作名，是对之前所用“爱则蜡”一名中“蜡”字谐音的继承，但相较后者，含义显得更加明确：“实猎”可以让人联想到一种“放猎逐禽”的意象，将“实猎”倒读即为“猎实”，似乎又体现了一种争取实际成就的期望。“实猎”二字连用的情况，在典籍中并不多见。不过，唐人熊执易在《武陵郡王马公神道碑》中曾有“太尉仗剑万里，建绩二府，实猎边陲，振扬公阃，塞外诸蕃，莫不内侮”[②]句，不知是否与郭氏本意相合。

日志手稿中“郭实猎”的“郭”字漏写了“子”部，形成了一个介于“郝”字和“耶”字之间的形状。[③]直到1827年12月9日的日志中，郭氏才较为娴熟地写下了正确的“郭”字。这一天应该是这位传教士最终确定选择“郭”姓的时间。至于原因，他自己解释说：

> 整个中国可分为100多个宗族。每个宗族都会有一个特殊的姓氏。我要是在这个国家开展工作，为了避免很多不利因素，我必须选择一个姓氏。我选择了郭家，“郭”因此就是我的姓。拥有同一个姓氏的人就是我的亲戚了。我们之间必须互相协助，我就像他们的侄子，他们就是我的亲人。因此面对很多从未谋面的亲人我们也交谈甚欢。[④]

---

①参见Dr. C. Gützlaff, *Die Mission in China*, pp.6—7.

②李昉辑：《文苑英华》第6册，中华书局1966年影印本，第4695页。

③*Dagvrhaal van Ferbuari tot Augustus 1827. Door Zend. Gützlaff*, p.17, ANZ, 1102—1.1.2.2.7.1.3.804..

④*Dagverhaal van 24 augustus 1827 tot 9 Maart 1828*, pp.17—18, ANZ, 1102—1.1.2.2.7.1.3.804.

“郭”姓华侨在东南亚分布广泛，且影响力较大。直到今日这一姓氏的华侨仍在印尼、菲律宾等地，特别是商界发挥着举足轻重的作用。郭氏最终选择这一姓氏“归宗”，与郭姓华侨在东南亚地区的分布与影响不无关系，而他对于中国宗族的这种认识，也很可能来自东南亚福建移民的风俗。

他很清楚，要想在中国顺利地传播宗教，没有华人的认同，是不可能的。在现存郭氏的中文著作中，最早使用的笔名“爱汉者”，正是他争取华人认同、对中华文化示好策略的直接体现。但郭氏并非这种做法的首创者。米怜（William Milne）在1815年创刊《察世俗每月统记传》使用的笔名为“博爱者”，后来麦都思编印《特选撮要每月纪传》，使用的笔名为“尚德者”，用意都大体类似。

1833年8月1日，郭氏用“爱汉者”之名，在广州出版《东西洋考每月统记传》，[①]开中国境内外人开办华语期刊之先河。此后他在《常活之道传》（1834年）、《大英国统志（燕京本）》（1834年）[②]、《是非略论》（1835年）[③]、《正教安慰》（1836年）[④]等1836年以前出版的著述，以及部分未注明出版日期的著作中，所使用的都是这一笔名。

1837年之后，郭氏“开始使用‘善德者’或‘善德’作为笔名，意为‘美德的爱慕者’（Admirer of Virtue），来代替以往的‘爱汉者’”[⑤]出版中文著作，但是“爱汉”的两个西文版本，直译的“Philo-

---

①爱汉者等编：《东西洋考每月统记传》，第1页。

②爱汉者：《大英国统志（燕京本）》，道光甲午年刻本。

③爱汉者：《是非略论》，马六甲英华书院藏板，莱顿大学东亚图书馆藏1835年刻本。

④爱汉者：《正教安慰》，新加坡坚夏书院藏板，莱顿大学东亚图书馆藏1836年刻本。

⑤MMC，p.58.

Sinensis"[①]和音译的"Gaihan"却仍旧被他沿用了下来。"Philo-Sinensis"在他的*Notices on Chinese Grammar, Part I*上使用过。而"Gaihan",则常出现于郭氏寄往欧洲的一些信件中。这个名字被郭氏解释为"中国的朋友"(Freund China's)。[②]他常自称为"Gaihan",甚至用这个名字代替原来的姓氏Gützlaff,将落款写成了"Karl Gaihan"。[③]在一些后人纪念他的文章中,也会用"中国人的朋友"(Freunde von Chinesen)一类的称呼来特指他。[④]

在中文出版物中,郭氏用"善德者"(美德的爱慕者)之名代替"爱汉者",已经显示出他对华态度的微妙变化。但是当他面对西方读者时,却用"爱汉"替代本姓的方式来显示他对中国的"热爱"。这种现象非常有趣。作为独立传教士,由于活动经费仰赖他人资助,郭氏在西文媒体上表现出的对华态度,自然要服从于他资助人的立场。

大约在1836至1837年间,郭实猎开始翻译日文版《约翰福音之传》。在这部作品的封面上,郭氏署下的也是这一时期他惯用的汉语笔名"善德"。但在作品正文的首页,他的落款却是使用片假名"ギュツラフ"音译的Gützlaff。[⑤]在十九世纪二三十年代,日本上层社会对于中文的阅读并没有太大的障碍。但郭氏在这部《约翰福音之传》中却弃用汉字,通篇仅以片假名拼写。他之所以这样做,是因为:

---

①Philo-Sinensis, *Notices on Chinese Grammar*, part I, Batavia, 1842.

②GCB, p.V.

③参见GCB。

④Karl Friedrich Ledderhole, *Johann Jänicke, der evangelisch-lutherische Prediger an der böhmischen oder Bethlehems-Kirche zu Berlin,* Berlin: Selbstverl. des Hrsg., 1863, p.123.

⑤参见ギュツラフ译:《约翰福音之传》,出版时间不详,新加坡坚夏书院藏板,明治大学图书馆藏。在该书封面所印刷的书名为"约翰福音之传",而在正文首页印刷的题名却为"约翰之福音传"。

> 中文书籍在那个国家(日本)可以被上层的阶级所理解，但对于普通人来说，这些书必须用他们自己的语言与音节来表述。相对于其他两种，我优先选择片假名，因为它简单得多，且不易被误解。①

这是新教传教士将《圣经》翻译为其他语言时常有的思路，显然，郭实猎的传教目标并不是日本的上流社会，因此他的日文名字，自然也要选择下层日本民众更易识读的片假名来拼写。

郭氏中文名的选、用与他学习汉语的历程、对华认识的变化以及他个人对传教事业的定位和需求都有紧密的联系。他选取中文名的标准，在深受同时期伦敦会传教士影响的同时，也淋漓尽致地反映了他个人的追求和目标；至于他在不同时期所选用的几个笔名，更是在体现他对华立场微妙变化的同时，将传教士们面向本土和异域时，所需展现的不同脸孔，形象地反映了出来。

二、晚清多种译名与讹传

作为当时在中国东南沿海最活跃的传教士，郭氏的名字也经常出现在清政府的官方文献，或者官员们的往来信函之中。仅在林则徐一人笔下，郭氏就至少被提到过三次。有意思的是，三次提到郭氏，林则徐使用的却是“甲利”、“吴士拉”和“咭吐啦”三个完全不同的名字。

最早的一次是1832年。林则徐由东河总督调任江苏巡抚时，他尚未赴任便碰到郭氏乘“阿美士德勋爵”号商船来沪：

---

① Charles Gützlaff, “Tracts in Japan,” *New England Spectator*, January 11 (1837).

> 臣林则徐赴任过镇会晤，商及驱逐，所见相同。初八日抵任江苏，复加札飞饬速办。即[据]该镇道等报称：……见沿海一带塘岸布列官兵，颇露惶惧。该船有胡夏米、甲利，略通汉语，即向巡船声称："伊等并非匪人，因想求交易而来，今蒙晓谕，伊等已经悔悟，不敢再求买卖；现值风狂雨大，实在不能开船，只求俟风色稍转，即速开船回去"等语。[①]

文中的"甲利"就是随船翻译郭实猎的化名。而那位"胡夏米"，原名林赛（Hugh Hamilton Lindsay），他是"阿美士德勋爵"号此次航行的负责人。林赛称"郭实猎先生化名甲利（Kea Le），这就是他的教名查尔斯（Charles）的中文写法"。[②]更确切地说，"甲利"应该来自Charles的昵称"Charlie"的音译。

"阿美士德勋爵"号此行的目的，是为东印度公司调查中国北方港口贸易的可能性。该船在厦门、福州、宁波、上海等地各停留了十数日，与各地官府皆有冲突。由于处置不力，各省多有官员因此被责罚。林则徐在赴任之前专程来到上海，同苏松太道吴其泰、苏松镇总兵关天培等人"会晤"，也可见他对此事的重视。然而与林则徐后来奏报的情形不同，自6月21日在上海登陆之后，林赛、郭实猎等人进入上海县城，又游历了吴淞、崇明，甚至还参观过苏松镇士兵的操演。他们在江苏境内一共停留了18天，活动极少受到有效的限制。离沪后"阿美士德勋爵"号一路北上，途经山东等地，最终达到朝鲜方才返航，震动朝野。关天培因此被"交部议处"，林则徐也被

---

①中国第一历史档案馆编：《鸦片战争档案史料》第1册，上海人民出版社1987年版，第115页。

②RVA, p.49.

“交部察议”,都受到了处分。[①]

可奇怪的是,在鸦片战争前后,再次搭档的林则徐和关天培,却没能认出“甲利”这位昔日的对手。1839年5月8日,在林则徐写给怡良的信中,把郭氏称为“吴士拉”:

> 昨参逊语冰怀云:廿五可到一小船,三日内可到三大船,即足全数,并遣吴士拉驾三板迎催,谆恳各委员勿散。[②]

文中冰怀即广州知府余保纯,参逊则是义律的副手,第二商务监督约翰斯顿(Alexander Robert Johnston)。因余保纯本人不通英文,所以这则信息应是经过某位译员或行商口译的。从“吴士拉”三个字的发音判断,余保纯最终听到并告诉林则徐的,似乎是“郭实猎”的闽南语读音,或者“Gützlaff”的某种带有口音的官话读法。

1840年8月16日,当林则徐向道光皇帝奏报英军占据定海的情形时,郭氏第三次出现在林则徐的笔下。这一次,他的名字又变成了“咭吐啦”:

> 因粤洋现有暎船,自必常通浙信,是以屡经设法密探定海情形。偶有觅得夷信,译出汉文,知此次领兵攻定海城者,名曰咘啉嘛。其统兵之夷目一人,名曰咖咥曦啤,系东印度水师督。……现闻该逆中有咭吐啦一名,伪作定海县官,其人能为

①《清实录》第36册,中华书局2008年影印版,第38145页。

②林则徐全集编辑委员会编:《林则徐全集》第7册“信札卷”,海峡文艺出版社2002年版,第167—168页。

华言，更需防其诡计。[①]

“咭吐啦”三字，应是林则徐手下的译员按照粤语发音对“夷信”中出现的“Gutzlaff”所作的音译。林则徐专门强调，此人“能为华言，更需防其诡计”，可见他对这位“伪县官”的重视。但遗憾的是，林在折中，并没有给出关于此人的更多信息。

对于这位在鸦片战争中表现抢眼的“夷人”，林则徐理应有所了解。何以他三处提及郭氏，竟会使用三个来源、用字、发音皆相差甚远的名字呢？

问题可能出在林则徐的翻译身上。只要将林则徐组织翻译的《澳门新闻纸》与英文原文稍加对比，便不难发现，林则徐手下的译者在翻译西人资料时，对译名的处理，并没有统一的标准。《澳门新闻纸》中的人名、地名、船名，时而用官话音译，时而又用粤语音译。[②]这一现象，与林则徐所用译员的来历大体吻合。林则徐的翻译班子共由四名译者组成：阿曼（Âmân）、袁德辉（shaou Tih）、阿伦（Alum）和梁进德。[③]比起生于孟加拉的阿曼和原籍四川的袁德辉，会以“咭吐

①中国第一历史档案馆编：《鸦片战争档案史料》第2册，天津古籍出版社1992年版，第281页。

②在《澳门新闻纸》中，音译西名的标准并不统一。如将Calcutta译作“加尔吉达”，Singapore译作“新奇坡”，Douglas译作“得忌喇吐”，采用的都是粤语发音；又如，将Cabool译为“咖咘尔”，Nepaul译为“呢咘尔”，采用的则是官话的发音。见苏精辑著：《林则徐看见的世界〈澳门新闻纸〉的原文与译文》，2015年自印本，第58、103、180、263页等。

③有关这四位翻译的具体情况可参见苏精：《〈澳门新闻纸〉的版本、底本、译者与翻译》，王宏志主编：《翻译史研究（2015）》，复旦大学出版社2015年版；苏精：《林则徐的翻译梁进德：马礼逊的信徒之二》，《中国，开门！——马礼逊及相关人物研究》，基督教中国宗教文化研究社2005年版。

啦”音译“Gutzlaff”的,更可能是广东籍的梁进德或者阿伦。而且自幼成长在裨治文身边的梁进德不但认识郭实猎,还在新加坡为郭氏校改过中文著作。他应该见过“郭实猎”这个名字。作为上奏皇帝的重要情报,以林则徐的谨慎,他应当认真核实过译文的准确性。[①]为什么还会出现这样的误译呢?事实上,这种情况也并非孤例。在《澳门新闻纸》中,就出现过将梁进德熟悉的马儒翰(Morrison)用粤语音译作“马礼臣”的情况。更重要的问题在于,这两则误译均出现在中英之间重要的冲突后——“马礼臣”源于报道九龙海战后英方动向的报纸,而“咭吐啦”则来自定海失陷后“觅得”的“夷信”。

当然,这些间接的证据还不足以证明,是梁进德为了淡化自己与西方人的关系,而在译文中故意误写了马儒翰和郭实猎的名字。但我们至少可以肯定,这个翻译班子并没能将他们掌握的重要信息都提供给林则徐。在“屡经设法密探定海情形”之后,这位封疆重臣恐怕并不知道那位“伪县官”的确切身份。他更难意识到,“甲利”、“吴士拉”和“咭吐啦”,其实就是郭实猎一个人。

不清楚状况的并非只有林则徐一人。1842年,奕经竟然还向道光皇帝报告过郭氏在宁波“被人砍死”的消息。在这封奏折里,郭氏的名字又变了:

> 逆夷郭士力,最为著名酋目,近据各处探报,纷传该逆业已身死。查该逆多有一人数名,而此亡彼代,恐不能得其确实。

①林则徐对待译文十分谨慎。比如他在组织翻译《谕英吉利国王檄》时,就曾命人将袁德辉译好的英文稿交给亨特(Hunter)等人,请其将之再译回中文,“以检查原来的译文是否正确”。参见亨特著,沈正邦译:《旧中国杂记》,广东人民出版社1992年版,第276页。

> 兹据宁绍台道鹿泽长禀称，确探称郭士力业已受伤身死。[①]

由于在鸦片战争期间，郭氏主要负责英军占领区的民政与情报搜集等工作，是英方与华人接触最多的人，所以奕经才会称他作“最为著名酋目”。而后面一句“该逆多有一人数名，而此亡彼代，恐不能得其确实”则充分地表现出了清政府的官员们面对这些西洋人名的懵懂和困扰。鸦片战争后，魏源编写《海国图志》尚且有“马礼逊，官名，非人名也”之说。[②]也就难怪在奕经向道光奏陈的“汉奸供词”中会有“鬼子头目姓名，往往不对”的感叹了。[③]

恰恰与奕经的奏报相反，由于郭氏曾经在宁波严惩淫掠的英军，为当地居民主持公道，当地民众还尊称他为“郭太爷”。在同治年间编写的宁波地方志中，他的名字被记作“郭士利”。[④]时间推迟到八年之后，1850年，初次来到中国的丁韪良进入宁波城时，依然能听到当地百姓对郭氏的褒奖：

> 宁波人对待我们（丁韪良等）的态度很友好，因为就像他们所说的，宁波居民曾经在“鸦片战争时期受到了英国人的善待”……在战争发生之前，他们曾经惊恐万状，因为他们既害怕“红毛蛮夷”，又恐惧那些清兵。他们现在总是叨念那位前香港的传教士郭实腊（即郭实猎）博士是如何受命接管宁波府衙

---

①中国第一历史档案馆编：《鸦片战争档案史料》第5册，天津古籍出版社1992年版，第252页。

②魏源：《海国图志》第4册，岳麓书社2011年版，第1985页。

③中国第一历史档案馆等编：《鸦片战争在舟山史料选编》，浙江人民出版社1992年版，第325页。

④戴枚修，董沛纂：《（同治）鄞县志》卷七十，叶三十，光绪三年刊本。

> 门，以及他如何巨细必究地主持公道的。即使英军士兵只偷了一只鸡，他也会命令士兵把鸡还给失主，并且进行赔偿。[①]

与四处抢劫的清军溃兵和土匪相比，英军士兵只偷了一只鸡也要进行赔偿。当地人用一个“利”字来称呼郭氏，也在情理之中。

除了上述译名外，在伊里布、裕谦和一部分奕经、耆英的奏折中，郭氏也被称作“郭士立”；在他们呈奏给道光的汉奸供词中，又出现了“甲士立”和“郭士林”两个版本[②]；在陕西道监察御史曹履泰《奏为传闻英人似有不能久占定海之势请饬确探折》后附的《舟山英人信》中，他时而被称为“吴士拉”，时而又被称作“吴士啦付”[③]；而在张喜的《探夷说帖》和《抚夷日记》中，郭氏则被称作“吴士利”、“郭实烈”或“郭士力”，名字在一封文件内都不统一。[④]

鸦片战争以后，郭实猎成为香港总督的中文秘书，依旧参与了大量对华交涉事务。照说“万年和约”已订，两国交涉又不断，身为“最为著名酋目”的郭实猎，应该为清政府的官员们熟悉才是。可是在1843年和1846年，管遹群、梁宝常前后两位浙江巡抚的奏折中，他

① 丁韪良：《花甲忆记：一位美国传教士眼中的晚清帝国》，广西师范大学出版社2004年版，第38页。

② 中国第一历史档案馆等编：《鸦片战争在舟山史料选编》，第323—328页。

③ 中国第一历史档案馆等编：《鸦片战争在舟山史料选编》，第119—121页。

④ 张喜在初见郭氏时称其为“吴士利”，之后又根据罗伯聃所述改称“郭实烈”或“郭士力”。张喜日记中的西人姓名均是根据发音记录，用字较为随意。“吴”、“郭”二字在闽南语中发音接近，由此推测郭氏说汉语时可能带有较重的闽南语口音。至于张喜日记中另外出现的“吴士喇”、“吴士刚”等译名，似乎为传抄时的笔误所致。参见中国史学会主编：《中国近代史资料丛刊·鸦片战争》第5册，上海人民出版社1957年版，第335—408页。

的名字依旧被误写作了“郭施拉”、“郭吐叻”[1]与“郭士拉”[2]。甚至是在南京和香港两度直接接触过郭实猎，而且使用过“郭士立”一名的耆英的折子里，不知何故仍把郭氏错称为了“郭实啦”（有时亦写作哪唉拉）[3]。《南京条约》已经签订四年，面对这位重要的对手，朝廷的大员们非但没有弄清此人真正的汉名，甚至连一个统一的称呼都不曾有过。

细究起来，这种姓名混乱的情况也并非郭氏独有，只不过郭氏与华人接触频繁，行踪又跨越江、浙、闽、粤四省，讹传的姓名版本自然要比寻常人多。此时的朝廷官员，奏报西人姓名，仅凭音译，多不核实具体文字，再加上各地方言的影响。一人数名，或者数人一名的情况，都不少见。这种现象显示出清政府翻译人才的匮乏。奕经之所以会感叹“该逆多有一人数名”，正是因为他手下无人能够根据译名逆查出对应西人的姓名。王宏志曾说：“在缺乏合格和受信任的译者的情况下，中方无论在战争情报以及谈判过程中完全处于被动的位置，这实际上也影响到了战争的成败以及后果。”[4]就郭氏译名的选用而言，除了先后两任两江总督伊里布和裕谦，似乎有过较好的情报交流之外，其他几乎所有官员奏报的郭氏姓名皆不相同，

---

①中国第一历史档案馆编：《鸦片战争档案史料》第7册，天津古籍出版社1992年版，第355页。

②宁波市社会科学界联合会、中国第一历史档案馆编：《浙江鸦片战争史料》下，宁波出版社1997年版，第504页。

③宁波市社会科学界联合会、中国第一历史档案馆编：《浙江鸦片战争史料》下，第496页；中国第一历史档案馆编：《鸦片战争档案史料》第7册，第595页。耆英于1842年所奏的《奏报查探浙江一带英船来往并节次办理情形折》也使用过“郭士立”一名，见中国第一历史档案馆编：《鸦片战争档案史料》第7册，第31页。

④王宏志：《第一次鸦片战争中的译者》，《翻译史研究（2011）》，复旦大学出版社2011年版，第113页。

正反映出清政府不但没有组织过统一的情报汇总机构,甚至在地方与地方之间、上级与下级之间,也缺乏系统的情报沟通,而且这种状况在鸦片战争结束很长一段时间之后,依然没有得到改观。

另一方面,这些官员们在奏报夷情时所用的译名,也颇值得玩味。林则徐在给道光皇帝上奏时,涉及西人译名所用如"咭吐啦"、"嚜喱"、"呃哩"、"吐嘧"、"吐咭"等多为"口"符汉字,强调这些译名的外来属性。但他在给同僚写信时,所用的"吴士拉",却没有添上"口"符。其他人所用的郭氏译名如"郭士立"、"甲士立"、"郭实烈"等,不但同样没有添上"口"符,有些甚至还很符合中国人对于姓名的审美。尽管郭实猎身为侵略者,他身边的西方人对他也总是褒贬不一,但这位为老百姓主持过公道,能说流利汉语的外国人,给中国人,特别是给老百姓留下的印象,却显然要比他周围的其他西方人好。这可能正是中文文献中几乎没有出现过如律劳卑、渣顿之类带有明显贬义的郭氏译名的原因。

三、中西文献中对郭实猎的记录

鸦片战争以后,郭氏任香港总督的中文秘书。此时,他将主要的精力放在了港英政府的工作与传教方面。他的名字在清政府的官方文献中就很少再出现了。取而代之的,是他所创办的第一个中国内地传道会——"汉会"的相关记录。

在伯明翰大学所藏"郭实猎收藏"(Dr. Karl Gutzlaff Collection)中,有汉会成员或者书商写给郭氏的中文信件和账单,在这些文献中一般称他为"郭牧师"或"郭牧师大人"[1],有时也有人称他"郭先

---

①DA19/1/1/1/02, University of Birmingham.

生”[1]，他的夫人则被称之为“郭师母”[2]，汉会的成员们一般都自称“门生”[3]某某。

作为郭实猎的“门生”之一，汉会成员王元琛在《圣道东来考》中，还提到了郭实猎的另一件事：

> 郭士立未逝时，英官在中环立一街，名曰郭士立街，以志景仰云。[4]

以郭氏之名命名街道，可见他为港英政府所作的贡献。但王元琛的这段记录，其实并不准确。香港早期的街道只有英文名而没有中文名，这条街实际的名字应是“Gutzlaff Street”，它坐落于香港岛中环附近，位于皇后大道与威灵顿街之间。相传“汉会”即坐落于此。19世纪后半叶，香港逐渐开始用中文命名街道。起初，“Gutzlaff Street”被命名为“郭士笠街”[5]，后来又根据粤语的谐音改作“吉士笠”街，均非王元琛所述的“郭士立街”。[6]郭氏在1851年病逝于香

①DA19/1/1/1/18.

②DA19/1/1/1/05.

③DA19/1/1/1/13.

④王元琛：《圣道东来考》，王庆成编著：《稀见清世史料并考释》，武汉出版社1998年版，第181页。

⑤No.400, Government Notification on 7th October 1882 in *The Hong Kong Government Gazette*.

⑥王元琛曾一度随郭氏学道，应当清楚郭氏的自用之名，但他在此处仍以“郭士立”来称呼，可能与汉会内部的情况有关。汉会的成员并不直呼郭氏之名，而是称他为“郭牧师”或“郭先生”。以他们对郭氏的尊重，也不会贸然地直接写出他的姓名。郭氏在著述时本就不大重视汉字的准确性，加之汉会成员整体文化素质偏低，对于“郭实猎”这个名字，他们恐怕是只知其音而未知其字。恰巧“士立”在粤语中读音与郭氏德文原名相近，笔者猜测，王元琛（转下页）

港。这位在那个时代最善于和中国人打交道的来华传教士，去世不久，他的中文姓名即被遗忘。他在华人中的影响力消退之迅速，可见一斑。

相比之下，郭氏之名在英文领域的影响力则要持久得多。除了“Gutzlaff Street”之外，在中国境内，以Gutzlaff之名命名的地名或者机构至少还有三处。

最重要的一处，是位于上海与嵊泗列岛之间的“Gutzlaff Island”。这是1832年郭实猎作为随船翻译乘“阿美士德勋爵”号路过上海时，同行的其他英国船员们用他的姓氏命名的。[①]该岛原有中文名，叫“大戢山”，但在西方的地图与导航设备上仍习惯标注它的英文名。这个最大直径仅约400米的小岛是杭州湾内重要的航标。在港英政府早期的政府公告中、近代西人的旅华日志中，经常会提到这座岛。在1922年的《申报》上，这座“距沪约六十五哩”的岛屿也被中国人直接称为了“Gutzlaff”。[②]人们似乎忘记了它本来的中文名字。

另外两处是，至今仍坐落于上海外滩南端的外滩信号塔，和上海最早由华人创办的西医院——体仁医院。外滩信号塔所属的信号站始建于1865年，目前尚存的结构则建于1907年。这座塔的英文名“The Gutzlaff Signal Tower”就是在表达纪念郭实猎之意，但命名的具体过程已经难以考证。体仁医院创办于1872年，位于

（接上页）很有可能由于某些原因而选择了这更为雅驯的“士立”二字。这似乎也可以解释，王元琛会在《圣道东来考》（1899年）中使用“郭士立”，而港英政府则在相近的年代（1882年）使用了“郭士笠”。至少可以肯定的是，在迄今尚存的郭氏手稿中，并没有用“郭士立”签名的情况。

①RVA, p.165.

②参见《昨日飓风未息》，《申报》1922年8月8日，“本埠新闻”，第4张第13版；《纪昨日飓风之损失》，《申报》1922年9月1日，“本埠新闻”，第4张第13版；《续纪飓风之损失》，《申报》1922年9月2日，“本埠新闻”，第4张第13版。

图1-2　民国时期黄浦江畔的外滩信号塔

上海市宁波路,后并入仁济医院。因初建的经费来源于一位名叫Agnes Gutzlaff的盲女的遗赠①,所以这座医院的英文名作"Gutzlaff Hospital"。这位连中文名都没有的盲女,其实是中国人。大约在1837年,她被郭实猎在澳门收养,并由郭氏的夫人玛丽照顾到五岁多,于1842年送往英国接受教育。1855年Agnes Gutzlaff回国,受雇于"宁波女塾",成为了"中国历史上第一位经过正规训练的盲文教师"。②

这些带有纪念性的地名,似乎在向历史述说着郭实猎不同寻常的人生历程。"Gutzlaff Island"代表着他赖以成名的"阿美士德勋爵"号航行;"Gutzlaff Street"则是港英政府对于他在鸦片战争前后二十年间所立汗马功劳的回报;至于"The Gutzlaff Signal Tower"和

①《体仁医院施诊》,《申报》1872年12月3日,第3页。

②参见宫宏宇:《基督教传教士与晚清中国的盲人音乐教育——以安格妮丝·郭士立、穆瑞为例》,《中央音乐学院学报》2012年第1期。

“Gutzlaff Hospital”，恰是此人那些在华的传教与开拓事业所留下的遗音。时间跨越百年，这位在中国传播新教、开辟殖民地的“闯将”并未被西方世界，特别是来华西人和宗教界人士所遗忘，他们在淡化郭实猎所受争议的同时，仍旧记得他的功劳和慈善事业。[①]

与西方人相反，中国人对郭氏的记忆却多是他的负面形象。直到1929年，当郭实猎的中文名字再为中国人提及时，他已然被纳入了学术研究的领域。在武堉干著《鸦片战争史》中，郭氏被称作“郭子立”。书中将他描述成一位“英国产，而久居中国天津”的中国通。因他与义律“互相勾结”，于是“东印度公司输入中国之鸦片愈多”。[②]武堉干之说虽然缺乏文献支撑，影响却颇大。40年代中期出版的，范文澜著《中国近代史》上编第一分册，称郭氏为“在天津经营鸦片业的英国人郭子立”[③]就是引用武氏的说法。这似乎是郭实猎形象在中国的分水岭，自此以后，郭氏的名字，便逐渐成为了间谍、强盗与鸦片贩子的代名词。由于直接参与过侵华战争，郭实猎的形象迅速地恶化，从“饱受争议”的人物彻底地变成了“反面人物”。直到近年来，郭氏本身的复杂属性，才逐渐得到华语学界的关注。

在公开出版的文献或著作中，也有不少使用Gützlaff的音译来代指郭氏的情况。此类音译在1915年恽铁樵、徐凤石翻译容闳的《西学东渐记》时就已开始使用，但绝大多数出现在1949年以后。在《西学东渐记》中，恽、徐二位先生以英文发音将Gutzlaff音译为“古

---

①需要说明的是，有关郭实猎的争议和负面报道最早出现在西方，特别是1850年前后。但此类争议多出现在传教士之间的通信，或他们给差会的报告中，很少见诸公开媒体。西方媒体，特别是宗教媒体对于郭氏的报道则多是正面的，甚至完全是歌颂性质的。

②武堉干：《鸦片战争史》，商务印书馆1929年版，第137页。

③范文澜：《中国近代史》上编第1分册，读书出版社1947年版，第8页。

特拉富”。[①]这明显是受到原文称郭氏为“英教士”的误导，可见译者并不清楚郭氏的具体情况。在上海社会科学院历史研究所编译，1958年出版的《上海小刀会起义史料汇编》中，Gutzlaff Island被译成了“古茨拉夫”岛。[②]潘光旦则称郭氏为“古兹拉夫”。[③]最常用的音译“居茨拉夫”最早见于中共中央马克思恩格斯列宁斯大林著作编译局编译的《马克思恩格斯全集》第七卷。该书出版的时间是1959年4月。以上三个音译使用了德语的发音，证明后来的译者至少知晓郭氏的原籍。至今“居茨拉夫”仍旧是“马克思”相关研究领域内，使用频率最高的郭氏译名。

另一个在学界常用的郭氏姓名“郭实腊”，至迟在1954年齐思和所译利洛的《缔约日记》[④]中已经出现，后来顾长声在1985年出版的《从马礼逊到司徒雷登》一书中沿用此名为郭氏作传。由于顾书影响较大，此名才渐为学界所传用。而在20世纪末重要的研究参考《近代来华外国人名词典》中，仅罗列了“郭施拉(郭实腊，郭士立，郭甲利)”[⑤]四个译名，却遗漏了郭氏的自用之名。

---

①容闳、祁兆熙、张德彝、林如耀等:《西学东渐记　游美洲日记　随使法国记　苏格兰游学指南》，岳麓书社1985年版，第41页。

②中国科学院上海历史研究所筹备委员会编:《上海小刀会起义史料汇编》，上海人民出版社1958年版，第657页。

③潘光旦:《中国境内犹太人的若干历史问题——开封的中国犹太人》，北京大学出版社1983年版，第83页。

④中国史学会主编:《中国近代史资料丛刊・鸦片战争》第5册，第505—519页。

⑤中国社会科学院近代史研究所翻译室:《近代来华外国人名词典》，中国社会科学出版社1981年版，第184页。

四、小结

严格地说,“郭实猎”是郭氏本人一直公开使用的唯一中文姓名。在学术研究中,使用这个名字来代指他,自然更为适宜。

作为记录个人形象与经历的重要载体,郭实猎的原名、笔名、化名以及其他讹传的版本所构成的变迁史,恰好向人们描绘出了他极富争议的个人经历的缩影。倘若说,郭实猎选择中文名的过程,在一定程度上代表着早期来华新教传教士学习中文、认识中国的艰难历程;那么,他笔名的变化过程正好能体现,郭实猎本人对于中国的认知与态度的变化。那些大量使用雅化汉字的郭氏译名证明,这位被长期指为间谍、强盗、鸦片贩子的传教士,在晚清的中国官、民心目中很可能留下过不错的印象。而数量庞大的谐音与讹传,则折射出鸦片战争前后,清政府翻译人才的匮乏和情报机构的落后。至于这些谐音与讹传的遗响,竟能跨越百年延续至今,并且不断衍生出新版本,则反映出,对于这位近代中西交流史上举足轻重而又异常复杂的人物,我们的认识还相当有限,有关他的历史实相尚需重新梳理。

第二章 早年经历与人格特征*

郭实猎的行为素来被人们视为“全然疯狂”、“奇特”和“不可理喻”，[①]他的个性偏执，常遭人诟病，曾引发过诸多争议。赫尔曼·施莱特和鲁珍晞曾用浪漫主义和虔信主义（Pietismus）的影响来解释郭实猎矛盾而又奇怪的行为和个性。[②]但他们的解释无论是从宗教信仰、社会思潮还是个人欲望的角度，都很难对郭实猎的个性与人格进行全面、合理的解读。苏精于2006年发表《郭实猎和其他传教士关系紧张》一文，[③]该文叙述的重点虽是郭实猎与其他传教士在“汉会”问题上的冲突，但文中引用的伦敦会和美部会档案却包含了大量描述郭实猎怪异个性的内容，为我们理解郭氏的行为逻辑提供了珍贵的线索。本文拟利用现代心理学的理论与临床诊断标准，梳理第一手的文献数据，力争还原郭实猎的心智与人格的养成过程，为人们理解他的人格特征提供一个有价值的视角。

---

* 本章曾以《郭实猎的早年经历与人格特征》为题发表于《汉学研究》（汉学研究中心）2020年第1期。写作过程中得到复旦大学心理学系井荣美子的重要帮助，特此致谢。

①*Benjamin Hobson to A. Tidman*, Canton, 20 August 1851, LMS/CH/SC, 5.2.A.

②参见GMC；Jessie G. Lutz, *Opening China: Karl F. A. Gützlaff and Sino-western Relation, 1827—1852*, Grand Rapids：Wm. B. Eerdmans Publishing Co., 2008.

③苏精：《上帝的人马：十九世纪在华传教士的作为》，第33—71页。

一、童年遭遇与命运转机

郭实猎的父亲名叫Johann Jacob Gützlaff,是一位裁缝。[①]他的母亲是Johann的第二任妻子,在郭实猎四岁时去世。一年以后,郭父再次续弦,娶的是另一位裁缝的遗孀。在郭实猎的回忆里,这位后母的形象并不和善。1823年,郭实猎曾经给荷兰传道会写过一份长达五页的德文自述,较为详细地介绍了自己20岁以前的生活状况。其中有一段文字涉及到他的童年经历:

> 我的母亲在我4岁时便去世了,尽管她对我很严厉,但也十分爱我。失去她使我非常伤心,当时我感觉所有人道的帮助都被夺走了。我同父异母的大姐像母亲一样细心地培养我,并且教会我拼写字母。5岁的时候,我有了后母,她在之后整整8年时间里都野蛮地待我。对我而言,这是一段苦难和磨炼的日子,我的整个性格都因此而改变了,从活力十足变得忧郁惨淡。[②]

西方学界对这段描述文献并不陌生。1851年在普鲁士人所编的《郭实猎传》中就曾部分地复述过这一段文字。[③]待到2008年,鲁

---

①*Karl Gützlaff's Leben und Heimgang*, p.1. 郭实猎的父亲去世于1825年12月9日,参见 “Der Missionär Gützlaff” , *Allgemeine Kirchen-Zeitung*, Sontag 26. August, Sp. 1097.

②*Kurzgefaszte Lebensbeschreibung*, p.1.

③*Karl Gützlaff's Leben und Heimgang*, p.1.

珍晞在她的*Opening China*[①]中又依据莱顿所藏的一个整理本,将之摘译为英文。与德文手稿相比,莱顿的副本虽然存在少量错误,但鲁氏的英译本仍旧较为准确地遵循了原文的大意。[②]这段译文也随着鲁珍晞的著作广为传播,成为西方学者讲述郭氏童年经历的基本文献。

事实上,早在郭实猎进入学术研究的视野之前,就有很多同时代的传教士提起过郭氏的童年经历。卫三畏曾指出,"他早年心智陶冶不足",[③]美部会的秘书安德森在写给柯理(Richard Cole)的信中也说:"我真想知道他(郭实猎)早年的教育是否有什么大缺陷,他似乎没有真正的观念。"[④]在19世纪上半叶,现代心理学还没有出现,但人们已经清晰地意识到,郭实猎的某些人格缺陷与他的童年经历存在着密切的联系。

人在童年时期的经历,会在很大程度上决定他成年以后的人

---

①参见Jessie G. Lutz, *Opening China*:*Karl F. A. Gützlaff and Sino-western Relation*, 1827—1852.

②在*Opening China*中鲁珍晞也引用了这一段文献的部分内容,但鲁氏所引用的英文译文"The eighth of my stepsisters reared me with motherly care and taught me my letters"与德文手稿的内容明显有出入,似因鲁珍晞所参考的文献整理件有误所致。从手稿的内容看,照顾郭实猎的这位大姐应该是他父亲第一位妻子的女儿,并非出自郭氏的后母。参见:*Kurzgefaszte Lebensbeschreibung.*; Jessie G. Lutz, *Opening China*:*Karl F. A. Gützlaff and Sino-western Relation, 1827—1852*.

③*S.W.William to R. Anderson, Canton, 22 August 1851*, vol.3, ABCFM/Unit 3/ABC 16.3.8.译文转引自苏精:《上帝的人马:十九世纪在华传教士的作为》,第70—71页。

④*R. Anderson to R. Cole, Missionary House, Boston, 19April 1852*, vol. 16, ABCFM/Unit1/ABC2.1.转引自苏精:《上帝的人马:十九世纪在华传教士的作为》,第71页。

格特征。不良的家庭教养方式会对儿童的成长带来严重的负面影响,程度较轻时,会引起激烈的逆反或某些神经症(如焦虑、恐怖症等等),严重时甚至会对人格基础的塑造形成重大的影响,如果缺少有效的心理干预和帮助,则可能逐渐发展为人格障碍,即所谓的“病态人格(psychopathic personality)或异常人格(anomalous personality)”。[①]无论是与郭实猎同时代的传教士,抑或是百余年后的史家,大多只是概略地提及他的这段经历,却鲜有人关注过郭实猎的心智、个性和人格在这段困苦往事中具体变化和表现。

细究起来,郭实猎在青少年时期的很多行为,都与这段经历存在明显的联系。在郭实猎早期的个性中,冒进和逆反的特质表现得尤为突出。他出生于虔信宗大盛的普鲁士北部,其父就是一位非常虔诚的虔信宗信徒。[②]可当郭实猎年满8岁,才进入小学不久,[③]就敢公然地指责校长在宗教课上传授的内容是“毒药”,并且在“之后好些年”都“对《圣经》和宗教漠不关心”。[④]等到10岁上下的时候,他又“决心要从事政治,投身于整个欧洲与拿破仑专制统治的斗争”,[⑤]并且成天地做着白日梦,幻想自己在异域的“冒险”和

①傅安球:《实用心理异常诊断矫治手册》,上海教育出版社2015年版,第132页。

②郭实猎的父亲很可能在当时虔信宗大盛的哈勒(Halle)接受过教育。哈勒位于柏林西南部130公里的莱比锡盆地边缘,哈勒大学是18、19世纪虔信宗的中心。

③*Kurzgefaszte Lebensbeschreibung*. p.1. 按照郭实猎的自叙,他在学校中主要学习古德语、历史、数学等课程。

④*Kurzgefaszte Lebensbeschreibung*. p.1. Jssachar J. Roberts, “Early Life of Charles Gutzlaff, Missionary in China”, *The China Misson Advocate*, January, 1839, p.30.

⑤Issachar J. Roberts, “Early Life of Charles Gutzlaff, Missionary in China”, p.30.

"旅行"。[①]

13岁时，郭实猎需要行"坚信礼"（Confirmation），正式成为一名基督徒。可是他居然在仪式之后公开质疑自己的信仰，而且还非常放肆地否认了自己的誓言："那传教士为我建立的信条，是永远忠诚于美德的誓言，并接受上帝作我的父。但我很快便意识到，这些誓言，由于缺少神圣的精神力量，所以很少能将人从恶行中拯救出来。"[②]紧接着，他又出人意料地拒绝了"接受市政府的资助以继续学业的建议"，[③]舍优就劣，跑到什切青（Stettin）的匠人戈尔尼施（Gollnisch）手下，作了一名腰带搭扣的学徒工。[④]这些行为多少显得有些偏执甚至恣肆。不良家庭教育环境似乎已经开始在郭实猎的身上产生副作用。

郭实猎做此决定，和他的继母有关。对他而言，若想摆脱"苦难和磨炼的日子"，就只能离家远走；但因为家境贫寒，所以做学徒又成了唯一的选项。不过，在作出决定之前，郭实猎似乎并没有意识到学徒的生活到底意味着什么。他所憧憬的，是广阔的天地和自由的空间。但当郭实猎来到什切青时，才惊讶地发现，自己面对的"生活环境和工作方法，与五百年前很少差别"。[⑤]德意志的学徒工"普

---

①Issachar J. Roberts, "Early Life of Charles Gutzlaff, Missionary in China", pp.30—31.

②根据基督教教义，儿童在一个月时受洗礼，十三岁时受坚信礼。只有被施以坚信礼的人，才能正式成为基督徒。在郭实猎的自述手稿上，关于坚信礼的文字旁边，注有"1816 den 7tem Juli"，证明他接受坚信礼的准确时间是1816年7月7日。参见*Kurzgefaszte Lebensbeschreibung*, p.2.

③*Kurzgefaszte Lebensbeschreibung*, p.2.

④*Karl Gützlaff's Leben und Heimgang*, p.1.

⑤林涧青主编：《马克思、恩格斯、列宁、斯大林论工人阶级》，工人出版社1986年版，第156页。

遍缺乏现代生活条件”、“缺乏现代工业生产方法”,更“缺乏现代思想”。这里的“全部生产制度,只是中世纪的遗迹”,[①]一切都叫他难以忍受。

在来到什切青之后不久,郭实猎就后悔了。他感受到内心“无法补救的”“异常的空虚”[②],并且急于寻找方法摆脱这一处境。他先是避开师傅的监督,把一切的闲暇时光都花在了阅读上,[③]似乎是想寻找机会重回学校;后来又自称因为“一位商人”“分享的”《巴色杂志》而起过作传教士的念头,[④]并且还为此与其父发生过一番激烈的争执。[⑤]但无论是读书还是传教,恐怕都是郭实猎突然闪过的念头,过不了几日就没了下文。郭实猎的需求只是跳出困窘的学徒生活,至于之后何去何从,他好像并不特别在意,至少他没有笃定要去传教。

1820年,趁普鲁士国王威廉三世途经什切青之际,郭实猎和同伴向他献诗,[⑥]并由此受到威廉三世的接见和关照。当威廉三世表示可以满足他们的愿望时,郭实猎提出要求,希望重返学校念高中。不久,郭实猎的同伴便因此升入文理中学(Gymnasium)继续学业,而郭实猎却因为之前所接受的教育太少,而无法获得升学的资格。“人们不知道该如何安排他,因为他并不是学生,而仅仅是一名

①林涧青主编:《马克思、恩格斯、列宁、斯大林论工人阶级》,第156页。

②*Kurzgefaszte Lebensbeschreibung*, p.2.

③参见*Der Missionär Gützlaff*, Sp. 1098;*Karl Gützlaff's Leben und Heimgang.*

④*Kurzgefaszte Lebensbeschreibung*, p.2.

⑤郭实猎的父亲认为,“整个传教事业只不过是宗教狂热(Schwaermerei)”。参见*Kurzgefaszte Lebensbeschreibung*, p.2.

⑥郭实猎的这位同伴是一位传教士的遗孤,后人常因此将此次献诗与传教联系起来。但事实上,二人献诗的目的就是要设法重返学校,而并非外出传教。

熟练工。"[①]经过好几个月的等待,威廉三世才因为一个偶然的机会,发现了本来毫不起眼,而且仅有8名学生在册的"柏林传教士学院"(Berliner Missionsinstitut)。[②]因为这所"学校"完全不需要规范的升学手续,威廉便于1821年4月[③]将郭实猎招至柏林,推荐到该校就读,[④]并且承诺每年资助这所学校500塔勒。[⑤]威廉三世非常用心,但也是非常艰难地完成了他对郭实猎的许诺。

这一年,郭实猎刚好18周岁,他终于脱离了童年时期的梦魇,远离了继母,重新回到了"学校"。但这个"命运的奇异转机"[⑥]却和郭实猎的信仰毫无关系。在被文理高中拒绝以后,这所传教士学校就成了他跳出学徒工生活的救命稻草。没有任何证据显示,他在1821年以前曾表露出从事传教事业的坚定决心;也没有任何资料表明,他在这一阶段有过任何明确的人生理想或目标。他那些盲目而又艰难的抗争,都是为了摆脱童年的阴霾和学徒生活的困苦。

童年时期的不良教养方式与生存处境,对郭实猎产生了显著的负面影响。他缺乏完整的基础教育,而且不太能接受其他人的管束和训导。年少时的伙伴形容他"好幻想"、"狂妄"、"暴躁",常有出人意料的想法或举动,身边的亲友也拿他无可奈何。他行事好冲动、感情用事、冒进倾向明显,而且有英雄主义情结,乐于寻求刺激的事

---

①ReiChardt, "Gützlaff's Eintritt in die Missionslaufbahn und seine Erwerckung", *Evangelisches Missions-Magazin*, 1859, p.453.

②Karl Friedrich Ledderhofe, *Johann Jänicke,* Berlin, 1863, p.205.

③ReiChardt, "Gützlaff's Eintritt in die Missionslaufbahn und seine Erwerckung", p.455.

④Karl Friedrich Ledderhofe, *Johann Jänicke*, p.205.

⑤Karl Friedrich Ledderhofe, *Johann Jänicke*, p.205.

⑥ReiChardt, "Gützlaff's Eintritt in die Missionslaufbahn und seine Erwerckung", p.453.

物和成就感,总显得逆反而又任性。郭实猎的这些个性和人格特征是我们了解他行为逻辑的重要线索,而当他来到柏林之后,截然不同的生活环境又将为他带来新的变化。

二、传教士学校与虔信宗信仰

1821年5月7日,[①]郭实猎正式入学。所谓的“柏林传教士学院”,建于1800年。校长雅尼克(Johann Jänicke,1748—1827)是一位虔诚信奉虔信宗的老人,他建立学校的目的,是为了纪念他在印度病逝的传教士弟弟约瑟夫·雅尼克(Joseph Daniel Jänicke,1757—1800)。这所学校虽然号称德意志传教士学院的滥觞,但由于普鲁士的传教事业要远落后于英、法、荷兰等国,所以学校本身的规模非常小,硬件也很简陋:1800年初建时只有7名学生,截止到1843年,从该校毕业的传教士总共只有大约80人。[②]与其说这是一所传教士学院,倒不如说是一个小型传教士培训班。

报到那天,当校长雅尼克问及郭实猎此来的目的时,郭氏竟称自己来此学习是“希望成为一名牧师”。尴尬之余,雅尼克只好答道,“我们这里不培养牧师,不过您尽管来”。[③]在同学们眼中,郭实猎此刻尚不明白牧师与传教士之间的差别,他“对基督教的认知有

---

①*Kurzgefaszte Lebensbeschreibung*, p.3.在郭实猎*Kurzgefaszte Lebensbeschreibung*的手稿上,记录郭实猎来到柏林传教士学院开始学习的部分文字旁边,注有“1821 den 7tem Mai”。

②参见Karl Friedrich Ledderhofe, *Johann Jänicke*.

③ReiChardt, “Gützlaff's Eintritt in die Missionslaufbahn und seine Erwerckung”, p.455.

图2-1　雅尼克①

限，对于传教的价值懂得更少”。②

学校的课程包括宗教、英语和拉丁语。同时，雅尼克也鼓励学生前往柏林大学旁听或求教。不过，入学之后的郭实猎，似乎并没有如他所称的那样要“成为牧师”。他在如饥似渴地学习其他知识的同时，依旧对宗教表现得十分冷漠：

> 雄心勃勃的郭实猎在将学习放在首位的同时，却缺少对基督教的真正领悟和理解……仅只是讨论这些问题，也会被郭实

①Karl Friedrich Ledderhofe, *Johann Jänicke*.

②ReiChardt, “Gützlaff’s Eintritt in die Missionslaufbahn und seine Erwerckung”, p.455.

> 猎看作浪费时间,他推脱说,其他传教士学校的兄弟们在讨论这些问题时花费了太多的时间,而这些时间完全可以被更好地利用;没错,他觉得,仿佛有些人是因为他的勤奋而在嫉妒他。他自然不能对他的室友解释,是因为他的勤奋,而使得他没有时间投入到私人的或者公开的修行中。郭实猎经常会因此而成为他的兄弟们谈论的对象。人们佩服他的勤奋,却也惋惜于他的傲慢与狂妄,还有他对真正的传教使命感(eigentlichem missionssinn)的缺乏。①

对宗教的冷漠暴露了郭实猎进入传教士学校的真正动机。他想要学习的是其他知识,而非宗教。不过,郭实猎这种漠视宗教的状态没能维持太久。由于长期处于虔信宗教徒的包围中,②他很快便在信仰问题上展开了激烈的思想斗争。在一次与同学的激烈争论之后,郭实猎对于信仰的纠结和痛苦终于爆发了出来:

> (郭实猎撇开周围的同学)自言自语地叙述着他自幼年开始就犯下的罪过,并且大喊:“是,撒旦,你把我拖进了你的陷阱之中,让我此刻站在深渊的边缘,要使我陷入永久的腐朽。你用骄傲和浮华把我填满,让我滥用最神圣的东西,而眼中只看得到自己的利益和空洞的自尊。哦!你是多么的狡猾,现在你赢了,把我推进了万劫不复的地狱。”他像这样持续了很长一段

---

①ReiChardt, “Gützlaff’s Eintritt in die Missionslaufbahn und seine Erwerckung”, pp.455—456.

②郭实猎身边的绝大部分师友都信奉虔信宗。他的借宿家庭,也信奉属于虔信宗的亨胡特教派(Herrhutismus)。参见ReiChardt, “Gützlaff’s Eintritt in die Missionslaufbahn und seine Erwerckung”, p.455.

> 时间，当他的朋友尝试与他亲热地交谈，并让他留心福音的预兆时，他又大声地叫起来："是，那对我没用！不，我进不了天堂了！我得不到宽恕！我的罪孽太深重！我迷惑了我自己！完全陷入了撒旦的罗网！我输了，输了！地狱已经张开了它的大口，我马上就会成为它的猎物！"①

郭实猎自己罗列的"骄傲和浮华"、"空洞的自尊"、"自己的利益"都可以视为极好的心理分析素材。面对信仰的困惑，当那些"空洞的自尊"突然坍塌的时候，崩溃的情绪便会倾泻而出。这类近乎疯狂的表现和极端的行为往往无法伪装或掩饰，同时也非常容易使人联想到虔信宗信徒对于信仰"强烈的、内在的、忏悔的挣扎"（Busskampf）和自省的要求。

在迈克尔·格利高里奥（Michael Gregorio）的哲学小说《谋杀理性批判》中，有一段对Busskampf的解读非常形象，能够帮助我们理解郭实猎此时激烈的情绪：

> 虔信派信徒依他们对《圣经》所作的解读，相信唯有个人亲自和魔鬼、和魔鬼的诱惑有过亲身的战斗，才能永远得救，他们甚至为此自创出一个词来——Busskampf，依他们的宣道，这是每一位真正悔改信主的人都要经过的内心挣扎，唯有战胜之后，才能进入天国。②

①ReiChardt, "Gützlaff's Eintritt in die Missionslaufbahn und seine Erwerckung", p.457.

②麦可·葛雷哥里奥著，宋伟航译：《谋杀理性批判》，远流出版事业股份有限公司2009年版，第78页。

郭实猎对于信仰的纠结,带有浓厚的虔信宗色彩。极度挣扎的情绪也说明他对基督教的态度转变并非矫饰,而是发自内心的反思。造成郭实猎思想转变的主要原因很可能来自雅尼克对他的善待。对于这位童年饱受折磨,又备尝学徒生活艰辛的青年来说,传教士学校的氛围要友善得多。郭实猎曾说:

> 通过与虔诚的传教士雅尼克的相处,以及其他传教兄弟的告诫,主感动了我的心。我看到了我的罪与不幸,并乞求耶稣怜悯我;仁慈的耶稣没有让我落入死亡之谷,他接受了我的乞求,并赦免了我的罪。[①]

大约在1821年6、7月间,[②]郭实猎便放弃了他对宗教的抗拒立场,“第一次发自内心地真正拜倒在救世主的足下”。[③]

不过,郭实猎的信仰似乎一直都是人们争议的焦点。施莱特曾根据郭实猎于1822年12月22日所作的一次布道[④]指出,郭实猎不

---

①*Kurzgefaszte Lebensbeschreibung*, p.4.

②*Kurzgefaszte Lebensbeschreibung*, p.4.郭实猎在手稿上有自注:“1821年6、7月”。

③*Kurzgefaszte Lebensbeschreibung*, p.4.

④施莱特已经注意到:这次布道的主题为“我们的主,作为得救的唯一途径”(unsern Herrn, als den einzigen Weg zur Seligkeit, und zwar Ⅰ. wie Er der Weg ist, und Ⅱ. wie Er es uns wird)。郭实猎在布道时曾引用《使徒行传4.12》说:“除他(耶稣)以外,别无拯救,因为在天下人间,没有赐下别的名,我们可以靠着得救。”(译文参考了《新约全书》和合本修订版,香港圣经公会2006年6月版,第188页)表明了他的虔信宗信仰。参见Gutzlaff, *Predigt über Apostelgeschichte 4, 12. gehalten am 22. Dezember 1822 in Berlin,* Berlin, 1844, p.4.

但虔诚,而且深受虔信主义与福音主义的影响。[①]卫三畏也承认,郭实猎虽然性格“前后不一”,却仍怀着“对基督徒正直的执着”。[②]不过,有更多的传教士或学者却都表达过对于郭实猎个人行为、信仰的愤懑和怀疑,他们认为郭实猎极端的思想和言行并不符合基督教信仰。马礼逊曾说“我希望他有虔诚的信仰及可敬的真理知识”,[③]裨治文也批评“他的虔诚也遭到有些传教士的质疑”,[④]罗孝全的指责则更直接:

> 他没有接受过虔诚的教导,所受的教育来自自然神论和苏西尼派的教义,他不喜欢祈祷会,不与虔诚的基督徒交往,也没有感到天然倾向于这些人。[⑤]

在这里,有必要对郭实猎的信仰问题作一番辨析。郭实猎信仰的虔信宗是路德宗的一个分支。与普通的路德宗不同,虔信宗信徒并不关心教义,而是重视灵性,强调禁欲和严格舍己的生活。“对于不会讲自己得救经历的人,则一概不承认他们是基督徒。”正如罗孝

---

①施莱特称:郭实猎的宗教信仰来自“亨胡特主义与福音主义(Der Herrnhutismus und der Evangelikalismus)两种思潮”。而亨胡特主义其实就是虔信主义的一个分支。参见GMC, p.19.

②转引自苏精:《上帝的人马:十九世纪在华传教士的作为》,第70—71页。

③*Extract from Robert Morrison's private to W.A. Hankey,* Macao,10 February 1832, LMS/CH/SC, 3.1.C. 译文转引自苏精:《上帝的人马:十九世纪在华传教士的作为》,第36页。

④A, *E.C.Bridgman to R. Anderson,* Macao, 12 August 1841, vol. 1ABCFM/Unit 3/ABC 16.3.8. 译文转引自《上帝的人马:十九世纪在华传教士的作为》,第49页。

⑤Issachar J. Roberts, *Early Life of Charles Gutzlaff, Missionary in China*, p.30. 罗孝全曾经与郭实猎同住过一段时间,该文中所述的这些细节,应来自郭实猎本人。

全所说，郭实猎的信仰“在这个开明的时代中显得十分过时”。[①]19世纪以来，很多基督教的其他宗派都将虔信宗视为过时和落后的象征。瑞士神学家卡尔·巴特（Karla Brth，1886—1968）就认为：“与教会一同下地狱都比跟敬虔主义者一起上天堂强，尽管他们的天堂根本不存在！”[②]无论是在欧洲大陆还是在北美，因为宗派差异的缘故，虔信宗信徒与其他很多宗派之间都发生过激烈的冲突。郭实猎在信仰方面受到的质疑，显然与这些宗派之间的差异有关。

另一方面，郭氏本人的个性又极鲜明。他“傲慢”、“狷狂”的行事风格很容易为自己带来非议。而且绝大多数传教士对于郭实猎信仰的质疑都发生在他们的关系恶化之后。这并不是说传教士们的批评不真诚，但是，当宗派之间的认知差异和带有情绪的评价叠加在一起的时候，这些批评本身的客观性就很值得怀疑。毕竟，信仰不虔诚和“信仰落后于时代”是两个完全不同的问题。虔信宗的信仰是郭实猎此后近三十年传教活动的底色，对于这样一位极其复杂的历史人物而言，忽略宗派之间的冲突，忽略其个性与心理特征，特别是在忽略其人格特征的情况下，就去质疑他的信仰、价值观和人生选择，都是存在风险的。

三、浪漫主义与人格障碍

要讨论郭实猎的价值观与人格特征，就不能不从浪漫主义说起。多数前辈学者都倾向使用“浪漫主义”的影响来解读郭实猎的

---

①Issachar J. Roberts, *Early Life of Charles Gutzlaff, Missionary in China*, p.31.

②Brown, Dale W., *Understanding Pietism*, Nappansee IN: Evangelical Publishing House, 1996, p.11. 另参见陈企瑞：《论敬虔主义者弗兰克的信仰实践》，许志伟编：《基督教思想评论（第十一辑）》，上海人民出版社2010年版。

行为。无论是施莱特还是鲁珍晞都非常重视郭实猎在柏林期间所受到的浪漫主义熏陶。他们认为，正是浪漫主义的那种“舍我其谁，敢于造反”[①]的理想强化了郭实猎“在早年就已经显露出来的个人主义倾向，塑造了他独来独往的个性”。[②]而在郭实猎所处的环境，以及他的经历中，我们确实能够察觉到一些浪漫主义的痕迹。

19世纪20年代是浪漫主义在欧洲盛行的时期。柏林以及新成立不久的柏林大学，正是这股思潮的重要中心。在来到柏林后，郭实猎不但住在柏林大学附近，而且一度起意试图报考这所学校。比如他在柏林，除了跟随雅尼克学习之外，也长期追随尼安德（Johann August Wilhelm Neander）和托卢克（Friedrich August Tholuck）两位老师，[③]此二人不但都曾担任柏林大学的教授，而且还深受反理性主义的影响，在19世纪上半叶觉醒神学（Erweckungstheologie）的形成过程中，占有较为重要的地位。[④]特别是托卢克，他还专门辅导郭实猎学习过波斯语。[⑤]

但是，除了这些涉及浪漫主义的间接证据之外，郭实猎本身似

①伯林著，哈代编，吕梁等译：《浪漫主义的根源》，译林出版社2011年版，第110页。

②GMC，p.21.

③GCB，p.26. 尼安德是教会史学家，自1813年起任柏林大学教授；郭实猎的波斯语老师托卢克在1824年获聘为柏林大学编外教授（Außerordentlicher Professor），并于两年后，由普鲁士大臣阿尔腾施泰因授意，转任哈勒大学教授，以“消灭那里的理性主义”。参见GMC，p.19；ReiChardt，“Gützlaff's Eintritt in die Missionslaufbahn und seine Erwerckung”，p.461；潘能博格著，李秋零译：《近代德国新教神学问题史——从施莱尔马赫到巴特和蒂利希》，香港道风书社2010年版，第78页。

④潘能博格著，李秋零译：《近代德国新教神学问题史——从施莱尔马赫到巴特和蒂利希》，第78页。

⑤郭实猎在柏林期间学习的语言一共有六门之多。参见*Der Missionär Gützlaff*，Sp. 1100.

乎还具有一些比浪漫主义更重要的属性。在郭实猎身边的同事或朋友笔下，他的个性和行事风格要比普通的浪漫主义者夸张得多。在同学们眼中，郭实猎“傲慢”（Stolz）又“狂妄”（Eigendünkel），“他觉得，仿佛有些人是因为他的勤奋而在嫉妒他”（auf ihn wegen seines Fleißes neidisch wären）。①

在卫三畏眼中：

> 郭实猎是罕见性格复杂的人，很难令人理解。他的性情非常乐观，而他的狂热充溢到让他看事情会变成扭曲的程度，即使别人较为清醒冷静，他也不愿接受别人的修正意见。想努力跟他一起工作的人，不久就会在取悦他和满足自己之间陷入两难，只好离开，以致最后没有传教士和他有什么来往。也许可以说，他是个不能令人满足的人，在他的性格中是有些优良的特质和要素，却混杂着前后不一和对基督徒正直的执着，以至于他的一切作为都显示出心理上的错综复杂与怀疑，他早年心智的陶冶不足是导致后来错误行为的重要原因。②

而马礼逊在1832年写给伦敦会秘书W.A.Hankey的私人通信中，也对郭氏作过类似的评价：

> 他（郭实猎）充满日耳曼人的性格：热诚有余而孤僻不群、任性执拗而倔强自负（enthusiastic and eccentric, willful and

①ReiChardt, “Gützlaff’s Eintritt in die Missionslaufbahn und seine Erwerckung”, p.56.

②转引自苏精：《上帝的人马：十九世纪在华传教士的作为》，第70—71页。

> wayward)。我担心他不能善与人共事,作为第二名,他不服从人(insubordinate);作为第一名,他专断凌人(domineering)。他不惯社交场合的玩笑,不过近来似乎有所改善。①

此类记载非常多见,无论是20年代的文献,抑或是郭实猎更加活跃的30年代,虽然表述各异,其内容却相差无几,都反映出郭实猎极端、狷狂、暴戾的行事风格。有人甚至在私下指责他是一个"彻头彻尾的狂热分子"。②显然,郭实猎的很多表现,尽管具备浪漫主义的某些特征,却显得极不正常,甚至暴露出某些严重的病态。

如果我们将这些记录与现代心理学研究相参照,便会发现:郭实猎的行事风格与人格特征都非常接近于"自恋型人格障碍"患者的临床表现。此类心理疾病的研究在相关领域已经非常成熟。心理学界权威的《牛津精神病学教科书》中,对该类患者的主要症状有如下一段描述(序号为笔者所加):

> (自恋型人格障碍患者)(1)过于自负、自命不凡、妄自尊大。(2)他们沉湎于巨大的成功、权力、美貌或聪明才智的幻想之中。(3)他们认为自己与众不同,(4)期望别人羡慕自己,并给予他们特殊的待遇。(5)他们认为自己有权享有最好的东西,并力图与地位显赫的人物拉上关系。(6)他们利用别人而不顾及其感受,(7)也不对其抱以同情。(8)他们嫉妒他人

---

①*Extract from Robert Morrison's private to W.A. Hankey*, Macao,10 February 1832, LMS/CH/SC, 3.1.C.. 译文转引自苏精:《上帝的人马:十九世纪在华传教士的作为》,第36页。

②*Tidman to J. Legge*, London, 24 December 1849;*New England Spectator*. November 5, 1834. P. 4., LMS/CH/OL, A.

> 拥有的财产和取得的成就，同时期望别人以同样的方式嫉妒自己。(9)他们显得傲慢、目空一切、骄傲自大，好以恩人自居或以恩赐的态度待人。[①]

美国《精神疾病诊断与统计手册》(DSM)按照笔者所列的序号，将这段描述划分为九条判定标准，并以此作为“自恋型人格障碍”的诊断依据。[②]在诊断时，对方只要符合其中的五条特征，即可被初步判定为病患。[③]

在上节所引的自述中，郭实猎曾忏悔自己“只看得到自己的利益和空洞的自尊”，“填满”了“骄傲和浮华”；如果我们再联想到他从童年时期就已经具备的“好幻想”、“狂妄”、“傲慢”、“暴躁”等特征，那么，除了“期望别人以同样的方式嫉妒自己”这一条判定标准，因为缺乏郭实猎本人的直接供词而显得模棱两可之外，其他的内容则相对较为明显。郭实猎的行为表现出了“自恋型人格障碍”患者的大多数典型症状。

---

①格尔德(Mchael Gelder)、梅奥(Richard Mayou)、考恩(Philip Cowen)原著，刘协和、袁德基主译:《牛津精神病学教科书》，四川大学出版社2004年版，第166页。

②根据国际通行标准，人格障碍一般划分为A、B、C三个群组，共十种类型。“自恋型人格障碍”与“反社会型”、“边缘型”、“表演型”人格障碍同属B群，这几类人格障碍的患者有很强的相似性，一般都共同具有“情绪化、不稳定、戏剧化和过度表现”等特征。概括起来说，所谓“自恋型人格障碍”就是“一种需要他人赞扬且缺乏共情的自大(幻想或行为)的普遍模式”。参见美国精神病学会编著，张道龙等译:《精神疾病诊断与统计手册(第五版)》，北京大学出版社2015年版，第658页。

③《精神疾病诊断与统计手册》的文字表述与《牛津精神病学教科书》有细微差别，但含义完全一样。参见美国精神病学会编著，张道龙等译:《精神疾病诊断与统计手册(第五版)》，第658页。

更为重要的是这种人格障碍的生成机制。所谓的“自恋”，其实是“在童年自体的心理结构的获得性缺陷以及随之而来的继发性防御与代偿性结构的建立”，[①]它们大多源自童年时期因遭受虐待或缺乏安全感而引起的恐惧或自卑。像郭实猎这类在童年时期有过严重受虐经历的人，恰恰是“自恋型人格障碍”的高发人群。这种心理疾病“通常开始于童年、青少年或成年早期，并一直持续到成年乃至终生”；[②]在缺少有效心理介入的情况下，患者可能终身受其影响而难以自拔。这类病人会将“全部自尊心都建立在他人对自己的崇拜上”。正如郭实猎所表现出来的那样，他们对现实之外的世界充满不切实际的幻想，并需要不停地寻找新的刺激点和成功的快感。但“他们这样做并不是出于自恋的缘故，而是为了保护自己以对抗屈辱感和无足轻重感……恢复被压碎的自尊心”。[③]其实，郭实猎青少年时期的大多数行为，无论是公然地攻击校长和宗教，幻想“对抗拿破仑”，抑或是放弃学业前往什切青作学徒，都和他内心深处这种对抗“屈辱感和无足轻重感”的需求有着紧密的联系。

他那些冒进的、冲动的、英雄主义的人格特征，看上去是浪漫主义的典型表现，而事实上却是内心扭曲的变态反映。浪漫主义对郭实猎产生过影响，但这种影响只是强化了郭氏本身就已经非常强烈的对于成功的渴望，并使之变得更强烈、更急切，甚至更扭曲。换言之，郭实猎行事的基本逻辑，就是要不惜代价地使自己功成名就，在最短的时间内成为最耀眼的明星。

---

①克莱尔著，贾晓明、苏晓波译：《现代精神分析“圣经”：客体关系与自体心理学》，中国轻工业出版社2002年版，第189页。

②张瑞星、沈键主编：《医学心理学》，同济大学出版社2015年版，第151页。

③卡伦·霍尼：《我们时代的神经症人格》，第123—124页。

1823年初,郭实猎在经历了一场重病之后,[①]自称收到上帝的指示,[②]要求前往"遥远的异域"传教。[③]他随后被雅尼克送往位于鹿特丹(Rotterdam)的荷兰传道会(Nederlandsch Zendelinggenootschap)服务,终于踏上了充满挑战的传教旅程。[④]客观地说,郭实猎狷急的个性并不适合从事传教工作。那么,当他来到荷兰,开始传教实践的时候,又会发生什么呢?

四、无可奈何的使命

1823年6月5日,郭实猎到达鹿特丹,[⑤]开始接受荷兰传道会在出发之前的培训。此间,郭实猎学习的主要课程除了宗教外,还包括英语、荷兰语、马来语以及有限的医学。荷兰传道会的目标非常明确,就是要将郭实猎派往荷属东印度群岛(大约相当于今印度尼西亚)传教。[⑥]这里是18世纪以来荷兰最大、最重要的殖民地,也是荷兰传道会派遣

①Dr. C. Gützlaff, *Die Mission in China*, pp.4—5.

②Dr. C. Gützlaff, *Die Mission in China*, pp.4—5.

③Dr. C. Gützlaff, *Die Mission in China*, pp.4—5.

④郭实猎最早一次提出要前往海外传教是在1822年5月15日。他在给一位名叫Ercellenz的省长(Oberpräsident)的信中表示:他努力的目的就是要成为一名基督帝国的福音传教士(für Christi Reich eine Evangelist zu werden)。但是,他做出上述表态的动机和背景,尚不完全明确。参见Dr. C. Gützlaff, *Der Missionär Gützlaff*, Sp. 1100.

⑤Dr. C. Gützlaff, *Der Missionär Gützlaff*, Sp.1100.

⑥1824年3月,马礼逊返回伦敦。荷兰传道会曾力邀马礼逊参加他们于1824年夏天举行的年会,并准备在这期间将郭实猎引荐给马礼逊,使郭实猎能够前往英华书院(原文作Chinesisch Missions-Institute)工作。可惜,此事因马礼逊未能到会而作罢。需要注意的是,荷兰传道会此举的目的,究竟是希望郭实猎在马礼逊处学习汉语,还是对当地的马来人传教,尚不清楚。参见GMC, p.25;Dr. C. Gützlaff, *Der Missionär Gützlaff*, Sp.1101。

传教士的主要目的地。但荷兰人很快就遭遇到了意想不到的麻烦。

1824年4月19日,前往希腊参加独立战争的英国诗人拜伦在迈索隆吉翁病逝,从而引发了西方舆论对希腊独立运动强烈的同情。时隔不久,郭实猎便在一位名叫Hilarion Paschalides的希腊牧师的引导下,立誓"投身"于希腊的"解放"事业,不但把前往东南亚的计划忘得干干净净,并且坚持要求荷兰传道会将他派往地中海地区。①

对于郭实猎而言,希腊的魅力要远大于东印度群岛。希腊素来是浪漫主义者的精神家园,拜伦亦被西方世界追捧为"追求自由与理想的英雄"和"浪漫主义的偶像"。到战乱频发的地区传教,可以刺激郭实猎的神经,满足他的英雄主义情结;更重要的是,这使他有机会迅速成为万众瞩目的焦点,赢得荣誉和尊严。

郭实猎甚至在一封信中非常坚决地表达过自己投身希腊事业的决心:

> 我已准备好为他们(希腊人)奋斗至死,更会千方百计地以福音给他们启示。②

郭实猎扬言要"奋斗至死",这种义无反顾的情绪,让人怀疑他究竟是想去希腊传教还是参战,但荷兰人并不希望郭实猎去希腊。荷兰传道会对巴尔干和中近东的穆斯林本来就没有兴趣,③更不愿

---

①*Charles Gutzlaff to Dandeson Coates*, Rotterdam, 18 October 1825, CMS/G/AC15/64/5.

②*Charles Gutzlaff to Dandeson Coates*, Rotterdam, 1 July 1825, CMS/G/AC15/64/3.

③*B. Ledeboer to Dandeson Coates*, Rotterdam, 7 October 1825, CMS/G/AC15/99/5.

意去培养希腊事业的开拓者,甚至革命者。他们需要的,是在老殖民地中规中矩、按部就班的传教士。

在前往希腊的要求被荷兰传道会否决之后,郭实猎迅速地将目光转向了法国和英国。他于1825年夏天[①]和1825年的10月下旬,先后以假期[②]和圣公会的邀请为名[③],访问了法国和英国。他访问的目的,名义上是搜集学习土耳其语、阿拉伯语和意大利语的资料,[④]但实际上,却是要绕开荷兰传道会,独自争取法国福音传道会(Société des Missions Evangéliques)和英国圣公会的支持和资助。

为此,郭实猎还将一份长达十二页的传教计划,分别提交给了法、英两国的差会。[⑤]这份庞大的计划共计九条,大致包括五个方面的内容:

---

①施莱特认为郭实猎前往巴黎的时间是1824年秋(GMC,p.29);鲁珍晞则认为,这一时间是1824年春(*Opening China*, p.32)。前者依据的是后世报纸上的二手资料,后者则完全没有出注。事实上,郭实猎到达巴黎的时间应在1825年7月22日之前不久。在他1825年8月10日给Coates的回信中,明确地写着"When your letter of 22 July arrived I was already at Paris"。郭实猎在巴黎停留了大约一个多月,他离开巴黎的时间应在8月24日前后。参见*Charles Gutzlaff to Dandeson Coates*, Paris, 10 Aug. 1825, CMS/G/AC15/64/4.

②*Charles Gutzlaff to Dandeson Coates*, Rotterdam, 1 July 1825, CMS/G/AC15/64/3.

③*Charles Gutzlaff to Dandeson Coates*, Paris, 10 August 1825, CMS/G/AC15/64/4.

④*Charles Gutzlaff to Dandeson Coates*, Paris, 10 August 1825, CMS/G/AC15/64/4.

⑤郭实猎寄给圣公会的这份计划,现保留在"圣公会非官方文件"(Church Missionary Society Unofficial Papers)中。在法国福音传道会写给圣公会的介绍信中,也提到郭实猎曾向他们展示这份计划。参见*Letter from Paris Evangelical Missionary Society*, Paris, 24 August 1825;*Charles Gutzlaff to Dandeson Coates*, Rotterdam,18 October 1825, CMS/G/AC14K/3.

一、救世主即将从撒旦手中解放东方。我们应该依靠神圣的诺言，并为天堂的指引而不断祈祷。

二、东方的基督教会和穆斯林长期被大部分的基督徒所忽视。我们应当出版各种语言的著作描述他们的不幸，并为基督徒与那些穆斯林进行宣讲，以引起人们的重视。

三、联系莱比锡的书商，为希腊的福音传教士提供铅印出版物。

四、为实现上述计划，须在所有基督教国家成立相应的差会。并建立一支由熟悉东方语言的志愿者组成的传教士队伍。

五、“东方只能被东方人收回”，在德意志的巴门（Barmen，此地为莱茵传道会，即巴门会总部所在地）和东方分别建立针对东方人的教育机构。使他们真正皈依，并学习神学知识。[①]

很难想象这是一位年仅22岁，甚至连衣食都需要他人供给的年轻人所制定的传教计划。郭实猎学习希腊语的时间并不长，而且很可能只认识Paschalides一个希腊人，可他居然想调动整个欧洲的力量在希腊传教。这一方案既缺乏必要的物质支持，也没有长期有效的实施步骤，任何思维正常的人都看得出来，这个庞大又空洞的计划简直就是一个白日梦。由于郭实猎行事过于张扬，他前往英国的计划甚至引发了荷兰传道会对圣公会的抗议。[②]最后，法、英两方面也都没有接受郭实猎的意见。人们不相信郭实猎会成功，也没人能按照郭实猎的计划，提供如此大规模的支持。

---

①*Charles Gutzlaff to Dandeson Coates*, Rotterdam,18 October 1825, CMS/G/AC14K/3.

②在郭实猎启程前往英国之前，荷兰传道会已经致函圣公会，不但拒绝派遣他前往希腊，而且明确表示“仍旧希望他留下继续服务”。这封信的用语非常严厉，明显表现出荷兰人对圣公会干涉己会事务的不满。参见*B. Ledeboer to Dandeson Coates*, Rotterdam, 7 October 1825.

但是,郭实猎并不觉得这样的计划遥不可及。“自恋型人格障碍”患者有“一种顽固的、非理性的权力理想,这种理想使他们相信:他们应该能够驾驭一切,无论是多么困难的处境,他都应该立刻就能对付它”。①这类病人的“野心不仅是要比他人取得更大的成就,而且是要使自己显得独一无二,卓尔不群”。②而这个希腊计划的“独一无二”与“卓尔不群”似乎恰恰是郭实猎四处碰壁的原因。

郭实猎的这次失败的英国之行,广为后世学界所重视。奇怪的是,很少有人注意到他的希腊计划。大多数研究都一味地强调,郭实猎在伦敦结识了著名的传教士马礼逊和马士曼(Marshman),③甚至进一步推测,他在马礼逊创办的“伦敦语言传习所”④见到了他后来的传教伙伴汤雅各(Jacob Tomlin)以及妻子李玛环(Maria Netwell)。⑤这些研究甚至断言:郭实猎是通过和马礼逊等人的交往,才坚定了他东来亚洲,并最终立志在中国传教的决心。

可惜,上述说法多为臆断,并无实据。事实上,郭实猎首次遇见汤雅各的时间是1827年9月前后,地点在新加坡附近的民丹岛(Bintang)。⑥他与马礼逊的相遇可能更晚,在《马礼逊回忆录》(*Memoirs of the Life andlabours of Robert Morrison*)中,郭实猎的名字第一次出现是在1829年。而在马礼逊与郭实猎交往的各种记录

①卡伦·霍尼著,冯川译:《我们时代的神经症人格》,第119页。

②卡伦·霍尼著,冯川译:《我们时代的神经症人格》,第137页。

③GMC, p.30.另见罗伟虹主编:《中国基督教(新教)史》,上海人民出版社2014年版,第80—81页;郭实猎著,黎子鹏编注:《赎罪之道传:郭实猎基督教小说集》,橄榄出版有限公司2013年版。

④此为马礼逊利用回国休假的机会在伦敦建立的中文学校。有关这所学校的详情可参见苏精:《中国,开门!——马礼逊及相关人物研究》。

⑤Jessie G. Lutz, *Opening China*, p.33.

⑥MJL, 1844. p.28.

中，也没有任何迹象表明他们的相识早于1825年。

问题的关键并不在于郭实猎是否在伦敦见过马礼逊，而在于他东来之前是否对中国产生过兴趣。郭实猎在此期间最重要的荷兰语作品《基督教王国全球扩张史》（*Geschiedenis der uitbreiding van Christus Koningrijk op aarde*）中，使用了相当庞大的篇幅来赞扬马礼逊的功绩。在该书附录的《圣经》经文对照表中，罗列的语言包括阿拉伯语、阿拉米语、马来语、土耳其语、克什米尔语、印地语、缅甸语、塞内加尔语、爪哇语、卡尔穆克语、孟加拉语和现代希腊语，达十二种之多，却偏偏缺少了马礼逊最擅长的中文。这似乎可以证明，郭实猎的英国之行与马礼逊没有关系，[①]与中国也没有关系。

选择希腊而不是中国或东南亚，这是郭实猎所处的环境、19世纪的浪漫主义氛围，以及他急功近利的个性共同促成的必然结果。1826年5月8日，即便是在"被指定前往苏门答腊"之后，郭实猎仍然依依不舍地写信给圣公会，要求把他"在欧洲剩余的日子都用到希腊的事业上"。[②]多年以后，当他回忆自己"为了教会的利益"放弃希腊东来的历程时，依旧遗憾地表示，这一选择让他"少了许多冒险"。[③]对他而言，前往东南亚的旅程实在是个迫不得已的选择。

1826年7月20日，郭实猎被授予神职。[④]9月11日，他最终登船

---

①郭实猎曾向荷兰传道会解释，他应Coates邀请前往英国的目的是"收集有关希腊行动可能性的信息"。在遭到荷兰传道会否决之后，郭氏才无奈以"获取马来语的新学习资料"的托词勉强换取了前往英国的许可。在他向荷兰传道会相关负责人讨价还价的过程中确实"提及了马礼逊"，却从未保证要拜访此人。参见*B. Ledeboer to Dandeson Coates*, Rotterdam, 7 October 1825, CMS/G/AC15/99/5.

②*Mr. Chs. Gutzlaff to Mr. Bickersteth*, 8 May 1826, CMS/G/AC15/64/7.

③GCB, p.26.

④MMC, p.58.

出发,前往荷属东印度群岛。①

的确,郭实猎一直向往着浪漫主义和英雄主义的冒险。与荷兰传道会的冲突,为他日后脱离差会独立传教埋下了重要的伏笔,也向我们全面、清晰地展示出了他特立独行的人格。郭实猎对于冒险的向往和他大而无当的希腊计划,都很容易使人联想起他后来在中国沿海的航行,以及19世纪40年代的“汉会”。很多事情,似乎都是注定要发生的。

五、小结

不了解郭实猎的童年经历,就无法还原他的人格特征;不还原他的人格特征,就无法理解他那些“疯狂、奇特和不可理喻”的行为或选择。②现代心理学的理论,为我们解读历史人物提供了崭新而又重要的参考。郭实猎在1826年以前的经历,几乎是一部挫折与抗争的变奏曲。他波折的童年、盲目的追求、狂热的思维、偏执的理念,以及对成功异乎寻常的执着和渴望,都很难用常人的标准去衡量,倒是更容易使人联想到“自恋型人格障碍”患者的众多行为特征。柏林的求学经历坚定了他的虔信派信仰,浪漫主义的时代氛围则激励着他的英雄主义情结。他信仰虔诚,却并不谦卑;他勇于冒险,却行事疯狂;他善于实践,却好大喜功。在荷兰的失败刺激着他内心深处建功立业的夙怀。郭实猎本就不是按部就班的传道者,他注定将在东方一鸣惊人。

---

①*Reisverhaal van Zend.Gützlaff*, p.1., ANZ, 1102—1.1.2.2.7.1.3.804.

②*Benjamin Hobson to A. Tidman*, Canton, 20 August 1851, LMS/CH/SC, 5.2.A.

第三章　在荷印群岛*

一、初到爪哇

1826年9月11日，郭实猎终于从鹿特丹启程，踏上了前往巴达维亚的旅途。作为被派驻海外的传教士，郭实猎每月享有120荷兰盾的传教士津贴，[①]并须在日常工作之外，向荷兰传道会定期提交传教日志，以报告自己的见闻和传教工作的进展。

在荷兰传道会的档案中，尚保存有郭实猎3册荷兰语传教日志。3册日志尺幅相同，但装帧差异较大，时间越靠后的日记装订得越规整。[②]整部日志并不连续，一共只有98篇，前后涵盖18个月的时间。

---

* 本章主要内容曾以《不走寻常路：郭实猎前往中国传教的原因再探》为题，发表于《道风》第五十四期。

①*Reisverhaal van Zend. Gützlaff,* p.10, ANZ, 1102—1.1.2.2.7.1.3.804.

②传教日志开本约与A5纸相当。第一册起止时间为1826年9月11日至次年2月12日，24页，没有封面，纸张也只是散叠在一起，并未装订。第一册首页页眉处有郭实猎题名"郭实猎旅行记"（*Reisverhaal van Zend. Gützlaff,* ANZ, 1102—1.1.2.2.7.1.3.804）。第二册在中缝处以白色细线装订，20页，首页被辟作独立的封面，上有郭实猎的题字"在帕拉巴特和廖内的日志"（*Dagverhaal van het verdere verblijf te Parapattan, het vertrek en van de aankomst te Riouw en van de verdere leidingen Gods te dezer plaatse. Van Ferbuari tot Augustus 1827*），起止时间（转下页）

此类早期新教来华传教士初到东方时的原始记录，为我们了解郭实猎以及他的传教伙伴在19世纪20年代的生活和工作状况，提供了珍贵的第一手资料。①

除郭实猎外，荷兰传道会还向荷属东印度群岛派遣了Kolter、Domers和Luike三名传教士。②由日记可知，郭实猎和他的同伴乘坐的是一艘名为“海伦娜·克丽丝缇娜”号（Helena Christina）的商船。这艘船在穿过英吉利海峡以后，便径由西班牙海南下，途经特里斯坦达库尼亚群岛（Triston da Cunha）和圣保罗岛（Sint Paul），从非洲大陆以南，南纬37、38度之间的海域绕过好望角，又经巽他海峡（Sunda Strait）北上，最终在爪哇岛上的巴达维亚登陆。③

郭实猎在巴达维亚登陆之后的首篇日记标题为“11月24日—1827年1月6日”。这篇日记篇幅极长，足有3页半之多，集中记录了他在航海的最后阶段与登岛初期的见闻和经历。郭实猎自称，他是该船到达巴达维亚后“第一批登陆的人”，④但没有提及他登陆的准确日期。伟烈亚力、鲁珍晞都认定，郭氏的登陆时间在1827年1月6日（星期六）。⑤但郭实猎在日记中曾经明确记载自己在登陆之后的

（接上页）为1827年2月20日至8月12日。第三册36页，装订有深色粗纸制成的封面，上有花体荷兰文“郭实猎的民丹岛日志”（*Dagverhaal Van Verblijf op het eiland Bintang Van 24 augustus 1827 tot 9 Maart 1828 door Zend. Gützlaff*）。起止时间是1827年8月24日至次年3月9日。

①这批档案在赫尔曼·施莱特和鲁珍晞的研究中都曾被提及，但由于是荷兰语的缘故，所以使用得非常不充分。

②*Walter Henry Medhurst to George Burder, Secretary,* Batavia, 15 Jan 1827, box 2, LMS / Ultra-Ganges / Batavia, jacket D.

③*Reisverhaal van Zend. Gützlaff*, pp.1—7, ANZ, 1102—1.1.2.2.7.1.3.804.

④*Reisverhaal van Zend. Gützlaff*, p.4, ANZ, 1102—1.1.2.2.7.1.3.804.

⑤Jessie G. Lutz, *Opening China,* p.38；MMC，p.58. 此外，施莱特认为郭实猎的登陆时间是“1827年初”，但没有指明确切日期。（GMC，p.33.）

一个星期天参与过当地的礼拜活动，[①]并且由此结识了伦敦会派驻巴达维亚的传教士麦都思。麦都思在写给伦敦会的信件中则提到，他初见郭实猎的时间是1826年12月31日（星期天）。[②]由此证明，郭实猎登陆巴达维亚的具体时间应在1826年12月底或更早。[③]

郭实猎在登陆巴达维亚前后所表现出来的矛盾心态值得我们注意。

在传教日记的开端，郭实猎曾提到自己乘船离开欧洲时，“满脑子都是在鹿特丹感受到的爱”，并因此“衷心想过去给异教徒们做些回馈”。[④]字里行间充满了对荷兰传道会的感激之情和对异域传教生活的期待。郭实猎自幼生活困苦，很容易因身边人的善待而感动。他一直向往异域的旅行，所以在远航开始时表现出期待甚至幸福的情绪并不足为奇。他“在刚刚抵达亚洲时”，也“没有考虑过要为中国工作”，[⑤]而是按照荷兰传道会的要求，将自己的希望和注意力都聚焦在马来人身上，认为“马上就可以为之传播福音”。[⑥]

但是在后续的日记中，郭实猎却迅速地改变了他对马来人的立场。他不断地批评这个族群，频繁地向母会诉说着马来人的“冷漠”

---

①*Reisverhaal van Zend. Gützlaff,* p.4, ANZ, 1102—1.1.2.2.7.1.3.804.

②*Walter Henry Medhurst to George Burder, Secretary,* Batavia, 15 Jan 1827, box 2, LMS / Ultra-Ganges / Batavia, jacket D.

③1851年出版的《郭实猎传》（*Karl Gützlaff's Leben und Heimgang*）称，郭实猎到达巴达维亚的具体时间是1826年12月11日。但该书多以二手文献为据，不足为信，且12月11日的记录过早，与日记以及麦都思相关书信的内容也不相符。另参见*Reisverhaal van Zend. Gützlaff,* ANZ, 1102—1.1.2.2.7.1.3.804.; GMC; Jessie G. Lutz, *Opening China*.

④*Reisverhaal van Zend. Gützlaff,* p.1, ANZ, 1102—1.1.2.2.7.1.3.804.

⑤此语见郭实猎1850年4月于布鲁塞尔（Brüssel）的一次演讲，转引自GMC, p.35.

⑥*Reisverhaal van Zend, Gützlaff,* p.4, ANZ, 1102—1.1.2.2.7.1.3.804.

和敷衍，[①]并且抱怨他在宣教过程中遭遇的障碍。[②]

> 传教工作中最大的障碍之一，就是没有更好的受众可供选择。[③]
>
> 尽管我们穿越大海，跨过森林，来到马来人的村落，但是这些人对我们丝毫不感兴趣，也不想接受来自纯粹心灵的生命真谛。[④]

与此同时，郭实猎对待荷兰传道会驻巴达维亚分会（der Tochtergesellschaft der NZG）的态度也变得“陌生和拘谨”（fremd）。[⑤]他在与母会协调传教工作的过程中表现得放纵“恣肆”（eigenmächtig），[⑥]在日志中反复批评母会对他的安排。

郭实猎对母会态度的转变，和他夸张求功的人格特征有关，也反映出他与荷兰传道会的积怨。郭实猎与荷兰传道会的矛盾，源自他东来之前的去向之争。郭实猎投身传教事业的目的，除了信仰之外，就是要当英雄，并且希望在最短的时间内建功立业。在来到巴达维亚之前，郭实猎本希望前往爱琴海，参与希腊独立战争，并在地中海沿岸建立“基督教的王国”。[⑦]他之所以会前往荷印群岛向马来

---

①*Reisverhaal van Zend, Gützlaff*, p.16, ANZ, 1102—1.1.2.2.7.1.3.804.

②*Reisverhaal van Zend, Gützlaff*, p.14, ANZ, 1102—1.1.2.2.7.1.3.804.

③*Reisverhaal van Zend, Gützlaff*, p.15, ANZ, 1102—1.1.2.2.7.1.3.804.

④*Reisverhaal van Zend, Gützlaff*, p.17, ANZ, 1102—1.1.2.2.7.1.3.804.

⑤Richter, H., *Leben des Missionars Gützlaff*, Barmen und Schwelm, 1833.转引自GMC, p.34.

⑥GMC, p.39.

⑦参见 *Charles Gutzlaff to Dandeson Coates,* Rotterdam, 18 October 1825, CMS/G/AC15/64/5.

人传教，完全是迫于荷兰人压力的无奈选择。他虽与母会的秘书一直保持着较好的私交，但野蛮、“半裸的”[1]马来人与荷印群岛相对狭窄的传教市场，却不足以支撑郭实猎建功立业的宏大梦想。这似乎正是他在登陆初期迅速疏远母会的原因。

恰在此时，郭实猎结识了驻留在巴达维亚传教的伦敦会传教士麦都思。二人并非旧日相识，但麦都思的出现很快为郭实猎的传教生涯带来了新的变化。

二、麦都思与巴达维亚的华人

麦都思是继马礼逊和米怜之后东来的第三批伦敦会传教士之一，他刚满30岁，资格却非常老。他早年奉派追随米怜，1819年4月按立为牧师，是恒河外方传道团的成员。他是印刷工出身，熟悉出版行业，也很重视宣教印刷品的散发。1824年，麦都思独自来到巴达维亚建立传道站，他的主要任务是对华人传教，也兼顾当地的土著居民。[2]他在东南亚传教七年，不但能够较为熟练地使用马来语和中文宣道，并且翻译、撰写、印刷了大量的中文传教资料，在巴达维亚当地的西方人圈子里积累了比较大的影响力。

麦都思与郭实猎的初次见面是在1826年12月31日。[3]麦都思称郭实猎“看起来是圣洁而虔诚的人”，希望他“能在自己前往的地

---

①此为郭实猎语，转引自GMC, p.33.

②参见苏精:《基督教与新加坡华人1819—1846》，台湾清华大学出版社2010年版。

③参见*Reisverhaal van Zend. Gützlaff,* ANZ, 1102—1.1.2.2.7.1.3.804.; *Walter Henry Medhurst to George Burder, Secretary,* Batavia, 15 Jan 1827, box 2, LMS / Ultra-Ganges / Batavia, jacket D.

区发挥显著的作用”，[①]并且提出，要将一套本来用于出租的住宅供给郭实猎等人居住。郭实猎在日记中也称，尽管自己“在同一天还得到了很多其他的帮助”，并有多个住所可供选择，但“还是倾向与弟兄们”在麦都思家居住。[②]等到第二天，也就是1827年1月1日，郭实猎索性回绝了母会的安排，[③]鼓动几个同伴一起，直接住到了麦都思的宅子里。[④]这处地产位于巴达维亚的帕拉巴特（Parapattam）附近，也是伦敦会驻当地的传道站所在。[⑤]

此时，整个爪哇岛都是荷兰传道会主导的教区，该会在巴达维亚至少驻有两位传教士。郭实猎是新到此地的传教士，按理说，他的食宿和工作都应该服从母会的安排，可郭实猎偏偏一头扎进伦敦会的传道站，整天和伦敦会的对华传教士麦都思生活在一起。奇怪的是，荷兰传道会方面似乎从未对此提出异议。

恰在此时，郭实猎遇到了一个改变他人生走向的重要转机。按照原定计划，郭实猎在巴达维亚略作休整之后，需要继续乘船前往西北方的苏门答腊岛，在该岛北端的巴达克（Batak）[⑥]附近建立传道站。和郭实猎一同登陆的另外三位传教士，则须前往爪哇东面的安汶岛（Amboyna）。[⑦]但在1月9日，郭实猎的三名同伴离开巴达维亚

---

①*Walter Henry Medhurst to George Burder, Secretary,* Batavia, 15 Jan 1827, box 2, LMS / Ultra-Ganges / Batavia, jacket D.

②*Reisverhaal van Zend. Gützlaff,* p.6, ANZ, 1102—1.1.2.2.7.1.3.804.

③Dr.C. Gützlaff, *Der Missionar Gützlaff*, sp.1102.

④*Walter Henry Medhurst to George Burder, Secretary,* Batavia, 15 Jan 1827, box 2, LMS / Ultra-Ganges / Batavia, jacket D.

⑤Dr.C. Gützlaff, *Der Missionar Gützlaff*, sp.1102.

⑥约指今印度尼西亚的北苏门答腊省一带。

⑦*Walter Henry Medhurst to George Burder, Secretary,* Batavia, 15 Jan 1827, box 2, LMS / Ultra-Ganges / Batavia, jacket D.

时，他却因为苏门答腊北方突发的暴乱而无法动身。[①]荷兰传道会在爪哇的负责人兰廷（Lanting）无奈地告知郭实猎，他尚须在此地"滞留几个月"的时间。[②]郭实猎不但没有感到沮丧，反而兴奋地称这一变故是他"最美妙的机会"，[③]并且决定继续住在麦都思处。郭实猎对母会表示，此举是为了把"每一天的多数时间都花在异教徒和穆斯林身上"，[④]但实际上，他却利用跟随麦都思传教的契机，开始审视东南亚的形势，并重新考虑自己的未来。他的传教倾向也随之发生了重要的变化。

郭实猎的变化是从1827年1月11日开始的。这一天，郭实猎跟随麦都思第一次走进了华人的庙宇，并且深为面前的景象所吸引。在这一天的传教日记中，郭氏花了将近两页的篇幅来介绍他在庙宇中的见闻：

> 我们今天参观了一座中国的庙宇。这是一座带楼梯的开放式建筑，在庙的后部是神殿。这里有三个佛像，都是人形的。站在最前面的是上天的母亲（ching moe，天母）。她的脖子上

①19世纪20年代，由于拿破仑战争的缘故，英国一度占领了东南亚地区的荷属殖民地，直到1824年才根据《英荷条约》将之归还给荷兰。条约规定，荷、英两国以马六甲海峡为界，划分势力范围。马六甲以南的苏门答腊岛、爪哇岛，以及廖内群岛（Riouw）等地都由荷兰当局统治，其北的新加坡及马来半岛则由英国控制。但是，荷兰当局对殖民地的控制力相当有限，至少在1850年以前，他们对苏门答腊岛的统治都非常不稳固，当地经常发生暴动或者严重的冲突。参见陈鸿瑜：《印度尼西亚史》，台北编译馆2008年版。

②*Reisverhaal van Zend. Gützlaff,* p.8, ANZ, 1102—1.1.2.2.7.1.3.804.

③*Walter Henry Medhurst to George Burder, Secretary, Batavia*, 15 Jan 1827, box 2, LMS / Ultra-Ganges / Batavia, jacket D.

④*Reisverhaal van Zend. Gützlaff,* p.8, ANZ, 1102—1.1.2.2.7.1.3.804.

> 围着玫瑰花环和一个十字[①],手臂上抱着一个孩子。除了佛像,大厅里还有恶神、Zugod[②]和一些其他的。当我们在那里的时候,走进来一个妇女,他身边的孩子也在那里磕头,并且大声地朝着偶像叫。看到这一幕,我再也无法忍受了,然而因为我不懂中文,所以毫无办法去谈论这些偶像的无用。我还看到他们在偶像前面烧香,我的注意力被吸引到了这些小棍子上面。如果想预知前途的话,就得先把自己的名字写在神像供养人的名单上……之后我们在另外一间房子里发现了一个写字先生,他烧掉了写有先祖姓名和祷告词的纸。这个可怜的中国人在拜一个袋子,袋子里的灰烬都是烧给偶像的,灰里面还夹杂着蜡。他也承认这种做法有些愚蠢,但他并不愿将这些烧完的“圣物”交给我们。我们在这里看到一些恶魔的画像,它们代表罪恶的起源。在一个灶台边上我们发现了灶神。有人的地方就有神,每一个行当,每一种罪行都会有一个代表的神。最可怜的中国人甚至会拿出他们收入的十分之一或者十五分之一来祭拜这些毫无用处的雕像。[③]

“天母”、“祖先崇拜”、“灶王”这些奇异的“异教信仰”,还有诸如“烧香”、“烧祭文”、“烧纸火”一类的祭祀方法,都是郭实猎闻所未闻的。

据荷印当局统计,在1812年前后,爪哇岛已经有新客华侨75841人,华裔15796人,总数超过9万,其中仅巴达维亚一地的华人

---

①似为观音胸前的万字符。

②此处似为“祖神”,即祖宗的音译。

③*Reisverhaal van Zend. Gützlaff,* pp.9—10, ANZ, 1102—1.1.2.2.7.1.3.804.

就多达24805人。[①]他们不但在当地居民中占有相当大的比重,而且在社会、经济生活中发挥着举足轻重的作用。在接下来的日子里,麦都思几乎每天都会带着郭实猎接触华人,让他参与有关信仰的讨论。1月12日,也就是郭实猎参观中式庙宇以后的第二天,他就碰到一位华人因为"圣象崇拜"的问题与麦都思辩论了起来:

> 一个被麦都思因为迷恋偶像而责备过的中国人,吼叫着回忆在罗马教堂的情形说:在那里我也看到你们这个教派当中有带十字架的偶像,你们为什么不毁掉它?[②]

这类与华人的辩论,在郭、麦二人的传教记录中很常见。郭实猎曾记录过一次他与华人讨论信仰和价值观的经历:

> 我们碰到了一个能讲流利英文的中国人。当问到他为什么不救赎自己的灵魂时,他说到:孔夫子已经为我祈祷过了,所以便没有必要再研究这方面的事情。我也不想比他聪明,只想顺从他的思想。你比我聪明,你走你的阳关道,我过我的独木桥,我们井水不犯河水。而且我对自己的井水非常满意。[③]

文中所述"能讲流利英文的中国人"在巴达维亚并非特例。东南亚华人多以商业为生。为了适应当地的环境,他们大多能说马来语,有的人能用阿拉伯语阅读《古兰经》,还有一部分人甚至能说较

---

①朱杰勤:《华侨史》,广西师范大学出版社2011年版,第85页。

②*Reisverhaal van Zend. Gützlaff*, p.11, ANZ, 1102—1.1.2.2.7.1.3.804.

③*Reisverhaal van Zend. Gützlaff*, pp.12—13, ANZ, 1102—1.1.2.2.7.1.3.804.

好的英语或荷兰语。华人尊崇孔子，信仰祖宗和“尪公”[①]之类的民间宗教，也有人信仰伊斯兰教。正如引文中反映的情况一样，郭实猎向华人传教的过程并不容易，而且经常引起争论。但在信仰的争论之外，华人也有好客的一面，他们将郭实猎迎入家中，[②]而且还安静地倾听他的宣教：

> 我们又和崇拜偶像的人进行了交流，他们对我们非常友善，不停地给我们倒茶，为我们送上食物，并且听我们讲述十字架的含义。[③]

郭实猎虽然无法说服对方信仰基督教，但双方仍可保持体面的交往。有时，华人也会向他介绍中国的“神仙”，[④]当他们看见中国人在烧纸钱的时候，有人解释道：“每烧一张纸，天上的人便可以获得一笔钱（eenen daalder）……这里的虔诚能够给那边的世界带来一笔巨大的收益。”[⑤]对于郭实猎而言，这些见闻既有趣，又匪夷所思。随着传教工作的深入，他与华人的交际变得越来越广泛，对于华人的了解也逐渐丰富了起来。

这段共同传教的日子，使郭实猎对麦都思充满了崇敬。他曾说：

> 在巴达维亚，因为麦都思这位不屈不挠的传教士，传教工作进展得非常顺利。他在整个岛上宣教并派发小册。我见证

①*Reisverhaal van Zend. Gützlaff,* p.19, ANZ, 1102—1.1.2.2.7.1.3.804.

②*Reisverhaal van Zend. Gützlaff,* p.11, ANZ, 1102—1.1.2.2.7.1.3.804.

③*Reisverhaal van Zend. Gützlaff,* p.17, ANZ, 1102—1.1.2.2.7.1.3.804.

④*Reisverhaal van Zend. Gützlaff,* p.15, ANZ, 1102—1.1.2.2.7.1.3.804.

⑤*Reisverhaal van Zend. Gützlaff,* p.15, ANZ, 1102—1.1.2.2.7.1.3.804.

了他不知疲倦的热忱。他深入巴厘岛，远赴婆罗洲坤甸的金矿，那里有中国人建立的小团体。他还把福音传播到了马来半岛的东海岸。[①]

郭实猎在东来初期，受麦都思的影响极大。在他的传教日志中，“麦都思”是最常见的字眼之一，其出现的频率要远高于另外两位荷兰传道会派驻巴达维亚的传教士。通过麦都思的引导，郭实猎很快意识到了华人群体所表现出来的潜力和价值。他曾说：

> 这个民族是有活力的，他们也很愿意接触真理。如果能够满足他们简单的诉求的话，他们便愿意去相信，但是到目前为止他们还没有接收到圣灵的恩赐，并且准备为之信仰。[②]

对急于缔造伟业的郭实猎而言，华人的吸引力要远大于马来人。华夏民族占据了全球超过四分之一的人口，他们尽管迷信，却温和明礼，容易沟通。这与“固执盲从”、野蛮“好杀戮”[③]的马来人形成了鲜明的对比。

此外，郭实猎对马来人的抵触，也是他习惯性逆反心态的表现。从青少年时代开始，每当郭实猎的境遇不如意时，他都不愿意忍受或等待，而是会不计后果地寻求新的出路。1817年，他离家前往什切青作学徒，是因为对继母不满；1821年，他离开什切青前往柏林传教士学院，则是因为对学徒的工作不满。而此时此刻，他不满

---

①SCH, Vol II, p.175.

②*Reisverhaal van Zend. Gützlaff*, p.10, ANZ, 1102—1.1.2.2.7.1.3.804.

③JVC, p.29.

于这些“野蛮”的马来人,更何况这些受众是荷兰传道会强加给他的。[①]以郭实猎的个性,他只会选择自己要走的路,绝不会服从他人的意志。

1月25日,他郑重其事地向荷兰传道会表示:“我也是亲眼所见,有部分中国人会一本正经地寻求救赎的道路。”[②]并且提醒有必要加大投入,在华人聚居区大规模发放中译《圣经》,以取代《古兰经》的影响。[③]

1月27日是春节。这一天,郭实猎和麦都思再次走上街头传教。当他看到华人“用来敬天地的火”、“用来拜佛的上百支蜡烛”、在寺庙里“弯着腰预测自己的前程”时,[④]郭实猎终于按捺不住情绪,大声疾呼:

> 撒旦控制着这么多可怜的人,我被这些景象震惊了!按照计划,我要去学习中文,让上帝来保佑这些被黑暗所控制了的生灵![⑤]

自幼便极度渴望干一番大事业的郭实猎,仿佛看到了自己未来发展的方向。他甚至为自己取了一个中文名,叫“爱则蜡”。[⑥]郭实猎开始不断地与母会讨价还价,要求前往华人聚居的地区传教,最终,在4月4日,他被派往了华人聚居的民丹岛。

---

①一年多以后,当郭实猎来到暹罗时,他并没有在泰国人或者高棉人身上产生类似的情绪。

②*Reisverhaal van Zend. Gützlaff*, p.16, ANZ, 1102—1.1.2.2.7.1.3.804.

③*Reisverhaal van Zend. Gützlaff*, p.16, ANZ, 1102—1.1.2.2.7.1.3.804.

④*Reisverhaal van Zend. Gützlaff*, p.17, ANZ, 1102—1.1.2.2.7.1.3.804.

⑤*Reisverhaal van Zend. Gützlaff*, p.17, ANZ, 1102—1.1.2.2.7.1.3.804.

⑥*Reisverhaal van Zend. Gützlaff*, pp.18—19, ANZ, 1102—1.1.2.2.7.1.3.804.

民丹岛在汉文古籍中被称作“凌牙门”[①]或“龙牙门”[②]，是廖内群岛中最大的岛屿，位于著名的印中海上贸易线的交叉口，与新加坡仅隔一道海峡。全岛面积1866平方公里，居民包括欧洲人、马来人和华人，又以广东籍的华人最多。[③]

荷兰传道会对郭实猎作上述安排，是因郭实猎在此设站传教，不但能兼及苏门答腊的事业，同时也可以照顾到对华人的兴趣。为防万一，荷兰传道会还特意对郭实猎的行为做出了限制，要求他除了对华人之外，也要对当地的穆斯林和马来人传教，而且不能前往廖内和苏门答腊以外的地区。[④]

郭实猎则认为“这个机会很好”，并且很快就决定“追随上帝的旨意”前去就职。[⑤]但与荷兰人计划的不同，他并没有打算在民丹岛久驻，而是想以此地为跳板，前往华人更加密集的暹罗和越南。

4月6日，郭实猎登船离开巴达维亚，[⑥]并于4月13日到达民丹岛。[⑦]

---

①赵汝适著，杨博文校释：《诸蕃志校释》，中华书局1996年版，第34页。

②汪大渊著，苏继庼校释：《岛夷志略校释》，中华书局1981年版，第213页。

③*Dagverhaal van het verdere verblijf te Parapattan, het vertrek en van de aankomst te Riouw en van de verdere leidingen Gods te dezer plaatse,* p.8, ANZ, 1102—1.1.2.2. 7.1.3.804.

④GMC, p.38.

⑤*Dagverhaal van het verdere verblijf te Parapattan, het vertrek en van de aankomst te Riouw en van de verdere leidingen Gods te dezer plaatse,* pp.5—6, ANZ, 1102—1.1. 2.2.7.1.3.804.

⑥*Karl Gützlaff aan NZG,* den 15den April 1827, Riouw, ANZ, 1102—1.1.2.2.7.1.3. 804. No.4.

⑦*Dagverhaal van het verdere verblijf te Parapattan, het vertrek en van de aankomst te Riouw en van de verdere leidingen Gods te dezer plaatse,* p.8, ANZ, 1102—1.1.2.2. 7.1.3.804.

三、民丹岛上的选择

根据荷兰传道会的要求，郭实猎只能在廖内和苏门答腊活动，而且需要在民丹岛上建造一幢房子，开办一所学校。[①]但郭实猎在登岛的第二天，即4月14日，就乘船去了母会禁止他前往的新加坡，联络了伦敦会在当地的传教士汤姆森（Claudius Henry Thomsen），直到两天以后才返回。[②]

19世纪初叶，在东南亚地区，像郭实猎这样无视母会要求自行其是的传教士其实并不鲜见。由于缺乏愿意东来的传教士人选，无论是荷兰传道会还是伦敦会，都不得不选任大量缺少文化素养的市井之徒充作牧师，派往巴达维亚、马六甲、新加坡等地。这种举措导致了十分恶劣的后果。为了应付母会的要求以换取更多更大的传教支持和资助，荷兰传道会的传教士往往通过旅行、散发书籍和快速施洗来增加信众的数量，他们并不给予信徒长期的教育或感化，更不重视他们的内在修养，而仅仅关心信徒名单的长度，由此形成了一种被称为“名字基督徒”（Namenchristen）的现象。[③]伦敦会在东南亚的情况也令人担忧。该会在新加坡的传道站一度成为驻站传教士们套取钱财，充实腰包的场所。与麦都思一起驻扎在巴达

①*Dagverhaal van het verdere verblijf te Parapattan, het vertrek en van de aankomst te Riouw en van de verdere leidingen Gods te dezer plaatse,* p.10, ANZ, 1102—1.1.2.2. 7.1.3.804.

②*Dagverhaal van het verdere verblijf te Parapattan, het vertrek en van de aankomst te Riouw en van de verdere leidingen Gods te dezer plaatse,* p.9, ANZ, 1102—1.1.2.2. 7.1.3.804.

③参见Reichter, J., *Die evangelische Mission in Niederländisch-Indien*, Gütersloh: Bertelsmann, 1931；GMC。

维亚的传教士John Slater甚至还因为贩卖鸦片而被荷兰当局驱逐出境。

在新加坡接待郭实猎的汤姆森就是其中的典型代表。他不但不关心自己的传教本职，而且“汲汲营营于自己的金钱利益”。他享受着传教士300英镑的年薪，还在自己从未任事的新加坡学院领有100银元的月薪，却将主要精力都花在了他在新加坡开辟的胡椒园上，甚至一度传出与马来妇女有染生子的丑闻。汤姆森后来脱离伦敦会，临行之际将伦敦会在新加坡的地产连同印刷设备一起转售于美部会，将款项尽数装入自己的腰包。①后来伦敦会负责调查汤姆森的传教士，曾经评价他是一个“怠惰”、“坐领干薪不干活”的人，并称“从未见过任何传教士像汤姆森这般欠缺传教所需的天分与奉献”。②

不过，郭实猎并不在意汤姆森的劣行和新加坡传道站的积弊。他因看到新加坡停满了来自中国、暹罗、澳大利亚、欧洲和美国的船只，在街道上能够听到各式各样的语言而感到兴奋不已。③他在日记中盛赞伦敦会在新加坡的成就，称此地是“在异教徒中间”、“在靠近广袤中国的边境上”出现的“诚心崇拜基督的教区”。④

---

①苏精:《基督教与新加坡华人1819—1846》,第57—59页。

② *"A Report of the Mission at Singapore", Tyerman and Bennet Deputation, 1821—1829: D. Tyerman & G. Bennet to G. Burder,* Calcutta, Bngal, 7 May 1826, box 11, LMS/HO/Odds;译文转引自苏精:《基督教与新加坡华人1819—1846》,第58页。

③ *Dagverhaal van het verdere verblijf te Parapattan, het vertrek en van de aankomst te Riouw en van de verdere leidingen Gods te dezer plaatse,* p.9, ANZ, 1102—1.1.2.2. 7.1.3.804.

④ *Dagverhaal van het verdere verblijf te Parapattan, het vertrek en van de aankomst te Riouw en van de verdere leidingen Gods te dezer plaatse,* p.19, ANZ, 1102—1.1.2.2. 7.1.3.804.

待到4月22日,伦敦会新一批的传教士汤雅各在新加坡登陆之后,郭实猎与伦敦会的往来愈发密切和亲近。在此后很长一段时间内,他都与汤雅各保持着“美好的传教士书信交流”,并且对彼此的“精神和所肩负的职责相当熟悉”。[①]

和前述的汤姆森一样,汤雅各同样是一位不计后果肆意行事的传教士。由于在东来之前汤雅各即向伦敦会声明,为保持自己的独立性,将不领取传教士的薪资,[②]所以他在东南亚时,完全不理会伦敦会的调遣,而且在传教经费的使用上也疑点重重。汤雅各在新加坡传道站一共服务了五年时间,他宣称自己不断地穿梭于东南亚各地传教,曾“两度到爪哇”、“两度到暹罗”、“六次到廖内”、“四五次到马六甲”,但是这些行动都未征得母会的同意。汤雅各每次离开新加坡,长则十月,短则月余,真正安心停留在本职的日子屈指可数。[③]他的擅离职守甚至一度导致伦敦会在新加坡的传道站无法运转。[④]1832年9月,汤雅各因为擅自支领传教经费的问题而被伦敦会开除。

郭实猎的行事风格与汤雅各颇为相似。郭实猎想离开廖内,到远方旅行传教,而汤雅各的传教旅行也多是肆意为之,二人可谓

①MJL, p.28.

②参见*Draft of a letter to Mr.Horsfull,* dated London, 5 May 1834, LMS/UG/SI,1.6.D.

③*J. Tomlin to John Clayton,* Singapore, 25 June 1832, LMS/UG/SI, 1.6. A. 转引自苏精:《基督教与新加坡华人1819—1846》,第48页。

④汤雅各与郭实猎最大的不同可能在于他们面对各自事业时所表现出来的毅力。郭实猎有着极其固执的个性,他在确定目标后通常不会放弃或者半途而废。但汤雅各则恰恰相反,在东南亚期间,汤雅各总是以健康原因中断自己的传教旅行,很少有按照原定计划履行的情况。这似乎也正是汤雅各只能在1832年遭伦敦会开除,而郭实猎却能在之后的20年间取得巨大成功的根本原因。另参见苏精:《基督教与新加坡华人1819—1846》,49页;MJL, p.50.

一拍即合。郭实猎致信荷兰传道会和莱茵传道会,明确表示自己不愿仅仅停留在廖内,希望通过传教旅行的方式,游历班卡(Banka)、苏门答腊、婆罗洲(Borneos)、暹罗、南圻(Cochin-china)等地。不久,荷兰传道会派给他的搭档Wintink到达民丹岛。①郭实猎利用Wintink性情温和、容易相处的特点,自作主张地称二人达成"协议"(vereenkomst),要搭档仍然对马来人传教,他自己则"奉献给主在中国的事业",②并且仅对当地的华人传教。③由于当时的通信和交通条件都极为落后,在郭实猎离开巴达维亚之后,荷兰传道会便很难再控制他的活动,对他的行为也无力纠正。而郭实猎甚至等不及母会的答复,便与汤雅各结伴离开廖内,穿梭于东南亚诸海岛,开始了自己探险、旅行传教的旅程。④

汤雅各称赞郭实猎是"一位非常忠实而又热心的兄弟",⑤并且在他的游记中,对郭实猎在传教和学习语言时的表现评价颇高:

> 郭实猎先生,一位与荷兰传道会有联系的德意志传教士。看到他同人们交谈是令人高兴和愉悦的。他的质朴、率直和仁

---

①*Dagverhaal van het verdere verblijf te Parapattan, het vertrek en van de aankomst te Riouw en van de verdere leidingen Gods te dezer plaatse*, p.12, ANZ, 1102—1.1.2.2. 7.1.3.804.

②*Dagverhaal van het verdere verblijf te Parapattan, het vertrek en van de aankomst te Riouw en van de verdere leidingen Gods te dezer plaatse*, p.14, ANZ, 1102—1.1.2.2. 7.1.3.804.

③*K. Gützlaff aan NZG,* Riouw, 15. April 1827. 另参见GMC, p.38, ANZ, 1102—1.1.2.2.7.1.3.804.

④*Dagverhaal Van Verblijf op het eiland Bintang,* p.11, ANZ, 1102—1.1.2.2.7.1.3.804.

⑤MJL, p.28.

> 慈赢得了他们的心，并且吸引了他们的注意力。尽管是这门语言的初学者，他还是迎难而上，奋勇前进。人们嘲笑他的错误，他也很幽默地与他们一起笑。而当人们发现他陷入困难时，也会施以援手，提示他一些词汇。[①]

汤雅各的赞许反映出这两位都不愿意听从母会调遣的传教士亲密无间的关系。[②]在规划未来的蓝图时，二人也志同道合。郭实猎向汤雅各敞开心扉，道出自己的理想：

> 他（郭实猎）不愿意被关闭在一个小岛的界限之内，而是渴望到外面去，到其他的地区，尤其是向中国的百万生灵，宣告真理。[③]

汤雅各则对未来的事业做出了分工：

> 我们的共识是要去学习那两门最重要的（中国）方言，每人负责一门，使我们准备好迎接任何上天可能赐予的机会，从现在的形势来看，我认为，我们可能很快就会找到这些机会。[④]

郭实猎在1834年以前主要使用官话和闽南语。王元琛曾说过，

---

①MJL，p.28.

②二人交往的详细过程可参见MJL，pp.28—55.

③MJL，p.28.

④MJL，pp.28—29. 从后来郭实猎的口音判断，这次分工的结果应该是汤雅各选择了粤语，而郭实猎则继续主攻他已经学习了好几个月的闽南语。

郭实猎在1831年之后才"寓澳门,学粤语"。[①]可知他在东南亚选择的方言正是他后来最擅长的闽南语。

郭实猎学习语言的方法也值得我们注意。后世研究者常称郭实猎为语言天才,但很少有人注意到,他的"天才"其实源于柏林传教士学校教授给他的学习方法。校长雅尼克并不看重书面语教学,而是让郭实猎通过与精通外语者交谈的方式来学习语言,并使他快速地掌握了英语、荷兰语、拉丁语和希腊语。[②]此外,在郭实猎之前,多数针对华人的新教传教士,都来自伦敦会。受马礼逊的影响,这些传教士在学习中文的过程中更重视书面语和翻译的能力。早期的米怜、麦都思等人自不待言,后来的汤雅各、李玛环等,更是曾直接就读于马礼逊在伦敦创建的语言传习所,接受专门的汉语训练。而来自荷兰传道会,自作主张要对华人传教的郭实猎,没有伦敦会传教士的学习条件,因此他把学习的重心放在了口语上。

郭实猎学习口语的对象十分特殊。他在登上民丹岛一个多月后,发现岛上有许多患麻风病的华人得不到救助。[③]9月4日,他从当地西方人手中筹得了一些大米,建立了一所盲人和麻风病人的收容所。郭实猎在一座小木屋中,收容了"三四名瘫痪的(lahm)并且无法自己离开的中国人","使他们整天待在"自己身边,"用他们的方

---

①王元琛:《圣道东来考》,王庆成编:《稀见清世史料并考释》,第179页。

②1822年初,郭实猎自称着手学习的外语已达六种之多,而且成绩斐然。他在1825年前后,已经至少可以使用英文、荷兰文、拉丁文通过信件与人讨论较为复杂的问题。这些信件中存在的大量语法错误,可能正是雅尼克独重口语而忽视书面语教学的后果;但郭氏学习语言的效率之高,却足以使人称奇。另参见GMC, p.15.

③*Dagverhaal van het verdere verblijf te Parapattan, het vertrek en van de aankomst te Riouw en van de verdere leidingen Gods te dezer plaatse,* p.12, ANZ, 1102—1.1.2.2. 7.1.3.804.

言(Landessprache)”交谈。[①]郭实猎借此机会一面开展慈善事业，一面迅速地提升了自己的口语能力。

这一融慈善、传教、语言学习为一体的事业，明显加快了他学习汉语、熟悉当地华人的速度，甚至帮助他赢得了当地人的信任。《郭实猎传》的作者曾经总结郭实猎此举：“借助热忱的爱，他设法为自己取得了听众，并且做到了用这种语言来传教。”[②]到1828年3月，当郭实猎和汤雅各登上一只来自中国海南的舢板之后，他兴奋地发现，自己已经“能够完全听懂(中文)对话”，[③]而且“中国人承认我是这个国家的一员，不再像对待陌生人一样，把我称作蛮夷”。[④]此时距郭实猎决心学习中文仅仅一年。

这所收容站是郭实猎在民丹岛上的得意之作。20余年之后，当郭实猎返回欧洲宣道时，仍然会提起他这段利用慈善组织学习语言的经历：

> 当时我在一个村子附近碰到一群麻风病人；其中有的没有手，有的没有脚，有的没有耳朵或鼻子，还有的整个身体都被麻风病给侵蚀了。此地有这种最可怕的疾病最令人作呕的形态；他们是人类的怪物。我和他们说：你们将在这里死于饥饿

---

①*Die Mission in China,* p.6.郭实猎在*Die Mission in China*中没有说明他初次收容残疾人的地点到底是在巴达维亚还是民丹岛，他甚至有可能在有意地混淆此事发生的地点。但从郭实猎当时所处的环境来看，这个收容站应该就是9月4日日记中的那一所。

②*Karl Gützlaff's Leben und Heimgang,* p.8.

③*Dagverhaal Van Verblijf op het eiland Bintang,* p.32, ANZ, 1102—1.1.2.2.7.1.3.804.

④*Dagverhaal Van Verblijf op het eiland Bintang,* pp.34—35, ANZ, 1102—1.1.2.2.7.1.3.804.

和疾病，你们不应该这样，只要你们还活着，我们要建立一个组织（eine Gesellschsft zusammen bilden），用来供养你们；我们要为你们建一座房子，照料你们，然后向你们布道。他们是如此的可怜，以至于对这个世界不再有希望，对永生也没有了指望。"是的"，他们说，"当然，我要来"。他们都将在那里得到照顾，那里有一棵大树，下面可以安置40或50人——这是当时的第一群基督徒。[①]

这段叙述，让人联想到《圣经》中的麻风病人拉撒路（Lazarus）。[②]郭实猎在欧洲巡回宣讲的布道会上讲述类似的故事，对于听众而言，非常具有煽动性。不过，原本在传教日记中仅有"三四名"的麻风病人变成了"40或50人"，而且郭实猎还将这些救助对象蔑称为"怪物（Scheusale）和人类的渣滓（Auswürfe der Menschheit）"。[③]这难免使人想起，荷兰传道会和伦敦会早期来华传教士在新加坡等地夸大传教事实，骗取差会经费的行为。他们虽然兴办慈善事业，救助弱势群体，却藐视甚至公然侮辱自己的救助对象；这也反映出传教士们对亚洲民族长期抱有的歧视，和他们内心深处根深蒂固的西方中心论观点。

不过，无论是郭实猎，抑或是马礼逊、汤雅各、麦都思，传教士们面临的最大问题既不是如何学习汉语，更不是如何兴办慈善事业，而是清政府的海禁。他们仅能对数量有限的华侨传教，却根本无法开放中国，直接对清政府治下的居民传教。在郭实猎的日记中，我

---

①*Die Mission in China,* p.6.

②拉撒路（Lazarus）是《圣经·约翰福音》中的人物，他病危时没等到耶稣的救治就死了，但最终复活，证明了耶稣的神迹。

③*Die Mission in China,* p.6.

们也能找到他因为无法进入中国而对清政府产生的反感。

1827年10月14日，郭实猎在日记中记录了一场新疆的叛乱。他听到传闻说，清军曾于4月在一个名为“Yangoespatik”的地方与五万鞑靼叛军激战，遭受了极其严重的损失，仅剩长龄的部属没有被完全消灭。[①]他感叹道：“这场战争的后果是无法估量的，但上帝会有所反应。他会施展自己的无限力量，他能支配即使是最盲目的人！”[②]从事件发生的时间上推测，郭实猎听说的，应当是长龄率军击溃张格尔叛军，收复喀什噶尔的战役。然而，清军此役几获全胜，完全不像郭氏描述的那般狼狈。因此，从叙述的语气来看，郭实猎此时的心态，倒隐约显示出他更渴望清政府的军队在这场大规模的叛乱中吃败仗。

郭实猎的态度，反映出滞留在东南亚的来华传教士普遍的困境。清政府对西方文明始终保持着高度警惕，如果没有特殊的变故或动乱，传教士很难有机会进入中国内地。在郭实猎东来之前，马礼逊在广东和澳门已经努力了整整二十年；米怜、麦都思等人，甚至只能退居马六甲、新加坡和巴达维亚。郭实猎、汤雅各和麦都思等人并没有止步不前，由于短期之内无法进入中国，他们便在逐步掌握汉语的基础上，谋划扩展传教空间，并且选定有大量华人聚居的暹罗首都——曼谷作为新的目标。

大约在1827年下半年，郭实猎、汤雅各、麦都思等人开始筹划前往暹罗和南圻等地的旅行。随着郭实猎与汤雅各相处的时间越来越长，郭实猎脱离荷兰传道会的倾向也越来越明显，他公开宣称自

---

①*Dagverhaal Van Verblijf op het eiland Bintang,* p.10, ANZ, 1102—1.1.2.2.7.1.3.804.

②*Dagverhaal Van Verblijf op het eiland Bintang,* p.10, ANZ, 1102—1.1.2.2.7.1.3.804.

己“决心与另外一名传教士前往暹罗、婆罗洲旅行”。[①]1828年3月7日和9日,郭实猎在他提交给荷兰传道会的日记中大略总结了自己在民丹岛的交游和活动之后,在最后一册的最后一行写下了“主恩再荣基督”。[②]从此以后,荷兰传道会再也没有收到过郭实猎逐日书写的传教日志。

1828年8月3日,[③]郭实猎和汤雅各带领三名华人随从,携带27箱中文《圣经》和传教册子,[④]乘坐一艘中国帆船,开始了前往暹罗的旅程。[⑤]这意味着郭实猎已经完全脱离了母会的控制,成为了一名独立传教士。被郭实猎抛下的搭档Wintink此后在一封家信中写道:

> 像郭实猎这样的人,只要他们不妨碍上帝特殊的事业,就应该让他们走,到他们将有作为的地方去。不寻常的人就要走不寻常的路。(Männer, wie Gützlaff, mässe man gehen lassen,

---

①*Der Missionär Gützlaff*, Sp. 1102.

②*Dagverhaal Van Verblijf op het eiland Bintang,* p.36, ANZ, 1102—1.1.2.2.7.1.3.804.

③*Der Missionär Gützlaff*, Sp. 1102.

④“Missions of The London and Netherlands Missionary Societies Ocieties in Siam”, *Missionary Herald*, October 1, 1829, p.324.一说23箱,参见Medhurst, W. H, *China: Its State and Prospects*, London:Jonhn Snow, 35, paternoster row, 1840, p.328.

⑤按照计划,这次前往暹罗的远征将由郭实猎、汤雅各和麦都思三人共同完成。Burn在1828年3月28日写给汤雅各的信中已经提到郭实猎等人的暹罗计划被推迟,证明他们一开始预计的出发时间很可能在当年4月甚至更早。郭实猎和汤雅各是为了等待麦都思,才将此事推迟到了8月,可惜麦都思直到他们出发之前的最后一刻也没有到达新加坡。参见MJL, p.56;Medhurst, W. H, *China: Its State and Prospects*, p.328.

wohin sie getrieben würden, wenn man das besongdere Werk des Heern nicht hindern wollte. Ungewöhnliche Leute gingen auch ungewöhnliche Wege.)[①]

值得注意的是,郭实猎的不辞而别,不但没有中断他与荷兰传道会的官方联系,反而缓和了双方的矛盾。郭实猎在后来的文章或者游记中,时常会提到荷兰传道会。当他在文章中列举基督教国家时,荷兰经常处于首位。[②]1831年,郭实猎甚至还特地用荷兰语撰写过一份在暹罗的年度传教总结。19世纪30、40年代,郭实猎平均每年都会通过信件向荷兰传道会介绍自己在中国的传教进展,[③]荷兰传道会也会不定期地为郭实猎提供一些捐助。1850年,当郭实猎回到荷兰时,他甚至在公众场合宣称“我就是荷兰传道会的传教士”。这些证据表明,郭实猎与荷兰传道会的矛盾,是他个性中急功近利的特质在作祟。郭实猎不满意自己在荷属殖民地的工作与前途,但对荷兰传道会本身非但没有明显的排斥,甚至还怀有一定的感情。所以,在他不辞而别之后,双方仍然能够保持正常的联系与合作。

四、小结

在荷印群岛的两年时间,是郭实猎人生的重要转折点。他在东

---

①*Leben des Missionars Gützlaff* 转引自GMC, p.47.

②参见CR, Vol. 3, p.560.

③参见*Kopy Dagverhaal van den zendeling K. Gützlaf*, 1835, ANZ, 1102—1.1.2.2.7.1.3.804, 这份总结名为“日志”,但实际上仅是一份长17页,按月撰写的年度报告。荷兰传道会仅收藏有这份报告的抄件,但从该文的内容和采用的语言来判断,其很可能就是郭实猎写给荷兰传道会的。

来之前便在传教目标的选择上与荷兰传道会存在分歧。在登陆巴达维亚时,他目睹马来人原始、野蛮的生存状态,这激化了他与母会之间的矛盾。而他最终选择华人作为自己的传教对象,并且不惜以脱离母会、断绝传教支持为代价,换取远走暹罗的自由,则与麦都思和汤雅各等伦敦会传教士有着密切的关系。受马礼逊的影响,伦敦会在亚洲的主要传教目标是华人,但是清政府的海禁却限制了传教士的活动空间。无论是郭实猎还是其他传教士,都明显地表现出对开放中国这一需求的渴望。在短时间内无法实现这一目标的情况下,前往华人更加密集的暹罗开拓新的传教市场,就成为了他们必然的选择,这也是郭实猎选择远走暹罗的重要背景。

但这些传教士对于郭实猎的影响还不止于此。荷兰传道会和伦敦会选派到东方的传教士质量普遍较低,在1828年以前,大多数与郭实猎有过接触且可以查明行踪的传教士皆出身于社会底层。他们的是非界限相对模糊,行事常不计后果,使各自的母会蒙受了巨大的损失。他们的行事风格也很容易影响到同样出身贫苦又急于取得成就的郭实猎。郭实猎的某些传教手段,以及他的部分遭人诟病的行为,都可以在汤雅各等伦敦会传教士身上找到源头。这些混乱的情况是新教东传初期筚路蓝缕局面的表现,也反映出传教士群体在慈善与道德之外的另一层面相。

第四章　从暹罗到中国*

一、初抵暹罗与医药传教

1828年8月18日，在经历了一系列困难和危险的航行之后，郭实猎和汤雅各携带着27箱传教书籍，抵达了暹罗湾（der Bay des Mainamflusses）。23日，他们在一位名叫Carlos de Silveira的葡萄牙领事的迎接下进入曼谷。此举使郭、汤二人成为了最早到达暹罗的新教传教士。

曼谷是东南亚的商业重镇。自1782年暹王拉玛一世建立曼谷王朝定都于此，已历46年。曼谷的城市规模、繁荣程度自非荷属东印度群岛上的一般城市可比，而且在城内居住的华侨数量也非常可观。郭实猎来到暹罗，乘坐的也是华人的商船，而当他上岸之后所见和所记的，自然就有港口中那些数量庞大的中国商船，以及暹罗与中国、与东南亚其他地区之间繁荣的贸易状况：

像暹罗这样物产富饶的国家为贸易公司提供了广阔的平

* 本章的主要内容曾以《郭实猎在暹罗的活动与他对清政府海禁的突破》为题，发表于《中山大学学报》2023年第1期。

> 台。糖、苏木、刺参(beche-de-mar)、燕窝、鱼翅、雌黄、蓝靛、棉布、象牙制品以及其他商品都吸引着众多中国商人的注意力，这些人的商船每年都会在2月、3月和4月初时从海南、广东、Soakah（或Shankeo，位于潮州府）[①]、厦门、宁波、上海(位于江南)以及其他地方出海到达这里。他们的进口产品主要包括各种卖给中国人的消费品，以及大量的金条。他们会根据目的地的不同选择要出口的货物，然后在5月末、6月和7月的时候出海。商船大概会有80艘。那些途经黄河流域的商船主要携带糖、苏木和槟榔这类货物。这些船叫做白头船(船头为白色)通常都在暹罗建造而成，重量为290或300吨左右，船员多为来自广东省东部地区的潮州人。这些船主要归曼谷的中国移民或暹罗贵族所有……尽管和印度群岛(Indian Archipelago)的贸易并没有那么受重视，但每年依旧有大约30到40艘商船抵达那里。[②]

19世纪上半叶，暹罗与中国保持着比较密切的海上贸易关系。得益于暹罗与清政府之间良好的关系，也由于当地商船的船主和船员多为华人，所以暹罗的商船极少受到清政府海禁的影响，这些船不但能够沿海北上宁波、上海等地，甚至还可以直接驶向天津和辽东地区贸易。嘉庆《大清一统志》载：

---

①此地似为汕头。

②JVC, pp.53—54. 这段文献是国内论及清暹贸易的一段重要资料，但是很少有人注意到，它其实就出自郭实猎这本广为人知的《中国沿海三次航行记》。另参见：R. M. Martin, *China. Political, Commercial and Social*. Vol. II, London: James Madden, 8, Leadenhall Street, 1847, p.135. 姚贤镐编：《中国近代对外贸易史资料》第一册，中华书局1962年版，第53页。

> 澄海县商民领照赴暹罗买米，接济内地民食，虽行之已阅四十余年，但此项来航，据称回棹者，不过十之五六。[①]

可见当时中国沿海地区不但与暹罗保持着密切的商业来往，同时还有大量的华人借商船前往暹罗之际移民。据李恩涵估计，在1757至1858年间，仅潮州一地每年前往暹罗的移民就至少有数千人。[②]汤雅各则估计，1828年前后曼谷城总人口约有77000人，其中仅华人就占到36000人左右。郭实猎也注意到，在曼谷当地的华人，不但数量庞大，而且成分也相当复杂：

> 有大批来自广东省最南端城市广州府的中国人来到这里。他们大部分都是农民；广东省还有另外一个部族，叫客家，这个族群主要是些手艺人。来自福建省同安县的移民为数不多；大部分都是水手或商人。而那些来自海南的移民主要都是流动商贩和渔民，他们形成了最贫穷同时也最快乐的底层阶级。他们从潮州沿袭来的语言和风俗很快就传遍全国。他们似乎安于这种凄惨不堪的底层生活，而且急于承袭暹罗人的一些坏习惯。有时候他们会和暹罗人联姻，这时他们甚至会抛弃本来风格的外套和裤子，穿着打扮像个十足的暹罗人。[③]

除了华人之外，郭实猎对暹罗人的印象也不算差，至少要比荷兰传道会先前指定给他的马来人强得多：

---

①穆彰阿：《（嘉庆）大清一统志》卷552，第3页，四部丛刊续编景旧钞本。

②李恩涵：《东南亚华人史》，东方出版社2015年版，第273页。

③JVC，pp.34—35.

> 这里到处充斥着迫害、宗教把戏，还有各种不幸和肮脏。尽管如此，在道德品行方面，暹罗人还是优于马来人的。至少他们既不好杀戮，也不固执盲从，也不会完全听不进劝告。[①]

没有了荷兰传道会的束缚。郭实猎的宣教活动要比之前自在、舒畅得多。他和汤雅各在到达曼谷的第二天便走上街头，开始传教，[②]并且一度进展得“很顺利”。据汤雅各称，他们在曼谷街头散发的传教册子总会受到华人的哄抢，“以至于有一两次，郭实猎先生差一点儿要被人们扯成碎片”。[③]仅仅几天的时间，他们两个人“看起来就像在新加坡或廖内一样有名了”。[④]

但是，好景不长，二人的传教活动很快就遭到了暹罗当局的干涉甚至禁止。

> 在最初的两周之后，几乎每天都有针对我们的极其荒唐和恶毒的指控被捏造出来。我们被描绘成进入王国的危险入侵者。国王自己很快就陷入了普遍的恐慌；并立即命令将一些书翻译成暹罗语，以便他了解其中的内容。分散给民众的书籍被政府的爪牙没收，布告也被从墙上撕下来带走了。王室禁令很快被颁布了下来，严禁任何人再接收书籍，否则将受到严厉的

---

①JVC, p.29.

②*Der Missionär Gützlaff*. Sp. 1102. 另见“Missions of The London and Netherlands Missionary Societies in Siam”, *Missionary Herald*, October 1, 1829, p.324.

③“Missions of The London and Netherlands Missionary Societies in Siam”, p.325.

④“Missions of The London and Netherlands Missionary Societies in Siam”, pp.324—325.

惩罚。[①]

在汤雅各看来，这一切都是暹罗土著的天主教徒在作祟，“他们不遗余力地阻碍我们的工作，或者力图把我们赶出国门”。[②]而郭实猎则清楚地意识到，他们之所以会被当地人当成“进入王国的危险入侵者”，与英国在1824到1826年间侵略缅甸的战争脱不开干系。英国侵略缅甸的行径在暹罗造成了广泛的恐慌：

> 我们刚抵达这里的时候，还因为外貌给当地造成了恐慌。巴利文书籍中有预言清楚地记载着西方的某个宗教信仰会彻底征服佛教；而且此前已有西方宗教的信徒征服了缅甸，人们猜想，他们的宗教信仰在暹罗也会获得同样的胜利。慢慢地，人们的恐惧逐渐散去，但是随着贾德森先生[③]的缅甸语的小册子传入曼谷，人们似乎又开始恐慌起来；大概是因为贾德森先生在他的书中写到：福音很快就会征服所有伪宗教。一直会有人向我打听这一事件可能发生的具体时间。[④]

不过，这种被敌视和严密防范的状况并没有持续太久，郭实猎很快就凭借着他的医学知识打通了与暹罗的上层社会之间的联系，而他赖以打通暹罗上层社会的主要手段，正是西医和西药。在《中国沿海三次航行记》或者汤雅各的游记中，我们时常能找到当地的

---

①“Missions of The London and Netherlands Missionary Societies in Siam”, p.325.

②“Missions of The London and Netherlands Missionary Societies in Siam”, p.324.

③贾德森（Adoniram Judson，1788—1850），他是北美派往缅甸的第一位新教传教士。1813年到达，至1850年去世，在缅甸传教近40年。

④JVC，pp.23—24.

显贵来向郭实猎求医的记录：

> Kroma-khun，前任国王的妹夫（brother in law），是一位不苟言笑的老人家，曾找我去给他看过病，我也借机和他聊过信仰方面的问题。①
>
> Paya-meh-tap，那位暹罗军队在与佬族或掸族的战争中的总指挥官……一场重病促使他召我前去。他口头承诺给我黄金作为我的报酬，实际上从未真的想支付。②
>
> 昨晚，在Silveira先生的引荐下，两位柬埔寨王子召见了我们……年长的那位今天早上还派了艘驳船来接郭实猎牧师去见他的一个生病的孩子。③

郭实猎并不是真正意义上的医生，更不是医学传教士，他所谓的医学知识仅来自于鹿特丹短暂的传教士训练，可谓非常粗陋。但在医疗条件已显落后的东方，面对某些眼病或皮肤病，郭实猎只需用简单的眼药水、搽剂或者内服药便足以收到出人意料的疗效。④这恰是郭氏在暹罗权贵面前一度颇受重视，并且得以在他们面前谈论宗教问题的重要原因。⑤不过，郭本人对这些权贵似乎并没有太好的印象。在郭实猎眼中，他们腐败、堕落、言而无信。“维护和暹罗贵族之间的关系”显得“又累又恶心”。⑥但以此来化解传教过程

---

①JVC，p.28.

②JVC，pp.28—29.

③MJL，p.172.

④MJL，p.132.

⑤JVC，p.30.

⑥JVC，p.30.

中的阻碍,倒也颇为值得。以医、药为媒介,郭实猎和汤雅各在曼谷的人气迅速集聚起来。

在1828年底和1829年上半年,得到暹罗政府接纳的郭实猎,又恢复了在当地传教的工作,并且会在商船到港的季节,登上中国的商船,向海员们散发宗教册子并且宣教,以期他们能将基督的教义带回中国。不过,他最重要、最繁重的工作依旧是给当地人看病。在他的诊室里,"整天都挤满了病人",[①]以至于"连转身的余地都没有"。[②]

据汤雅各称,郭实猎在多数情况下,都会向患者提供一些内服药,但偶尔也能施行某些小型外科手术,比如取出伤者长期滞留在手臂上的铁质子弹。[③]随着他们的名气逐渐变大,甚至还有当地的老年人误认为他们掌握了长生不老的灵丹妙药:

> 有一些老头子老太太之前也来问过对抗自然衰老的方法,他们满心以为世上会有这种解药。事实上,无论老少,他们都抱着一种强烈的信念,就是没有什么疾病是我们的药治愈不了的。[④]

在郭实猎医治的病患中,最值得注意的病例还要数"大烟鬼"(opium smokers)。[⑤]早在1827年,郭实猎初抵民丹岛时,他就对当

---

①MJL, p.131.
②MJL, p.132.
③MJL, p.198.
④MJL, p.132.
⑤MJL, p.132.

地华人的赌博、吸毒等恶习表现出了极度的厌恶。[①]而当他来到曼谷以后，也没有掩饰过自己对于鸦片的反感：

> Chow-nin，国王的继兄弟，是一位优秀的年轻人，却有吸食鸦片的习惯。[②]
>
> 有一位船长，今年60岁……他是我公开表态的敌人；一个沉溺鸦片的人（每天大概要花一美元在药品上）；他坏事做尽；还不听同胞的劝告；但同时他又非常了解欧洲的先进性，也懂得欣赏欧洲工艺的价值。[③]
>
> 中国的船员普遍是些下等阶级的人。他们中很多人喜欢吸鸦片、赌博、偷窃甚至通奸。他们沉迷于药物，不惜散尽家财；他们沉迷赌博，宁可输得一分不剩；他们会将自己唯一的外套拿来嫖妓。[④]

在暹罗，无论是傣族还是华人，都被鸦片毒害得不轻。很多成瘾者都会向郭实猎求助。在这些人中，既有普通的平民，也有"在簇拥下来到"的"尊贵人"，这些人总是向郭实猎和汤雅各"悲切地形容他们被鸦片折磨的状况"，以及"鸦片给他们自己和他们的家人带来的毁灭"。[⑤]至于郭实猎，则来者不拒，一律给予治疗。根据汤雅

---

①*Dagverhaal van het verdere verblijf te Parapattan, het vertrek en van de aankomst te Riouw en van de verdere leidingen Gods te dezer plaatse*, pp.7—9, ANZ1102—1.1.2.2.7.1.3.804.

②JVC, p.27.

③JVC, p.68.

④JVC, p.61.

⑤MJL, p.134.

各的记录，郭实猎用来帮助人们戒除鸦片的药物是一种被称为“吐酒石”的催吐剂，[①]而且效果似乎还不错：

> 一位身份尊贵的中国人来到这里，向我们抱怨鸦片对他的折磨，同时希望我们能帮他治疗。郭实猎牧师给了他一剂混了少量鸦片的吐酒石。他回去后，过了一两天，就欣喜地表示他已不再沉迷鸦片，现在甚至碰到鸦片就有一种厌恶感。后来他还送了我们一只鸭子作为谢礼！[②]
>
> 刚刚还有三个大烟鬼求我们赐予他们戒除毒瘾的解药。像这样的病人目前已超过20个……那些混合了吐酒石的鸦片给患者造成了恶心感，随后他们就会对鸦片产生抵触。[③]

从《中国沿海三次航行记》和汤雅各的游记来看，郭氏这段在暹罗行医传教的经历都没有太多的疑点。不论是郭实猎行医的效果，还是他在期间为基督教挣得的影响力，都可圈可点。正如汤雅各所说，郭实猎在暹罗的工作，正在不断地“上台阶”（Gutzlaff has

---

①所谓“吐酒石”实际上是一种名为“酒石酸锑钾”的化学物质。此药对胃肠道有较大的刺激性，容易引起恶心呕吐，近代以来多用于治疗血吸虫病。郭实猎让患者服食“吐酒石”与鸦片的混合物，是想通过“吐酒石”的副作用建立“厌恶条件反射”，助人戒除毒瘾。这在19世纪的医学史上早有先例。不过，“吐酒石”的毒性过大，可能带来心脏中毒、黄疸、肝功衰竭甚至致死，所以医生在使用时，都非常谨慎。但从汤雅各的记述来看，郭实猎对于这一严重的副作用，似乎并不十分了解。另参见黄峻等主编：《临床药物手册》第5版，上海科学技术出版社2015年版，第357—358页。

②MJL，p.127.

③MJL，p.132.

been much refreshed in his labours)。[①]

然而,问题也显而易见。众所周知,郭实猎在19世纪30年代中后期,对中国东部沿海的鸦片走私活动提供过极其重要的助力,他本人不但接受鸦片商的资助,甚至亲自参与鸦片走私活动。他后来的行径,与《中国沿海三次航行记》的记录,存在着巨大的差异和矛盾。如果上述郭、汤二人的记录没有作假的话,那么又是怎样的遭遇改变了郭实猎呢?

二、妻子与家庭

要了解郭实猎在19世纪30年代的思想变化,就不能不提到他的婚姻。大约在1829年下半年,郭实猎“应史密斯牧师邀请前往新加坡。因伦敦会暂无常驻马六甲的传教士,郭实猎被派往该地管理传教会的事务”。[②]在此期间,郭实猎遭遇了一次他自称为“惊喜”的美妙邂逅:[③]

> 刚从暹罗出发到达新加坡时,我很高兴见到了一位英国籍的挚友,不久之后我与她就在主的见证下结合了。[④]

这位“英国籍的挚友”名叫李玛环(Mary Newell)。她是伦敦会派往东南亚的第一位女性传教士,也是西方世界对华人派出的第

---

①MJL, p.135.

②Alexander Wylie, *Memorials of Protestant Missionaries to the Chinese: Giving a List of their Publications and Obituary Notices of the Deceased*, p.58.

③MJL, p.216.

④MJL, p.216.

一位女传教士。她是马礼逊在伦敦创办的“伦敦语言传习所”的早期学员，与汤雅各同学，曾得到过马礼逊本人的点拨。但由于早逝的缘故，李氏并没有用英文公开出版的游记或回忆录传世，所以学界对她的生平并不十分了解。从现存的记录可知，她在1827年8月26日到达马六甲，服务于伦敦会在当地的传道站，[①]并陆续在伦敦会创办的学校或慈善机构中工作过。李氏与郭实猎于1829年11月26日在新加坡结婚，并于次年的2月11日返回了暹罗。

值得注意的是李玛环的年龄，她生于1794年8月4日，恰好是马戛尔尼使团返回英国的那一年，比郭实猎年长9岁。[②]但是这一年龄差距，完全没有影响到李、郭二人的关系。郭实猎在1830、1831年之际撰写的中文章回体小说《赎罪之道传》[③]就是二人感情的最好见证。

《赎罪之道传》主要讲述明朝官员林翰林与朋友讨论基督教赎罪之道，且最终认识、信仰并开始传播基督教的故事。书中的林翰林有一位聪慧美貌的女儿，名字就叫“玛环”。在《赎罪之道传》第六回《论献祭之大义》中，郭实猎曾这样描写“玛环”：

> 且说林翰林，娶一个新娘黄氏，名叫做柔。不上年余，便生一个女儿，取乳名叫做玛环。林公夫妻虽然生个女儿，十分欢

---

①“Death of Mrs. Gutzlaff”, *Evangelical Magazine & Missionary Chronicle*, Nov. 1831, p.503. 文中称“Mrs. Gutzlaff had been five years in India”，此处的五年应指李玛环自1827至1831年生活在东南亚的四年多时间。

②*Death of Mrs. Gutzlaff*, p.503.

③爱汉者纂：《赎罪之道传》，荷兰莱顿大学藏道光甲午年镌本。该书初版于1834年，初稿的完成时间则在1831年2月以前不久，参见*Brief van den zendeling-broeder K.Gützlaff*, Bangkok, 2 Februari 1831, ANZ, 1102—1.1.2.2.7.1.3.804.

> 喜、爱惜。这玛环生得姿色非常，真是眉如春柳，眼若秋波。直到十八岁，便生得乌发儿，白白的脸儿，细纤纤的腰儿；兼性情聪慧，学得女工针指，件件过人；知书能文，竟像一个女学士。敬神天，畏耶稣，尤其所长，不期尚未结亲。①

郭实猎这段对林玛环的描写，是从明代才子佳人小说《玉娇梨》中一段描写红玉的文字中节选、改写而来，②清晰地表现出了“玛环”聪慧、美丽、纯洁、明理的形象。在《赎罪之道传》中，林玛环嫁给了一位名叫“吴正帖”的正直青年。在闽南语中“郭”、“吴”二字发音接近，郭氏很可能也是在借“吴正帖”以自况。这部小说可以从侧面印证郭实猎和李玛环亲密无间的夫妻感情。此时，二人相识、结婚不足两年，尚处于蜜月期，情浓意蜜不难想见。

就郭实猎而言，他自幼丧母，饱受继母的虐待，甚至由此而形成了极端、狷狂、暴戾的行事风格，并且极有可能患有严重的“自恋型人格障碍”。③在他的生活中一直缺乏一位能够充满爱意，并且能给予他足够抱持的女性角色。年长9岁的李玛环，无论在心理上还是阅历上，都要比郭实猎成熟、丰富得多。有她的陪伴，自然会给郭实猎带来一些值得关注的改变。

---

①爱汉者纂：《赎罪之道传》，道光甲午年镌本，第43—44页。

②《玉娇梨》第一回原文作“这红玉生得姿色非常，真是眉如春柳，眼湛秋波。更兼性情聪慧，到八九岁，便学得女工针黹件件过人。不幸十一岁上，母亲吴氏先亡过了，就每日随着白公读书写字。果然是山川秀气所钟，天地阴阳不爽，有百分姿色，自有百分聪明。到得十四五时，便知书能文，竟已成一个女学士……诗词一道，尤其所长”。参见荑秋散人：《玉娇梨》，人民文学出版社1983年版，第2页；郭实猎著，黎子鹏编注：《赎罪之道传——郭实猎基督教小说集》，第60页，注127。

③参见第二章“早年经历与人格特征”。

图4-1　郭实猎在暹罗的居所(《三次中国沿海航行记》)

从1830年2月到1831年2月,整整一年的时间,郭实猎守着他的新婚妻子,安定地生活在暹罗,寸步不曾离开。这与他先前往返于欧洲各国积极谋求前往希腊参与独立运动,以及后来在东南亚和汤雅各结伴,陆续游历南海诸岛,而鲜有停歇的经历形成了鲜明的对比。1831年2月2日,在写给荷兰传道会的一封长信中,郭实猎记录了他与李玛环在一年以来的工作与成绩。①这是一份分量惊人的工作业绩表,在短短的一年时间里,这对夫妇翻译并且"反复地修正了暹罗语的《新约》,以及《旧约》的《历史书》部分",②撰写了两篇

①*Brief van den zendeling-broeder K.Gützlaff*, Bangkok, 2 Februari 1831, ANZ, 1102—1.1.2.2.7.1.3.804.

②*Brief van den zendeling-broeder K.Gützlaff*, Bangkok, 2 Februari 1831, ANZ, 1102—1.1.2.2.7.1.3.804. 这部暹罗语《圣经》有可能在1828或1829年就已经开始翻译了,但具体开始和最终完成的时间均不详。协助郭实猎翻译暹罗语资料的当地人至少有先后两位。从汤雅各的记录中,我们可知,此二人分别叫作Hing和Hom,他们的主要工作是誊写郭氏的译文,并适当纠正其中的错误。参见MJL, pp.188—189.

分别长达130页的暹罗语文章，编集了各长200页的暹英和英暹字典、各长180页的高棉语—英语和英语—高棉语（Kamee-Engelsch en Engelsch-Kamee）字典、各长约160页的老挝语—英语和英语—老挝语字典，用老挝语节译了《新约》，并且撰写了一部长达500页，同时收录中文口语和书面语的英汉词典。郭实猎说：

> 通过编集（verzamelen）英汉词典，我们现在已经可以模仿中国古典风格的语言，我们希望为福音的神圣教义装点上中式的外表（de zaligmakende leer van het Evangelie in een geheel Chineesch gewaad te kleeden），并以各种各样的方式来宣告我们的救主。①

正如郭实猎所称，通过编纂英汉字典，夫妇二人初步掌握了汉语文言的写作技巧，并且分别完成了《赎罪之道传》和《常活之道传》②两部中文基督教小说的初稿。在郭实猎的传教生涯中，他对于语言的学习和传教文章的撰写，通常都表现得非常刻苦而且高产，

---

①*Brief van den zendeling-broeder K.Gützlaff*, Bangkok, 2 Februari 1831, ANZ, 1102—1.1.2.2.7.1.3.804.

②伟烈亚力认为《常活之道传》是郭实猎的作品。但黎子鹏先生已经注意到，郭实猎曾在该书的序中提到：“因有英杰女李玛环，其纂书之后，即过世，享天堂之福禄去也。”证明此书至少不是郭氏独著。更重要的证据则来自郭实猎亲笔撰写在莱顿大学所藏道光十四年刊《常活之道传》上的荷兰语题字：“een geschiedkundig verhaal van Maria Gutzlaff, geschreven in Siam. Voor de Boekerij van het Nederlandsch Zendeling Genootschap, ter herinnering aan de overledene.”译为：“Maria Gutzlaff的历史小说，作于暹罗。赠予荷兰传道会图书室，以纪念死者。”这则题字也证明，郭妻Maria Newell的中文名必是李玛环无疑。参见爱汉者纂：《常活之道传》，莱顿大学东亚图书馆藏道光十四年刊本；《赎罪之道传——郭实猎基督教小说集》。

但像在暹罗这样扎实地从字典编起的却并不多见。更值得注意的，是郭实猎对于信徒的态度。他在宣教取得进展的时候，面对要求施洗的信徒，也同样表现出了惊人的审慎和严谨：

> 有少数人已在基督面前发愿（voor Christus verklaard），我也把其中一人的自白书（belijdenis）与译文送给了差会。但我还没有给任何人施洗，以防止轻率的举动妨碍主的事业。①

1830年恐怕是郭实猎一生中最为特殊的一年。无论是在此之前，还是在此之后，我们都能从他的活动和工作中感受到明显的戾气，那种“夸张求功”、狷狂自负的行事风格是显而易见的。20年后，当郭实猎创办汉会时，他甚至在一年之内，就向百余华人施洗，一面引起整个西方世界的轰动，另一面却全然不去理会属下信徒的质量。但此时，他竟然会为了“防止轻率的举动妨碍主的事业”，而纠结于一位信徒的洗礼。这段婚姻生活对郭实猎的影响显而易见。

尽管有关李玛环的存世文献极其罕见，但从二人的情感，以及郭实猎此间行事风格的变化中，我们还是能够感受到，李玛环似乎同时充当着郭实猎的妻子和母亲的双重角色。她能够给予郭实猎的爱和包容，不但有助于抚慰郭实猎因为在童年时期遭受后母虐待而遗留下的心理创伤，同时也很可能减轻郭氏由于“自恋型人格障碍”而引起的部分极端表现，从而形成了非常难得和有效的良性心理干预。

然而，郭实猎给荷兰传道会的信刚刚寄出半个月，事情就发生

---

①*Brief van den zendeling-broeder K.Gützlaff*, Bangkok, 2 Februari 1831, ANZ, 1102—1.1.2.2.7.1.3.804.

了转折。2月16日,李玛环在曼谷诞下了一对女婴。可惜这件本该额手相庆的喜事却迅速演化成了一场悲剧。先是其中一名女婴在出生之后不久即夭折,李玛环也在当天因难产病逝,年仅36岁。[①]郭实猎4岁丧母后的困境依然历历在目,新婚仅仅一年的妻子又骤然逝去,他再次体验了重大的心理冲击和伤害,[②]并且变得非常疯狂、极端,甚至几乎丧失了理智。因为常在中国商船上传教,郭实猎与华人海员非常熟悉。[③]李玛环去世之后不久,他便借着一群华人的怂恿,非常决绝地丢下自己仅剩的女儿,躲进了即将驶往中国的商船“顺利”号(Shunle)。[④]

在郭实猎登船的时候,有两件事非常值得注意。

一是郭实猎似乎患上了重病,甚至有性命之虞。他自称,此时“因为太虚弱,连走路都很勉强”,甚至连他的仆人“余”(Yu)都已经放弃了他,在他“刚开始不能吃饭的时候,就丢下他一个人听天由命”。[⑤]

> 上帝降疾病于我,使我不得不放弃当地的宣教工作。我的左半身疼痛无比,加上头疼、无力和食欲不振,使我不得不静卧

①赫尔曼·施莱特认为李玛环是死于产褥期,而非分娩当天。参见GMC, p.55.

②除了心理冲击之外,李玛环的死也很可能会影响到郭实猎在暹罗的传教经费。李是伦敦会的注册传教士,有固定的津贴。而身为独立传教士的郭实猎并没有固定的经费来源。从郭写给荷兰传道会的信件来看,这对夫妇在暹罗的传教经费似乎也并不宽裕。另参见*Brief van den zendeling-broeder K.Gützlaff*, Bangkok, 2 Februari 1831, ANZ, 1102—1.1.2.2.7.1.3. 804.

③郭实猎曾说:“只要从中国来的商船还停在这里,我大部分的时间就都花在照顾他们的身心需求上。”参见JVC, pp.22—23.

④JVC, p.67. 郭实猎称,他是受到了华商林炯(linjung)的邀请才登上“顺利”号。

⑤JVC, p.72.

休息。尽管我努力地想要恢复体力，我还是能明显感觉到我正在一天天走向死亡；甚至能看到终结之日已离我不远。[①]

再者，就是他将自己幸存的女儿交于他人寄养，并且直到这个女孩夭折，也没有去探望过：

6月14日，几个暹罗人上船来找我；但因为不清楚他们的意图，我没有见他们。如果当时我收到他们带来的消息，我虚弱的身体可能真的承受不了这么大的打击；但是这个消息没过多久还是传到了我的耳朵——我最爱的女儿在我离开不久就死了。悲痛的消息激起了最沉痛的哀悼。在那之后，我连续几天一个人闷在我的船舱里。[②]

郭实猎的身体状况并没有他自己宣称的那么严峻。在这艘船启程前往中国之后，他很快就恢复了健康。另外，他那名余姓仆人敢于让他“听天由命”，似乎也证明他的身体确无大碍。但是如果将郭实猎此时的身体状况，与他对待女儿的态度结合起来的话，便会发现。郭实猎此时的表现，非常接近心理学中“创伤后应激障碍”（Post-Traumatic Stress Disorder，PTSD）的某些临床表现。所谓PTSD是指个体对异乎寻常的威胁性或灾难性应激事件或情景的延迟或延长的反应，可引起个体的心理和生理功能紊乱，[③]并常伴随这样一些症状：感觉再次经历创伤、回避和麻木、极度亢奋。曾经遭受

---

①JVC，p.24.

②JVC，p.74.

③参见美国精神医学学会：《精神疾病诊断与统计手册（第五版）》，第658页。

侵袭、暴力、痛失亲人或亲眼目睹死亡或严重损伤的人,都可能经历PTSD。[①]

对于正常人而言,很少有人会在丧偶之后,马上放弃自己刚刚出生的子女。但郭实猎却很可能因为李玛环的死,而经历了过于强烈的刺激,从而同时出现了PTSD所引起的“心理和生理功能紊乱”。一方面,他在没有重大疾病的情况下感到身体极度痛苦,并且接近死亡;另一方面,则因为妻子的早逝,完全无法面对自己“最爱的女儿”。他只能选择逃避,并将自己的精力和注意力转移到前往中国的事业上。

郭实猎曾说,在此之前,他与汤雅各只是打算在前往中国的商船上传教,在争取得到华人的“喜爱和认同”之后,再以“温和突破的方式”进入中国。郭实猎还没有具体计划前往中国的航行。他说:“直到后来我深爱的同伴离世,我又身染重病,迫使我开始这次航行计划。”[②]此言多少有一些,我已无力传教,但须在临死之前航向中国的感觉。

施莱特也注意到,郭实猎在1831年2月2日写给荷兰传道会的信中完全没有短期之内离开暹罗的计划。[③]但当李玛环病逝之后,他却迅速地舍弃了自己在暹罗创造的一切,毅然决然地踏上了前往中国的旅程。从郭实猎于5月17日发出的一封信中,我们很容易感受到他内心所受的煎熬,以及这种煎熬被转嫁到中国事业上之后,所带来的亢奋:

---

①Gerald Corey, Marianne Schneider Corey著,王晓波译:《心理学与个人成长(第十版)》,中国轻工业出版社2015年版,第124页。

②JVC, p.65.

③GMC, p.63.

我所有的注意力都集中在中国，这不是选择，而是精神上的驱动；上帝仁慈地赋予了我所祈祷的这些精神，使我能将中国的亿万生灵置于我主耶稣至高无上的心中；他将铺平道路，使他的荣耀福音胜利……我正考虑前往北京，并且等待上帝给我指示……我无法形容地爱中国人，是的，我渴望他们的幸福。[①]

郭实猎在6月4日发出的另外一封信中，则显得更加歇斯底里：

我生命中最重要的时刻现在已经来临；上帝必须行动起来，否则我就必须去死！（Gott muss wirken, oder ich muss zu Grunde gehen.）中国不会一直承受撒旦沉重的枷锁，强大的耶稣能够并且会打开一扇门，一扇黑暗势力无能为力的门。（China wird nicht immer das schwere Joch des Satans tragen, Der grossmächtige Jesus kann und will eine Thür öffnen, die keine Macht der Finsterniss zuthun kann.）上帝的承诺，对中国也不会缺席。——所有的通信都要停止，当我回来时，我会写信给你们。[②]

"上帝必须行动起来，否则我就必须去死！"这不是传教士的使命，而是殉道者的哀嚎。郭实猎在暹罗已经家破人亡，他此时选择去西方人极少涉足，甚至完全不了解的中国北方沿海航行和传教，并非纯为开拓，反倒更像是寻死。

对此，普鲁士神学家Karl Friedrich Otto von Gerlach曾于1834

①转引自GMC，p.64.

②转引自GMC，p.64.

年10月，在《福音教会报》(Evangelischen Kirchen-Zeitung)上对郭实猎此举作出过“审慎地批评”。[①]但另一方面，郭实猎和李玛环在暹罗的传教业绩，却不容否认。作为最早登陆暹罗的一批新教传教士，郭氏夫妇为新教在印支诸国的传播完成了大量奠基性的工作。他们翻译的暹罗语《圣经》以及老挝语和高棉语的节译本《圣经》，后来被郭实猎交给了美国公理会(American Board of Commissioners for Foreign Missions)的罗宾逊(Robinson)；而他们编纂的暹罗语和高棉语的字典和语法，则被交给了浸信会(American Baptist International Ministries)的约翰·琼斯(John Jones)，并成为了后来伊丽莎·琼斯(Eliza Jones)编写第一部《暹英字典》的基础。[②]

1831年6月18日，“顺利”号商船载着郭实猎，缓慢地开始了它驶向中国的航程。[③]从此之后，郭实猎再也没有回过暹罗。

三、第一次中国沿海的航行

郭实猎乘坐的“顺利”号是一艘“在暹罗制造而成，但营运执照在广东”的商船，船长辛顺是福建人。“这艘船载重大约250吨”，

---

①参见GMC，55—56.

②George Bradley McFarland, *Historical Sketch of Protestant Missions in Siam 1828—1928*, Bangkok：Bangkok Times Press, 1928, p.4.

③JVC, p.75. 杨佳智、温馨等人认为郭实猎离开暹罗的时间是6月3日，但这只是“顺利”号预定离开暹罗的时间，该船正式出发的时间为6月18日。参见杨佳智：《郭实腊其人及其在早期对华传教活动中所扮演的角色和影响》，中国基督教协会等编：《传教运动与中国教会》，宗教文化出版社2007年版，第97页；温馨：《19世纪来华德国人与中国“文明化”——以郭实猎、李希霍芬、福兰阁为例》，博士学位论文，北京外国语大学国际中国文化研究院，2016年，第68页；“Netherlands Missionary Society”, *The Missionary Register*, 1833, p.35.

载员约50人,“船上的货物有苏木、糖、胡椒粉、羽织品、印花棉布等等”,它最终的目的地是天津。①

由于是临时决定的航程,郭实猎的准备并不充分,他显得“有些害怕,同时还受着病痛的折磨”。②在登船时,郭实猎带上了他所储存的所有药品、仅剩的钱款、“大量的”中文基督教书籍,以及“一些海图、一个象限仪和其他仪器以备不时之需”。③

在郭实猎之前,还没有新教传教士以个人身份进入过清王朝在广州之外的领地。④对于大多数西方人而言,中国仍旧是一片广阔而又陌生的大陆。人们普遍担心的是如何“才能有机会在保证个人安全的情况下进入中国内地”。⑤郭实猎是带着寻死的想法启程的,所以他在出发前就做好了最坏的打算:

> (我)现在只想做好随时赴死的准备;我为自己可以通过基督的考验,获得上帝的认可感到高兴。我非常想要离开这个人世,但是我真诚地希望我能引导中国人信奉基督;也只有这个缘故,我才会向上帝祈祷,希望他能为我延长寿命。⑥

从暹罗驶向中国的航线本身就具有一定的危险性,每年都有为数不少的商船在沿途沉没。郭实猎所乘的“顺利”号,也曾因为遭遇

---

①JVC, p.67.

②JVC, p.79.

③JVC, pp.70—71. 另参见MJL。

④此前,马礼逊曾以翻译的身份跟随阿美士德使团访问过北京。

⑤JVC, p.65.

⑥JVC, p.71.

持续6小时的大风，而险些遇难。[①]但对于郭实猎这样一个外国人来说，更大的危险则来自与他同船的华人海员。在这些人中，有很大一部分都是出身社会底层的苦力，每当挣到一笔薪金，他们便会花在鸦片或者妓女身上。[②]而当他们把自己的金钱耗尽之后，便觊觎起郭实猎的财产，甚至不止一次想要谋财害命：[③]

> 当他们把所有财物都挥霍一空，这些人就变得狂躁起来，瞅准时机想填补他们的损失，哪怕是通过欺骗或者武力。船员们注意到我把旅行箱保护得很好，觉得里面肯定装着金银财宝；他们就密谋要用一把小斧劈开我的头，抢走旅行箱瓜分钱财……所有参与这个阴谋的人都是烟鬼；领头的是个老船员，还是我名义上的朋友。就在他们要执行这项计划的时候，一位老人家站了出来，表示几天前他曾看见这些旅行箱打开过，里面除了书什么都没有，而他们如果想要这些书，也用不着砍我的头。之后他们又叫来了目击者，总算确认这些旅行箱里的确实都是书，后来他们也一致同意打消了执行计划的念头。[④]

但无论是暴风骤雨，还是同船海员的抢劫，郭实猎都最终化险为夷。当云开雾散之时，呈现在他眼前的，便是中国沿海那一座座繁荣的商港。

---

①JVC, p.112.

②JVC, p.88.

③Dr. Morrison, “a Letter of Dec. 22, 1831”, *The Missionary Register*, 1833, p.35. 另参见JVC。

④JVC, p.90.

7月30日，郭实猎到达厦门；[①]8月中旬，到达上海。[②]郭实猎看到，厦门有“加起来超过300艘”的“大型商船”，“他们的贸易范围非常广，不仅和中国的各大港口有生意往来，还会经常去到许多印度半岛的港口”。商人们“非常欢迎任何与欧洲贸易的机会，而且他们能做的无疑会比广东更好”。[③]他还看到了“上海县”以及南京和“整个江南省的商业中心”。郭实猎称这里“或许是整个帝国主要的商业城市”，“每年有千艘以上的小型船只多次往来于中国北方，出口丝绸和其他江南制造的商品”，“有些福建人的船会到印度半岛，然后载着大量的货物归来”。[④]

大约在8月23日，“顺利”号绕过了山东半岛最东端的成山头（北纬37度23分），[⑤]没过多久便逼近白河河口，来到了天津城下。在这里，郭实猎见识了白河附近蔚为壮观的盐场，听说了中国盐商的“富有”。[⑥]甚至还因为“白河两岸盛产的葡萄”和当地的葡萄酿酒业而感到震惊。[⑦]他在游记中曾记录天津繁荣的贸易景象：

> 天津的贸易活动相当繁荣。每年都有超过五百艘商船抵达这里，这些船都是来自中国南方、南圻和暹罗。河道上都是船，商业贸易为这里带来了生机与活力，繁荣的景象甚至让人想起了利物浦。这里周边地区土地出产量低，而京城又需要大

---

①JVC, p.92.
②JVC, p.101.
③JVC, p.92.
④JVC, p.101.
⑤JVC, p.102.
⑥JVC, p.120.
⑦JVC, pp.120—121.

量的物资储备,所以百姓所需的进口商品需求量极大。尽管市场已经相当饱和,但不同物品依旧能卖一个好价钱。在中国,没有哪个港口的繁荣程度能和这里相提并论。①

《(康熙)天津卫志》云:天津“扼川途之冲要,漳卫众流所潨。汇九州万国贡赋之艘,仕宦出入,商旅往来之帆,楫莫不栖,泊于其境,海滨广斥,盐利走于燕晋赵魏三河齐鲁之郡,履丝曳缟之商,群萃而托处”。②无论是布满帆楫的商港,还是白河口的盐场,这些直观的景象,都强烈地冲击着郭实猎的神经。在出发之前,他不过是抱着必死的信念来完成自己最终的使命,而当中国真的出现在他眼前的时候,这位传教士才真真切切地感受到了这个国家的宏伟和壮阔。

郭实猎似乎也意识到了这些潜在的贸易可能性将在未来发挥的作用。所以他在描写完天津的港口之后,又对此地未来的贸易情况作了如下一番展望:

将来天津应该会为国外企业开设通道;这里欧洲毛织品的需求量很大,但是过高的价格却制约了百姓的购买力。我对这里纹银的流通量颇为震惊。由于聚拢的银两众多,想要在最短的时间内收集几千两应该不是什么难事。寻常的白银交易会有很多人参与。在这里,一两白银的价值在一千三百到一千四百文不等。还有些公司会发行钞票,就和英国的银行券一样。

---

①JVC, p.135.

②薛柱斗:《新校天津卫志》第4卷,1934年铅印本,第22页。

具备了那么多商业优势的天津非常值得欧洲商人来此贸易。[①]

郭实猎的游记在次年被《中国丛报》连载,从而引发了惊人的反响。其中最重要的信息正是上引的这几则有关中国商港的记述。尽管由于个性的缘故,郭实猎的记述常显得过于主观,麦都思也曾指责他,用乐观的期待和活泼的幻想粉饰了自己实际经历中的苍白。[②]但郭实猎的航行记仍然具有极其重要的参考价值。他对厦门、上海、天津等地的描述,不但证明了西方人在中国北方沿海航行的可能性,同时也展示出这些地区庞大的贸易潜力。鸦片战争以前,西方人之所以能在中国北方沿海地区开展广泛的走私活动,很大程度上都得益于这次航行的开拓之功。

作为一名19世纪的新教传教士,郭实猎关心中国沿海的商业情况是极正常的事。但这并不意味着郭实猎在第一次航行的过程中就受人指使,充当商业间谍,甚至处心积虑地盘算着要侵犯中国。事实上,这些有关贸易的记述在郭实猎的"第一次航行记"中所占的篇幅仍是较为有限的。在他的第一次中国沿海航行记中,郭实猎使用了更大的篇幅来记录他与中国海员的关系,以及中国沿海各地的物产、宗教、建筑和民风等等。

在郭实猎的航行记中,更值得关注的,其实是他通过行医或宣教来与当地民众直接互动的记录。郭实猎注意到,中国沿海的居民,对西方世界的认识,仍旧少得可怜。"绝大多数中国人觉得欧洲是一个小国","上面只有数千人居住","他们的主要生计就是和

①JVC, p.136.

②Medhurst, W. H, *China: Its State and Prospects*, pp.364—365.

中国的贸易”。[①]在郭实猎初来时，也会有人怀疑他“来这儿是为了绘制中国地图，以便将来领导一场蓄谋袭击”。[②]但“大多数人似乎并不关心”郭实猎的来历。有人喜欢亲切地把他叫作“西洋子”（Seyang-tsze）；[③]但更多的人则会把他当作归国的海外华侨，并且因为曾受惠于郭实猎的药品，而对他充满感激之情。

郭实猎在所经之处，不但散发了大量的书籍和药品，而且还因为曾经帮助“饱受眼病和风湿折磨”而吸食鸦片的“船长和领航员”，[④]而积累了不少名声。他曾说：“从清晨到深夜，来找我看病的人络绎不绝，经常弄得我筋疲力尽。”以至于有郎中“甚至想花钱买下”他，然后拿他“当招牌来吸引顾客”。[⑤]

更有意思的是，在天津，郭实猎还碰到了不少他在暹罗的老病人：

> 身为一名医生，我很快被派上了用场。第二天，在路过帆船去往岸边的路上，我被一阵“seensang”（先生）——“老师”，也可能是“医生”的喊声叫住了；我环顾了下四周，对上了一张张笑脸，还有无数伸来的手邀请我坐下。后来才发现这些人原来是我的一些老朋友，很久以前，我曾给过他们一些药品和书籍，对此他们仍然非常感激。他们也对我宣扬摒弃野蛮习俗、逃离野蛮之境、信仰“天之子”的圣行深表赞扬。不过他们对我的认可，不仅是因为我曾去到中国那些偏僻的港口，向当

---

①JVC，p.107.

②JVC，p.132.

③JVC，p.103.

④JVC，pp.128—129.

⑤JVC，pp.132—133.

地的“落后愚民”（他们自己的说法）提供帮助，也是因为我不远万里来到这天朝上国帮助他们这些忠实臣民。他们甚至还知道“seensang neung”[①]——“女教师”（我已亡故的妻子）已经过世；还为我的不幸损失表示同情。[②]

郭实猎遇到的这种情况，非常值得重视，说明有为数不少中国沿海的居民、商人或海员都曾经到过暹罗，甚至就在暹罗常驻过一段时间，而他们身边可能有更多的人，还以别的某些方式与暹罗保持着一定的联系。虽然西洋商人还无法前往中国北方的口岸贸易，但这并不意味着中国的北方口岸就是封闭的。在郭实猎的游记中，那些前往“印度半岛”或者来自“南圻和暹罗”，并且数量颇丰的商船就是最好的证据。郭实猎能够较为顺利地缘中国沿海航行，在天津驻留长达月余，甚至被福建富商邀请回家共度中秋，[③]与这些商船和海员都有着脱不开的关系。

马礼逊认为，能说福建方言是郭实猎成功的关键。凭着他的闽南口音，郭实猎很容易在北方的口岸城市找到福建籍的商人，并且被当作同宗的华侨而获得帮助。[④]事实上，使郭实猎成功在中国沿海畅行无阻的关键，似乎并不止于他的闽南语能力。中国东部的这条海岸线虽然极其漫长，却和东南亚地区存在着非常广泛的联系。在暹罗工作的两年多时间里，郭实猎不但熟练地掌握了闽南语，同时也学会了与中国人交流的方法，了解了中国人的需求，并且做好了人脉上的准备。他在出发时有华商相邀，在航行中有故人相迎，

①此处的“seensang neung”似为粤语发音的“女先生”三字。

②JVC, pp.127—128.

③JVC, p.130.

④Dr. Morrison, “a Letter of Dec. 22, 1831”, *The Missionary Register*, 1833, p.35.

在到达天津时甚至能被“福建同乡”迎入家中，这些经历证明的，不只是郭实猎与华人的关系，更是中国沿海地区在19世纪上半叶对东南亚的开放环境。

10月17日，由于尚未学会北方的方言，郭实猎最终放弃了直接前往北京的计划，跟随“顺利”号离开了天津，[①]他们在辽东半岛附近游弋了一段时间，然后掉头南驶。郭实猎于12月13日到达澳门，受到了马礼逊夫妇的款待。[②]

> 晚上八点左右，郭实猎先生穿着一身中式服装出现在了我家。因为在登陆时坠入海中，他此时湿淋淋的，并且冷得瑟瑟发抖。我们重新给他穿上了欧洲的服装，像对兄弟和同事一样款待他。他的内心为在基督徒中再次发现自己而感到高兴。[③]

郭实猎在出发前往中国之前曾宣誓，“上帝必须行动起来，否则我就必须去死”。如今，他成功航行归来，证明上帝已经有所行动。郭实猎说，这是“所有试炼最好的回报”。[④]

四、小结

正如吴义雄先生所说，郭实猎的第一次中国沿海航行的主要意义，“在于他能以自己的亲身经历证明，可以冲破，而且也应该冲破

①JVC, p.136.

②JVC, p.151. 马礼逊称，郭实猎到达澳门的时间是1831年12月12日。参见Dr. Morrison, “a Letter of Dec. 22, 1831”, *The Missionary Register*, 1833, p.35.

③Dr. Morrison, “a Letter of Dec. 22, 1831”, *The Missionary Register*, 1833, p.35.

④JVC, p.136.

清政府的重重禁令，到广州以外的中国沿海地区，寻求更广阔的传教地域和贸易市场”。[①]但同时我们也该注意到，郭实猎在1831年以后的一系列活动，都与李玛环的突然去世对他造成的心理冲击存在着密切的联系。他很可能因为丧妻之后的心理创伤加重了此前因为新婚而有所缓解的“自恋型人格障碍”的症状，并且从此以后，变得更加激进和偏执。至于这次航行本身，一方面是他狂热的敬虔派信仰和浪漫主义的思想使然，同时也是郭实猎无法面对家破人亡的现实，只得抛弃一切，“逃向”北方中国的一起偶然事件。进入中国是郭实猎几年以来的夙愿，但这次航行却并非蓄谋已久、策划精密的行动。

不过，恰恰是这样一次偶然的事件，却正好为我们理解中国在1831年前后的对外态势，提供了极其难得的标本。从暹罗到中国，郭实猎自1828年至1831年的传教和探险活动向我们展示出了东南亚庞大的华侨群体在鸦片战争以前与中国内地密切的联系，而长期处于人们视觉边缘的暹罗，极有可能是其中非常重要的一环。这似乎也可以解释，为什么当马礼逊在广州、澳门坚守商馆二十余年而难有突破，米怜、麦都思等人更是只能退守马六甲等地之时，郭实猎却能取道暹罗，通过医药等手段，结识华侨另辟蹊径，并且最终踏入中国的大门。

---

①吴义雄：《在宗教与世俗之间：基督教新教传教士在华南沿海的早期活动研究》，第93页。

第五章　中国的沿海航行*

一、“阿美士德勋爵”号航行

1831年是中英关系史上的多事之秋。5月12日，英商重修商馆码头等举动遭到朝廷问责，广东巡抚朱桂桢携粤海关监督中祥打破嘉庆十九年（1814）以来的成例，突然闯入十三行商馆，一面在英王画像前公开审讯、斥责总商和通事，一面蛮横地命人“毁英商公局”，[①]将事前由两广总督李鸿宾默许英人新建的商馆围墙、大门及码头等设施尽数拆毁。李鸿宾还进一步颁布《防范外夷八条章程》。英商将其视为玷污大不列颠国王尊严的严重挑衅，但广东当局在事后长达数月的时间内概不接收英商申诉。此事很快引起了英印总督本庭克（W.C. Bentinck）的重视，他亲自致函李鸿宾和道光皇帝，并派遣专使于12月5日前往广州交涉。[②]交涉最终不了了之，但深受刺激的东印度公司驻华特选委员会主席马治平（Charles

---

* 本章主要内容曾以《郭实猎的三次沿海航行与十九世纪三十年代的中英关系》为题，发表于《汉语基督教学术论评》2023年第2期。发表时略有改动。

①王之春：《清朝柔远记》，中华书局1989年版，第177页。

②朱桂桢闯入商行一事的详细经过，可参见张坤：《在华英商群体与鸦片战争前的中英关系》，暨南大学出版社2014年版。

Majoribanks)还是决心以强硬对抗强硬。他函告东印度公司董事会,表示愿意亲自乘军舰北上天津,向中国皇帝递交交涉函牍,但随即被政策保守的公司总部罢免。①

也正是在这个中英间矛盾十分尖锐的节点上,郭实猎完成了自己的首次中国沿海航行,登陆澳门。郭实猎并不知道自己来得正是时候,而比郭实猎年长二十一岁的马礼逊却敏锐地意识到,自己面前的这个年轻人,正是开放中国的合适人选。马礼逊既是东印度公司的中文译员,又是当时最重要的来华新教传教士。他在广州徘徊了25年也没能找到进入中国传教的方法,郭实猎的出现,使他重新燃起了打开中国大门的希望。他立即将郭实猎引荐给马治平,并称“他的冒险行为与勇于说话使他在此间颇受赞扬,搭乘中国船只向北航行之举塑造他成为胆大之人与当今宠儿”。②

1832年1月12日,在离职返回英国前,马治平签署了派遣东印度公司驻华高级雇员林赛指挥炮舰“克莱福”号(Clive)北上进行贸易调查的命令,并以每月100银元的高薪,聘请郭实猎担任这次航行的随船译员和医生。③

郭实猎在乘坐“顺利”号离开曼谷之际曾许诺,如果航行成功,他将返回暹罗继续传教。④马治平的聘请显然改变了他的计划。在19世纪,新教传教士接受商人聘请参与商业和政治,并不算什么新

①参见苏精:《马礼逊与中文印刷出版》,第116页。

②*Extract from Robert Morrison's private to W.A. Hankey*, Macao,10 February 1832, LMS/CH/SC, 3.1.C. 译文转引自苏精:《上帝的人马:十九世纪在华传教士的作为》,第36页。

③参见苏精:《马礼逊与中文印刷出版》,第117页;MMC, p.58.

④在从暹罗出发前往中国之前,郭实猎曾在一封信中称:“所有的通信都要停止,当我回来时,我会写信给你们。”证明他曾有明确的计划,要在第一次航行结束后返回暹罗继续传教。参见GMC, p.64.

闻，对于郭实猎这样一位生活和传教经费皆须自筹的独立传教士来说更是如此。初到澳门的郭实猎几乎就是一个身无分文的流浪汉——他在暹罗的家人已经全部离世，没有经济来源，也没有额外的财产。在生计都无法维持的时刻，有人出高薪聘请郭实猎参与前往中国的航程，他自会欣然应允。参与此行，不但可以使他获得一笔不菲的收入，而且还能借机在沿途行医、传教，继续他的志业。但连续两次参与长途航行的举动也意味着，郭实猎放弃了他与李玛环在暹罗驻站传教的工作模式，重新选择了荷兰传道会和早期伦敦会传教士饱受诟病的旅行传教模式。而郭实猎的心境似乎随着妻女的病逝而回到了之前冒进求功的状态。

根据马治平的指示，这次调查航行的目的是"探查广州以北，特别是福建与江浙沿海港口通商的可能性及各地方政府与人民对此的反应态度"，"尝试交易"并"搜集商业情报"；不得携带鸦片，不得透露该船成员的东印度公司身份，不得与各地政府或平民产生冲突，不得进入内地；在1832年6月1日以前须返回澳门。①

由于"克莱福"号的舰长引用东印度公司的条例，拒绝用炮舰载运商品，继任委员会主席的德庇时（John Francis Davis）便在2月5日前后，以每月2500银元的价格，另外租用了350吨的英籍商船"阿美士德勋爵"号（Lord Amherst），以作北上考察之用，并随船载运"宽幅绒、羽纱、不列颠花布、棉纱、印度原棉"等物以备贸易，②增派了火炮和士兵防止不测。③为了不暴露东印度公司雇员的身份，林

① 参见RVA, ADVERTISEMENT；苏精：《马礼逊与中文印刷出版》，第116—117页。

② 马士：《东印度公司对华贸易编年史》第4册，第373页。

③ 雇佣"阿美士德勋爵"号的具体情况，参见30 October 1831, EIC/R/10/9；苏精：《马礼逊与中文印刷出版》，第118页。

赛以“胡夏米”自饰——此化名似为Hugh Hamilton的粤语音译;郭实猎自称“甲利”,是其教名Charles的昵称Charlie的音译。[①]1832年2月25日,林赛与郭实猎登上“阿美士德勋爵”号,于次日正式起航。[②]

有关这次航行的中文文献极少,绝大多数记录都来自郭实猎和林赛合著的《“阿美士德勋爵”号赴中国北方港口的航行报告》与郭实猎独著的《中国沿海三次航行记》。从报告内容可知,郭实猎的主要任务是与沿海政府接洽、购买给养、寻找领航员等。林赛只能说简单的汉语,既听不懂方言,也经常“无法让中国人听懂他说的中文”,[③]所以沿途对官对商的交涉都由郭实猎负责。

郭实猎的价值很快得到充分的体现。4月2日,“阿美士德勋爵”号接近厦门,[④]“距该城约一英里”下锚,[⑤]随即被清军师船包围。郭实猎出面与厦门提督陈化成、金门总兵窦振彪交涉,要求以公价向当地人购买补给和淡水,而航行负责人林赛站在郭实猎身后,听取翻译,把握谈判的原则。林赛曾提到过郭实猎在这次交涉中的表现:

> 总兵与郭实猎两人之间后来用福建方言攀谈起来,总兵坦率地宣称我们请求购买粮食只是一个掩盖某种恶毒目的的借口;但是郭实猎先生不是个会被吆喝所吓倒的人,他对总兵的

---

①RVA, p.49.

②RVA, p.1.

③林赛早年曾跟随马礼逊学习过一段时间的中文,他的成绩在商馆职员中亦属上乘,但这仅限于在广州从事简单商贸活动时的交流。上述引文是他的自述,证明他并没有能力用中文与华人讨论较为复杂的问题。见RVA, p.174.

④JVC, pp.176—177.

⑤RVA, p.12.

责难答复得那样机智有力，我们很满意地看到对方的论点完全被驳倒了。①

郭实猎的价值，首先体现在他较高的语言能力上，他擅长中国方言，尤其是闽南话；其次是他的相貌，他的头发、面容和身高似乎也与闽南人较为贴合，再加上一身中国服装，几令在场的中国官员怀疑他是“本地人伪装充当的奸细”。②更为关键的则是他的交涉能力。与暹罗华侨两年的朝夕相处，使郭实猎学会了与中国人交往的技巧。与马礼逊等人在对华交涉时所表现出来的克制不同，郭实猎夸张偏激的个性使他敢于和清政府的高级官员当面冲突，从而在交涉中不落下风，但他同时又能通过“机智有力”的语言技巧化解对方的责难，最终迫使陈化成让步，“同意派人充当买办”协助他们购买给养。③

尽管如此，第二次沿海航行首站的交涉并不算成功。尤其是厦门驻军将“阿美士德勋爵”号误认为英军的战舰，不仅引起了清军的恐慌，也使得郭实猎无法实现销售货物的目的：

有关英国人和中国当局之间争端的消息，相当模糊又夸大，却已经在沿海一带传遍了，这是1831年5月的恶行造成的后果。当我们到达的时候，有一个谣言像野火一样传开了，说我们只是舰队的先导，这个舰队有二十艘战船，而且我们是为了报复在广东遭受的屈辱和伤害而来。所以相邻的各县都收到了紧急的命令，要求相邻各县把所有可以调动的兵力都集中

①RVA，p.25.
②RVA，p.26.
③JVC，p.185.

起来。[①]

陈化成担心“阿美士德勋爵”号此行是要以武力报复广州当局强拆商馆的举动,他在厦门戒备森严,这意味着郭实猎已经不可能有机会“同本地人私自来往”。[②]在完成补给之后,“阿美士德勋爵”号便于4月7日[③]离开厦门继续北上。郭实猎在事后总结道:

> 为了避免(我们遭受的一切),应立即进入港口,并在中国帆船当中下锚,在合理的要求未得到满足之前,他们便不应该离开,从而达到目的、促进商业,也减少官员和民众的麻烦……即使是最微不足道的东西,如果不坚决要求,也会遭到中国人的拒绝。[④]

随着郭实猎对华交涉经验的增长,“阿美士德勋爵”号在沿海的收获也越来越多。4月24日,郭实猎与林赛到达福州,直接将“阿美士德勋爵”号泊于福州海关之前,摆出一副不能贸易绝不离开的架势,与当地兵吏对峙24天,最终迫使署理闽浙总督魏元烺让步,售出了价值2089两7钱白银的纺织品。[⑤]“阿美士德勋爵”号于5月25日抵达舟山附近洋面,与当地政府对峙了18天;[⑥]6月13日,沿长江

---

①RVA, pp.29—30.

②JVC, p.189.

③郭实猎所记离港时间为4月7日,林赛所记为4月8日。参见JVC, p.192; RVA, p.35.

④上述航行过程,参见JVC, pp.196—206.

⑤RVA, pp.75—78.

⑥RVA, p.97.

近迫上海。[①]到达上海后,林赛与郭实猎显得越发跋扈,他们不但公然冲击道台衙门,在遭到阻拦后甚至直接撞脱衙署二门入内示威,[②]并驾船与当地驻军对峙长达17天之久;随后又北上威海卫、朝鲜、琉球,9月5日才返回澳门。

此次航行在贸易方面并不算成功,因为"阿美士德勋爵"号共亏损5647英镑。[③]但作为一次商业调查航行,林赛与郭实猎此行却堪称成功。

在沿途各地,郭实猎携林赛等人不但公然进入城市采购补给和商品、游历清军兵营、观摩清军操演,他甚至敢在清政府官员面前公开传教,委托他们将传教资料递交给道光皇帝。而各地的督、抚、提、镇等官员,除了在奏折中一味掩饰郭实猎等人的行踪之外,竟拿不出有效的办法将他们驱逐离境。无论是厦门的陈化成、福州的魏元烺,抑或江苏的林则徐和关天培,各地的封疆大吏不但对英船此来的目的不甚了解,甚至连对手的底细也一概不清楚。

相比之下,郭实猎和林赛收获的资讯则要多得多。在二人的航行记中,记录了大量沿海港口的贸易、航道情况,更重要的是他们对清政府官员和军队真实状况的打探。在军备方面,郭实猎注意到沿海炮台的朽坏、士兵良莠不齐、军备落伍。他描写道:陈化成属下的士兵"穿着虎纹军服,有的没有鼻子,有的则只有一只眼,大多数都是老弱之辈",只有军官"穿着全套制服,身背弓箭,穿着优雅,同士兵形成了鲜明的对比"。[④]

---

①林赛与郭实猎在宁波的活动参见JVC, pp.185—202.

②RVA, pp.172—175.

③德庇时(Davis, J. F.)著,易强译:《崩溃前的大清帝国:第二任港督的中国笔记》,光明日报出版社2013年版,第90页。

④JVC, p.184.

在与上海的清军对峙时，他们又记录了清军孱弱的军备：

> 江岸两侧已有六门火炮架起在泥台上，附近既无货车也无马车。在河岸的高处排列着相当数量的帐篷，以供执勤的兵勇居住。这些低矮的帐篷几乎难以遮挡风雨。为了显示出已有军事准备的样子，离岸稍远处的一整列土堆被砌成了帐篷的形状，并刷成白色。所有这些都被我们在船上用望远镜看得一清二楚。江口还泊有15艘中国战船，这些战船是我们所见过最破烂无用的，它们只是一些大而笨拙的船只，约80吨，并在船中央的高台上设有一门火炮。①

林赛还在文中强调，关天培属下士兵只有“一柄刀及柳条编成的盾牌”，而且“那些刀实在不成样子，简直就像一根铁条”，“火枪保养极差，几乎都快锈蚀了”，以至于“只要有50名训练有素而又坚毅”的英国士兵，就能打败500名、甚至更多的清军。②

郭实猎形容海坛镇总兵万超是个“又老又糊涂的大烟鬼”，“表现得极端无礼，甚至到了侮辱人的地步”。③当地的师船，“就好像一座鸦片烟鬼的巢穴（a den of opium-smokers），所有人都在模仿他们高贵的船长，在麻醉药中自由地放纵”。④林赛也提到，“阿美士德勋爵”号到达福州时，曾因为清军水师航海技术不佳，而被都司陈显生的坐船撞断了斜桅。⑤为了避免进一步的撞击，四名英国水手登上

---

①RVA, p.183.

②RVA, p.190.

③JVC, p.207.

④JVC, pp.208—209.

⑤RVA, p.60.

清军师船“割断船缆”，却导致陈显生属下“四十或五十中国船员”弃船而逃。[①]在上海时，郭实猎与林赛为了进入道台衙门与苏松太道吴其泰交涉，竟然命令随行水手撞毁衙署二门，但在场的中国官员竟不敢反击，反而请他们“入座并送上烟、茶”。[②]在接下来交涉的过程中，甚至有一位参与谈判的知州几乎公开地宣传走私。他“让通事给郭实猎捎信”，声称如果英船“返回宁波外的岛屿，它肯定可以在那里不受干扰地进行贸易”。[③]

“阿美士德勋爵”号的意义，并不止于该船途经的厦门、福州、宁波、上海港，正是鸦片战争之后开放的四个口岸。[④]郭实猎和林赛此行更重要的价值在于，他们用自己的行动摸清了清政府的虚实，并向西方展示出了在中国东部沿海地区航行和非法贸易的可能性。借着郭实猎在沿海各地的横冲直撞，盘踞在广东的港脚商人发现，清政府不仅无力驱逐入侵的英船，不敢对擅自入境的西方人采取断然的强制手段，甚至会默许西人在沿海地区的走私活动。这便为港脚商人下决心打破广州的贸易平衡提供了充足的动力。

二、为港脚商人代言

一个值得注意的现象是，郭实猎和林赛在航行记中极力将中国沿海的官员和驻军描绘得腐败、软弱、不堪一击，而19世纪30年代的欧洲仍处在中国热的尾声，像他们这样竭力丑化中国的著作还比

①RVA, pp.61—62.

②RVA, pp.172—173.

③RVA, p.206.

④C. Y. Hsu, “The Secret Mission of The Lord Amherst on The China Coast”, *Harvard Journal of Asiatic Studies*, Vol.17, Jun., 1954, p.252.

较罕见。

以此前英国派往清廷的两个官方使团“马戛尔尼”（1793）和“阿美士德”（1816）为例，在上述两个使团成员的游记中，很少能找到对清政府官员刻意贬低的记录。马戛尔尼说：“与吾接见之各官员，又复㧑谦和蔼，常带笑容，似亦不能复有所讥议矣。然于敬礼之中，不免寓有虚伪，诚意乃隐而不露，此则吾不得不引为缺憾者也。”[①]又说：“华官平时于言语礼貌一门，娴习有素。”[②]阿美士德使团的副使艾理斯（Henry Ellis）也提到，负责接待他们的两名官员“脾气都不错”。[③]在军备方面，即便英国人在游记中提到清军火器极差，也会紧接着补充道“刀的形状很好……看上去是不错的武器”。[④]

从18世纪末到19世纪初，几十年来，官员们应对洋夷的手段并无本质区别。在与清方人员接触或者交涉的过程中，郭实猎和马戛尔尼等人的相似遭遇极多，但是，他们留下的记录却大相径庭。林赛与郭实猎在沿海地区接触的官员确有如万超一类声名狼藉者，[⑤]但如林则徐、关天培、陈化成等却绝非无能之辈，何以马戛尔尼与艾理斯都对清政府官员印象甚好，而林赛与郭实猎却要一味贬低他们呢？这可能与此时的中英关系和英国国内的政局有关。

---

①马戛尔尼著，刘半农译：《乾隆英使觐见记》，天津人民出版社2006年版，第45页。

②马戛尔尼著，刘半农译：《乾隆英使觐见记》，第45页。

③亨利·艾理斯著，刘天路等译：《阿美士德使团出使中国日志》，商务印书馆2013年版，第83页。

④亨利·艾理斯著，刘天路等译：《阿美士德使团出使中国日志》，第93页。

⑤万超于1834年遭闽浙总督程祖洛弹劾，革职的上谕内即有“素耽安逸”、“督率无方”、“种种乖谬，必应从严惩办”等语；同时，他还被“责令随同舟师巡缉，勒限三个月，将被劫各案全数弋获，再准回籍”。“如届限无获”，即“在海滨枷号一个月，满日释回，以示惩儆”。《清实录》第36册，第38639页。

19世纪30年代以前，主导中英贸易的主要力量是英国的东印度公司。为了维护英国政府授予它的垄断权，东印度公司采取了较为保守的外交策略，极力避免与清政府的冲突，并在英国国内宣传中国的特殊性，使公众形成一种“只有东印度公司才能平稳开展对华贸易”的印象。英国两个官方使团的成员在旅行记中对华措辞谨慎，一方面是因为这些作者出身贵族，在写作时惯于使用更为温和的立场和雅驯的语言；另一方面也是因为这些成员大多具有东印度公司的背景，需要维护东印度公司在华的切实利益。比如马戛尔尼退休后的年金就是由东印度公司支付的，斯当东父子更是长期为东印度公司工作。

但随着自由贸易的兴起，东印度公司的垄断权问题日益成为英国舆论关注的焦点。1831年前后，港脚商人在英国国内鼓动取消东印度公司对华贸易垄断权的呼声已日渐高涨，东印度公司的“贸易特许状”也将于1833年到期，需要英国国会重新表决、授权之后方能延期。一场政治争斗在所难免。由于英国国内对中国的了解极为有限，所以无论是东印度公司还是港脚商人，都在寻找驳倒对手的关键证据。

正是在这一背景下，“阿美士德勋爵”号开始了对中国北方的贸易考察。这是一次可能改变东印度公司命运的航行，但航行负责人林赛的背景却颇为复杂。此人虽然自1820年起就开始在广州为东印度公司服役，但他同时又是怡和洋行的股东、大鸦片商詹姆斯·马地臣（James Matheson）的侄子。[①]后来的历史也证明，林赛

---

①特拉维斯·黑尼斯三世、弗兰克·萨奈罗著，周辉荣译：《鸦片战争：一个帝国的沉迷和另一个帝国的堕落》，生活·读书·新知三联书店2005年版，第81页。

确实是港脚商人利益的坚定支持者。他在“阿美士德勋爵”号航行结束后不久就离开了东印度公司返回英国，随即代表港脚商人展开了长达数年的对华开战游说。他的大多数言论都清晰地体现出港脚商人的利益要求。在19世纪30年代中后期，林赛是英国国内倡导对华开战的健将之一，他激烈的言论甚至一度上达外相巴麦尊，引起舆论的广泛关注和反响。[①]他不但拥有广州外侨总商会主席的头衔，而且自己本身就是一名鸦片贩子。[②]郭实猎与他私交甚笃，在航行结束之后，也很快就加入了鸦片商马地臣入股的怡和洋行的阵营，开始参与鸦片贸易。

一向反对鸦片贸易的马治平为什么选择林赛作为此行的负责人，是一个难解的谜题。但此项人事任命却预示着“阿美士德勋爵”号的调查，必然会倾向于港脚商人的立场。长期受到广州当局高压管束的英商与清政府积怨甚深，至迟到1830年，在粤西人已经形成了“暴力行为往往得到中国政府的友好对待，而对其专制法律的屈服与顺从只会招致严酷镇压”的共识。[③]如果说马戛尔尼使团和阿美士德使团在尝试扩展中国市场的同时，依旧遵循着旧有的体制，坚守着“不会危害到广州的利益”的底线；[④]那么“阿美士德勋爵”号航行的目标，则是尝试通过冲突来打破原有的体制和平衡，寻找中

---

①相关言论参见Lindsay, H. Hamilton, *Letter to the Right Honourable Viscount Palmerston, On British Relations with China*, London, Saunders and Otley, Conduit Street, 1836.

②Bickers, R., “The Challenger:‘Hugh Hamilton Lindsay and the rise of British Asia, 1832—1865’”, *Trans. Royal Historical Soc.*, v22, pp.141—169.

③“To the Honorable the Commons of the United Kingdom of Great Britain and Ireland in Parliament Assembled, Canton, December 24, 1830”, *The Canton Register*, January 17, 1831.

④亨利·艾理斯著，刘天路等译:《阿美士德使团出使中国日志》，第156页。

英贸易新的突破口。

林赛和郭实猎，一个是港脚商人的代表，一个是急于进入中国成就功业的传教士，“阿美士德勋爵”号航行让两个急于开放中国的西方人走到了一起。郭实猎和林赛在航行记中强调“华人是一个欺软怕硬的民族”的目的，[①]就是要将这一观点传递至英国本土，并借此打破中英关系的僵局。他们在报告中自然而然地放大了沿海清军的孱弱和散漫、各地政府的混乱和颓废，又在游记中着力强调沿海民众对于西方商船的欢迎、各地的商人对于开放贸易的渴望，[②]他们无非是要证明，英国对华采取强硬手段所需耗费的成本极小、风险极低、利益却相当丰厚，这也是港脚商人的最大要求。相较于马戛尔尼、艾理斯等人对中国的正面描述，林赛和郭实猎在面对类似遭遇时却更容易选择批评的角度、甚至蔑视的口吻加以解读，其中的主观色彩是显而易见的。

除了强调中国的孱弱，林赛与郭实猎在煽动双方冲突时，还会特意强调中国人对洋夷的蔑视，并以此为由来激化矛盾。比如在郭实猎的《三次中国沿海航行记》和他与林赛合著的《“阿美士德勋爵”号赴中国北方港口的航行报告》中频繁地记录中国官员将外国人称为“夷”，以及双方因此而产生的争论，并将该字解释为野蛮人（barbarians）和“魔鬼”（devils）。[③]其中有些描述甚至显得相当极端：

①RVA, p.57.

②除了航行记中的记述以外，林赛在返回澳门之后，在对东印度公司所作的检讨中也再次强调了上述观点。参见 September 1832, EIC/R/10/9, 8；苏精《马礼逊与中文印刷出版》，第128页。

③RVA, pp.172—173, p.8.

> 他们(中国官员)很高兴地把我们称为像潜入每个角落的老鼠一样,诡诈、狡猾的野蛮人。(They were pleased to call us deceitful and crafty barbarians, who, like rats, sneaked into every corner.)①

如果说前述郭实猎对中国沿海军备的描述只是显得主观色彩浓厚,那么这类煽动性的文字简直就是在污蔑华人了。有学者认为“夷”字的使用,是触怒英人、引发一系列冲突的原因。但在19世纪早期的来华西人眼中,“夷”字及其贬义并不是新鲜的话题。马礼逊一直谨慎地把“夷”字翻译为foreigners或者foreign。②东印度公司特选委员会主席盼师(William Baynes)手下的译者也曾将“外夷”翻译为outside foreigners(或barbarians)。还有一条华语学界未曾注意到的证据。就在郭、林二人的言论在西方大肆流行之际,同样作为中国通的小斯当东,就在他的*Remarks on the British Relations with China and the Proposed Plans for Improving Them*一书中对郭、林二人的立场和翻译手法作过明确的批评。斯当东在文中批评将“夷”字翻译为“野蛮人”不正确,而“魔鬼”这样的词则“从未出现在中文的官方档中”(never occurs in official documents)。③他强调,即使是在孔夫子的语境下,“夷”字也更应该被翻译为“外国人”,因为“野蛮人”这样的词汇非但不具备中文语境中“王治之外”(out

①JVC, p.254

②王宏志:《马礼逊与“蛮夷的眼睛”》,《东方翻译》2013年第2期。

③G.T. Staunton, *Remarks on the British Relations with China and the Proposed Plans for Improving Them*, London, Edmund, 1836, p.35.

of the pale of the empire）的含义，而且完全贬义。[①]可惜理性的学术讨论，很难在煽动性的言论面前取得上风。小斯当东的反驳，并没有取得预想的效果。

细究起来，郭实猎的著作能在英国广泛流传，和林赛身后的鸦片商人也有密切的关系。他的两版《中国沿海三次航行记》与二人合著的《"阿美士德勋爵"号赴中国北方港口的航行报告》都由一家名为R.CLAY的印刷厂负责印制，[②]证明郭实猎在1833、1834年前后所依赖的出版资助很可能来自于林赛。而郭实猎那幅身着福建水手服饰，在欧洲广为流传的画像，也是林赛在这一时期委托钱纳利制作并送往英国皇家学会展览的。[③]林赛和郭实猎频繁地引用华人询问鸦片价格的言论，来证实中国北方对于鸦片的巨大需求；[④]并借涉事官员之口指出，在中国沿海的贸易完全可以通过在外海岛屿间的走私活动来实现，只要商船不进入内河，走私就不会受到官府的干涉。[⑤]这相当于证明了在中国开展自由贸易、扩大鸦片市场的可能性和巨大潜力，进而否定了东印度公司在华贸易垄断权的合理性。换言之，郭实猎的《中国沿海三次航行记》以及他后续有关中国的一系列言论，并非秘密的间谍报告，[⑥]而是港脚商人用于争取英国

①G.T. Staunton, *Remarks on the British Relations with China and the Proposed Plans for Improving Them*, p.36.

②参见Gutzlaff, Charles, JVC, London, 1834；Gutzlaff, Charles, JVC, Second Edition, London, 1834；Lindsay & C. Gutzlaff, RVA, London, 1834.

③详可参见本书第九章"图像中的郭实猎"。

④RVA, pp.82—83.

⑤RVA, p.206.

⑥将"阿美士德勋爵"号航行视为间谍航行的说法始自南木的《鸦片战争以前英船阿美士德号在中国沿海的侦查活动》一文，见列岛编：《鸦片战争史论文专集》，1958年。

舆论的宣传工具。

东印度公司当然不可能接受郭实猎和林赛的调查结果，事实上，公司在事后便对已经返回伦敦的马治平和林赛分别作了处分，以德庇时为首的特选委员会也就此事向东印度公司董事会作了检讨。[①]但对于英国公众来说，林、郭的航行报告却是此时西方社会认识中国现状难得的一手文献，因而备受关注。1833年，英国国会命令东印度公司将林、郭合著的《“阿美士德勋爵”号赴中国北方港口的航行报告》提交下议院讨论。此书于同年在伦敦排印出版。郭实猎的《中国沿海三次航行记》则在美国、英国、德意志、荷兰连出了六个不同语种的版本，一时洛阳纸贵。

《泰晤士报》曾这样描述郭实猎在中国沿海的探险活动：

> 郭实猎先生具有卓越的洞察力，他对中国人特征的观察结果似乎是，作为一个国家，中国在政治上是软弱的；它的海防卑劣无能，他的政府对自己的人民不抱感情；他的地方政府懦弱、腐败且极容易畏缩；岸上卑微的人民尽管无知，却好客、善良，渴望与外国人建立深入的联系。他们有着一些残忍和令人厌恶的习惯，但这些风俗并不合乎道德规范。从宗教的角度而言，中国人的思想几乎是一张白纸。一般而言，这个庞大的国家在这个问题上比任何一个假装文明的国度更加缺少明确的概念。因此，中国似乎是一个为郭实猎先生的品质和性格量身定制的舞台。[②]

---

①德庇时（Davis，J. F.）著，易强译：《崩溃前的大清帝国：第二任港督的中国笔记》，第90页。

②“Mr. Gutzlaff’s Voyages Along The Coast Of China”, *Times*, 26 Aug. 1834:5.

《泰晤士报》称中国是为郭实猎"量身定制的舞台",意味着西方舆论不但认可林赛与郭实猎的行为,而且接受了他们的言论。非但港脚商人控制的《广州纪事报》公开表示赞同郭实猎的观点,甚至连东印度公司的董事会秘书都曾公开认可郭实猎和林赛的主张。[①]郭实猎藉此一鸣惊人,被西方舆论看作勇闯中国沿海的英雄与中国通,闻名欧洲。他和他的言论不但成为了西方世界"开放中国"的象征,同时也成为了港脚商人在欧美表达自身政治要求的最佳代言人。

借助郭实猎和林赛的著作在英国的影响,英国国内长久以来所积蓄的对于东印度公司垄断贸易的不满,很快就形成了一股"极力支持变革东方商业政策和反对东印度公司的公众感情洪流"。[②]社会舆论和政府高官几乎是一边倒地站在了港脚商人一边,不但反对东印度公司的垄断,并且开始考虑在粤西人对华强硬的要求。这股洪流来势汹涌,以至于当议会提议要取消东印度公司的贸易垄断,直接向广州派遣官员代表时,小斯当东的反对意见甚至没有经过辩论和分组表决就被否决了。[③]

1833年6月13日,英国下议院印度委员会主席查理斯·格兰特(Charles Grant),曾针对朱桂桢强拆广州商馆事件和东印度公司的垄断权问题作过一次长篇发言。他强调广州的英国居民正在承受"一定程度的压迫","不仅他们的财产,而且他们的生命以及他们的

---

①参见*The Canton Register*, 17 September 1832;*The Times*, 6 March 1834; Peter Auber, *China, An Outline of Its Government, Laws and Policy*, London:Parbury, Allen and Co, 1834, p.362;苏精:《马礼逊与中文印刷出版》,第129页。

②乔治·汤玛斯·斯当东著,屈文生译:《小斯当东回忆录》,上海人民出版社2015年版,第72页。

③乔治·汤玛斯·斯当东著,屈文生译:《小斯当东回忆录》,第73页。

同胞都受到了威胁”；[①]并称中国人在“阿美士德勋爵”号“访问过的所有的港口都特别渴望与英国人交往，甚至连官员本人也在一些情况下表示自己赞成这种交往”。[②]所以，“如果一条独立运作的航道得以实现的话，中国的所有港口都可能向英国的工业和企业开放。这尤其是广州以北的人民的愿望”。[③]因此，格兰特建议，英国政府应该树立两个“伟大的目标”：“第一个目标是给予英国驻华代表以充足的授权，第二是在可能的情况下与中国政府取得一个更好的谅解。”[④]格兰特的这次演讲代表英国政界认可了郭实猎和林赛在“阿美士德勋爵”号航行中的表现，这也意味着东印度公司继续在华执业的可能性被最终否决。

新的贸易法案（Saint Helena Act 1833）很快出台，并于1833年8月28日获得御准（Royal assent）。这项法案结束了东印度公司作为商业机构的活动，终止了它对中国的贸易垄断，并且在没有和中国政府提前沟通的情况下，单方面决定在广州派驻外交机构和人员，这就促成了英国首任商务监督律劳卑（William John Napier）的中国之行。

1834年7月，律劳卑到粤，随即递交函件，在清政府毫无准备的情况下，要求与两广总督进行直接交涉。因交涉未果，他于8月间致函英国政府，要求对华采取强硬政策，谋求以武力解决中国问题，并召集兵船强行闯入珠江，与广州驻军长期对峙。律劳卑一定熟读过郭实猎的《中国沿海三次航行记》，因为他的这一系列举动，几乎

---

①议会辩论记录见于Http://hansard.millbanksystems.com. 该网站由英国下议院和上议院议事录（议会辩论的官方报告）的数字化版本制作而成。

②议会辩论记录见于Http://hansard.millbanksystems.com.

③议会辩论记录见于Http://hansard.millbanksystems.com.

④议会辩论记录见于Http://hansard.millbanksystems.com.

就是书中郭实猎在福州、上海等地对付清朝官员手段的翻版。8月1日马礼逊去世后，律劳卑曾一度希望聘请郭实猎担任自己的第一中文秘书，只是因为郭氏此时不在广州，方才转聘了马儒翰，[①]可见郭实猎给他留下的印象之深。但是，律劳卑虽照搬郭实猎的手段，却错估了广州的形势。郭实猎之所以能在沿海航行时无所忌惮地横冲直撞，是因为那些地方官员无力将"阿美士德勋爵"号驱逐出港，又缺少限制西人的有效手段；但广州当局却拥有制约英商的杀手锏——中断贸易，而这是郭实猎在航行记中从未提及的关键资讯。

律劳卑很快就在与两广总督卢坤的较量中败下阵来，当年十月因病去世，中英关系也随之进入了一个短暂的平静期。此事在中英关系史上地位较重，律劳卑之死虽然暂时缓解了中英双方剑拔弩张的关系，却也强化了港脚商人与清政府的积怨，使之愈发尖锐。同时，律劳卑事件也从侧面反映出郭实猎的探险活动和言论很容易在西方产生重大反响，相比于小斯当东等人的温和态度，惯于使用炮舰政策的日不落帝国更容易受到郭实猎和林赛这种强硬言论的影响。郭实猎代表港脚商人发出的"对华强硬的呼声"已经逐渐被高层接受，并被运用在中英交涉的实践之中。随着东印度公司的贸易垄断权被取消，中英关系旧有的经济基础——行商制度，很快就由于不能适应新的形势而被冲击得支离破碎，从而引发了一系列严重影响两国关系走向的商欠案。两国关系发生重大改变的条件已经初步具备，郭实猎的影响力却并没有消减。在新的贸易格局下，他将再次发挥至为关键的开创作用。

---

①参见王宏志:《马礼逊与"蛮夷的眼睛"》,第32页。

三、“气精”号的鸦片之旅

1832年9月,“阿美士德勋爵”号刚刚返回澳门,郭实猎便接到渣顿的来信,邀请他参与怡和洋行鸦片船“气精”(Sylph)号北上走私鸦片的旅行。渣顿向他许诺,“这次考察的利润越高,我们就越能向你方提供一笔款项,以供今后为实现你的宏伟目标而作有益的用途”,①即以提成的方式结算劳务;并答应为“给当地人传布有益知识”而创办的一种中文杂志(《东西洋考每月统记传》),承担6个月的经费。②尽管渣顿没有在信中明确提出报酬数额,但鸦片贸易利润丰厚,郭实猎借此可得的提成自然不在少数。郭实猎随“阿美士德勋爵”号航行半年,一共从东印度公司驻广州办事处获得了1500银元的酬劳;③而著名的鸦片商詹姆士·因义士曾叫器:“我情愿花一千块钱雇佣郭实猎三天。”④仅此两例便知郭实猎在广州的身价之高。

渣顿似乎对广州的鸦片贸易有某些不满,所以他急于开拓广州以北的鸦片市场。在郭实猎之前,他曾组织过两次北上走私鸦片的航行,却都因为无法克服语言障碍而失败。相比之下,郭实猎已经

①Michael Greenberg, *British Trade and The Opening of China 1800—42*, Cambridge: Cambridge University Press, 1969, p.140.

②Michael D. Greenberg, *British Trade and The Opening of China 1800—42*, p.140.

③郭实猎参与“阿美士德勋爵”号航行的劳务费,原议为900元。但在航行结束以后,东印度公司又向他追加600元为奖励。参见苏精:《马礼逊与中文印刷出版》,第127页。

④Michael D. Greenberg, *British Trade and The Opening of China 1800—42*, p.140.

成功北上两次，他既熟悉中国东部各大港口的情况，又具备难得的语言能力，还有丰富的对华交涉经验，这些条件足以让渣顿对他青睐有加。

为了绕过传教士身份给郭实猎带来的道德障碍，渣顿曾避重就轻地敷衍郭实猎，声称仅将他“看作是远征队的医生和翻译”，并且将照他“在那方面的劳务致酬”；又利用郭实猎急于乘船再赴中国沿海传教的心理，劝说他“一点也不要因为看来仿佛同那很多人认为不道德的贸易有关而损伤你的崇高目标”。[①]

郭实猎是独立传教士，没有固定收入，渣顿开出的高薪，令他感到难以拒绝。经过此番劝说，他很快放下了道德方面的顾虑，加入了这次贩卖鸦片之行。郭实猎事后曾解释说，他“经过与他人的多次磋商，以及内心的一场冲突”，[②]“虽然这次新尝试的某些方面非常令人反感，但我还是上了船，以外科医生和翻译的身份”开始工作。[③]他参与鸦片贸易并不是秘密。格林堡评价道：

> 在印行的沿海航行记中，郭实猎说道他怎样将药丸和《圣经》散发给他遇到的所有人，却只字不提鸦片，其实因为要推销鸦片他才被雇佣的。热心于教化浸淫在邪恶中的异教徒的郭实猎，继续在沿海服务了若干年。[④]

---

①Michael D. Greenberg, *British Trade and The Opening of China 1800—42*, p.140.

②JVC, p.413.

③Charles Gützlaff, *An Appeal to Christians in Behalf of China*, Canton: Office of the Chinese Repository, 1833, p.7.

④Michael D. Greenberg, *British Trade and The Opening of China 1800—42*, p.140.

1832年10月20日，“气精”号从澳门拔锚北上，[①]“趁着顺风，航程远至满洲”，[②]在中国沿海各省走私鸦片，直到次年4月29日才返回澳门。郭实猎的参与，对英商在沿海推销鸦片至关重要。经过“顺利”号和“阿美士德勋爵”号的航行，郭实猎与中国人交往技巧愈发娴熟，他懂得与中国官员接触的手段，将沿途交涉官府、联络买家的工作处理得得心应手。

以“气精”号在上海期间的活动为例。1832年12月底“气精”号到达上海，郭实猎为了化解“阿美士德勋爵”号冲击上海时造成的矛盾，先将商船在沿途搭救的12名遇难中国海员送上了崇明岛，而后又直接拜会了苏松镇总兵关天培。因为郭实猎搭救中国海员的善举，关天培不但“友善”地谈论了他们的上一次航行，而且还为这些西方人提供了在上海的住宿。[③]郭实猎曾这样描述他在第二次到达上海时所受的待遇：

> 中国官员从不直接干预我分发图书或与当地人交谈。他们在颁布最严格的交易禁令之后，就给了我们全面的许可去做我们想做的事情。当他们看见那些刺激性的布告没达到理想效果时，他们转变了语气，转而称赞我们拯救12名中国人的行为。[④]

尽管当地的官员依旧傲慢地将西方人称为“夷”，但所谓的“交易禁令”显然已经成为了一纸空文。地方当局不但默许了民间贸

①JVC, p.413.

②卫三畏著，陈俱译，陈绛校：《中国总论》，上海古籍出版社2005年版，第813页。

③参见JVC, pp.426—428.

④JVC, p.427.

易,而且还将“大量的牲畜、面粉送上‘气精’号”,作为郭氏一行在上海的免费补给。[①]

因为郭实猎在登陆之后,不但态度要较先前缓和,而且搭救了中国的海员,所以关天培并没有因为“气精”号在上海长期停留而产生警觉。但事实上,郭实猎一行的目的仍是贩卖鸦片。1月4日,也就是“气精”号来到上海之后的第9天,这艘商船突然改变了停泊的位置:

> 我们改变了停泊的地方,将锚抛在了一个海岛旁边。我们发现相较于“气精”号之前停靠的地方,这里的船更好,而且我们对中国官员的出现也少了些局促不安,我们得以在此更安静地生活,并且能够增进与当地人的交往。

此处的“局促不安”一词颇值得玩味。郭实猎天生是一个冒险家,半年前,他在追随林赛连续冲击福州、宁波、上海等地的官署时,也从未表露出犹豫,可是,为什么双方在上海友善相对时,郭实猎却感到“局促不安”,非得避之于海岛呢?为何当“气精”号在避开人口稠密的城市、停泊于人烟稀少的海岛旁边时,他们反而增进了“与当地人的交往”?此类隐晦而又违背常理的记述,向我们透露了“气精”号在中国沿海贩卖鸦片的蛛丝马迹。

他们在上海县城内停留的8天时间,除了补充给养之外,更重要的工作,很可能就是在联络当地的鸦片买家。因为郭实猎初次参与鸦片走私活动,似乎还没有胆量直接向中国沿海的官员行贿,所以才会在联络鸦片买家时感到“局促不安”。这些行为违反中国的法律,随时可能招致牢狱之灾。而1月4日“气精”号转泊海岛的举

---

①JVC, p.428.

动,则更像是为了避开清政府的兵吏,寻找便于卸货和交接的地点。既然交易已成,郭实猎“与当地人的交往”自然也就得到了“增进”。半年以前,当“阿美士德勋爵”号来到上海时,就有当地的官员向郭实猎表示,只要英船离开城市,前往海上的岛屿,“它肯定可以在那里不受干扰地进行贸易”。[①]未承想时隔不久,郭实猎便真地带领西方人用这种方式,将鸦片销往中国的东部沿海。

郭实猎在上海倒卖鸦片的行径确实颇具影响力。直到民国初年,在当地仍然流传这样一则传说:

> 上海贩售烟土之华商皆潮州帮。盖道光时,有随同洋商初至沪贩土之潮州郭姓者,能英语,又得洋商信用。来沪,初代洋商出售烟土,如洋行之买办然。继则设栈设号,作私人之营业,曰鸿泰号。[②]

郭氏熟悉闽粤潮汕等临海地区的方言,常被人误认为是沿海土著。文中所谓“道光时”“能英语”之“郭姓者”自然指郭实猎。“代洋商出售烟土,如洋行之买办”则点明了他在鸦片贸易中充当翻译加中间人的角色。至于“鸿泰号”则是咸丰末年生人的郭子彬所创,事在清末民初,虽系后人混淆同姓之误,[③]却也反证出郭实猎在鸦片贸易中的影响和名气确是经久不衰。

历史吊诡的地方似乎也正在于此。1841年,关天培在鸦片战争

---

①RVA, p.206.

②徐珂:《清稗类钞》第五册,中华书局1984年版,第2318页。

③郭实猎在民国时也被人称作郭子立,此名与郭子彬颇为相似,极易混淆。参见武堉干:《鸦片战争史》,商务印书馆1929年版,第137页;范文澜:《中国近代史》上编第1分册,读书出版社1947年版,第8页。

中以身殉国，被后世尊为民族英雄。可在此8年之前，西方人在中国东部沿海打开鸦片走私通道的突破口，却恰恰是他治下的上海。而这还仅仅是大规模走私活动的开始。随着“气精”号航行的成功，江浙福建等地周边的岛屿很快就变成了西方走私船的集散地。定海一位姓王的邑丞曾经这样描述鸦片战争以前西方走私船在沿海岛屿贿赂官员、分销鸦片的情形：

> 定海四面距海，为洋艘停泊之所，往来承平时，每一艘至，自总兵令丞迄舆台皂隶，莫不有贿，贿既足，然后许开市，其始来不过一二艘至三四艘而止，艘多贿亦厚，故官吏望其来，又恐其来而或少也。①

只要鸦片贩子们愿意向地方官行贿，郭实猎便有办法为他们开辟出“平坦”的走私之路。怡和洋行的档案中，就记载着他曾用2万元巨款，以“茶钱”的名义买通钦州的地方官员，为渣顿获取该地区走私许可的记录。②道光朝的海禁有表无里，所谓的闭关锁国，也只是表面文章。

“气精”号航行是鸦片入华史上的关键节点。虽然因为准备不充分、不熟悉航道等原因，商船在金州（Kin-chow）附近海域遇险，几乎沉没，另外多名东印度水手因为随船所带的取暖工具不足而被冻死，③但这次航行为港脚商人开辟了直接在中国东部沿海贸易的走私通道，并且积累了向沿海地区输送鸦片的经验。向北方走私

①齐思和等编：《中国近代史资料丛刊：鸦片战争》第4册，第630页。

②马丁·布恩著，任华梨译：《鸦片史》，海南出版社1999年版，第143页。

③参见JVC，pp.421—422；p.434.

的闸门一旦打开,便再也无法遏制。以航行结束的1833年为界,英商对华的鸦片贸易量从年均约一万四千箱,迅速提升至约两万四千箱,且该贸易量一直保持到1838年。① 这些所谓“贸易成果”的头一份“功劳”自然要算在郭实猎的头上。

四、小结

郭实猎的中文口语能力,在19世纪30年代的西方人中可谓独一无二,他与市井华人的沟通、协调能力更是绝无仅有。他是1835年以前,港脚商人能够藉以在中国沿海突破封锁,并同时能在英国国内提升涉华舆论攻势的最佳工具。中英双方在19世纪中叶爆发的一系列冲突,自有其必然性。不过,如果不是因为妻子李玛环的突然病逝,郭实猎很可能会缺席1831至1834年中英之间爆发的一系列激烈冲突,那么,中英两国间博弈的节点和节奏,就会因为英方缺乏得力的翻译和执行人而调整。

郭实猎拥有很多同时代的西方人所不具备的特质。其他西方商人或者传教士不敢贸然进入广州以外的沿海地区,是因为他们的汉语能力和人脉资源都相当有限,无法在陌生的环境中获得必要的帮助;而对于郭实猎而言,长期生活在暹罗的经历不但使他娴熟地掌握了中国海员惯用的闽南语,而且他因依附郭氏家族而得到了寓居沿海的闽籍居民的认同,进而摆脱了西人入华时孤立无援的处

① 根据吴义雄的统计,1829至1832年度,英商走私鸦片的总量分别为14388、14700、20431、14627箱,而从“气精”号航行结束之后的1833年起直到1838年,这一数字分别是24073.5、22213、17259、27111、24249、24455箱。似乎只有1834—1835年度因为律劳卑事件影响使鸦片贸易量跌至20000箱以下。参见吴义雄:《鸦片战争前的鸦片贸易再研究》,《近代史研究》2002年第2期。

境。更重要的因素在于,郭实猎夸张偏激的个性、急于功成名就的欲求,以及他与华人交往的丰富经验,使他在应付各种突发情况时,既敢于冒险,又能化险为夷。

郭实猎的中国沿海三次航行,在中英关系史上激起了一系列重要的连锁反应。"顺利"号航行证明了西方人,特别是郭实猎,完全有能力凭借自己的语言知识探索中国沿海。"阿美士德勋爵"号航行以及郭、林二人后续出版的航行记,则促使英国政府最终改变了已经延续数十年的对华政策和立场。最终,东印度公司的贸易垄断权被取消,以商务监督为首的驻华机构进驻广州,英国国内对华贸易的利益格局也随之重构。"气精"号航行的成功,为鸦片商人开辟了进入沿海各大港口的走私通道,更使英商对华走私鸦片的数量提高了60%以上。作为促使中英关系发生巨变的重要催化剂,郭实猎的三次沿海航行,拥有难以替代的效用,不但开启了港脚商人主导中英关系的时代,促使在粤西人"对华强硬"的政治呼声成为英国对华政策的主流意见,而且导致鸦片流毒急速蔓延,清政府白银外流,财政危机凸显。郭实猎在中国沿海的活动,加快了中英关系恶化的速度,使之最终进入了无法逆转的恶性循环。而当二者达到临界点的时候,林则徐的禁烟运动便在所难免,第一次鸦片战争的序幕也由此拉开了。

第六章　传教、商贸与政治*

一、传教士眼中的鸦片之旅

“气精”号航行是港脚商人向广州以外的沿海地区走私鸦片的开端。郭实猎在《中国沿海三次航行记》中公开承认曾加入此次航行、参与鸦片贸易。这也是后人诟病他的主要罪证之一。他在1834年12月担任商务监督中文秘书之前，一共参与过7次中国沿海航行。[①]除“顺利”号航行、“阿美士德勋爵”号航行和一次茶叶调查之旅外，其余4次都是鸦片走私航行。但当时的英国媒体在报道郭实猎的航行经历时，都众口一词地对他大加赞赏，很少提及他与鸦片的关系。

1834年8月，《泰晤士报》曾刊载过一则评论：

＊本章主要内容以《郭实猎：传教、商贸、政治》为题发表于《基督宗教研究》2024年第2期。

①根据郭实猎于1835年写给英国圣公会的书信，他在此之前已经完成了7次中国沿海的航行。参见C.Gützlaff, “Church Missionary Society-Extracts from Rev. C. Gutzlaff’s Reply to the Society, dated, Macao, 13 October 1835”, *Missionary Register,* July 1837, p.326.

> 相比于(郭实猎)其他游记,“气精”号充满趣味的航行记或许有些许鲜为人知。这是一段艰难而危险的航程,但传教士的坚韧就像一对重锚般维持着旅行的平稳,因为他觉得他是在为福音事业而劳动。①

除了媒体对郭实猎表示赞扬之外,他本人对参与鸦片走私的行径也做过辩解。同年11月,《新英格兰旁观者》(*New England Spectator*)刊登了一封郭实猎致英国牧师Reed的信,讨论的内容就与贸易航行有关:

> 在中国,没有任何力量能够抵制或驱退商业入侵者:中华民族的公共精神很倾向与英国的贸易关系,他们所有言辞冷酷骇人的帝国禁令也被证明无法阻止这种商业贸易。因此我们进入沿海各省的希望很大。②

郭实猎在信中没有点明“商业贸易”的具体内容,但熟悉中英关系的人都知道,在广州之外中国港口的贸易,其实只有鸦片一种。郭实猎在文中展示的逻辑非常清晰:只有参与走私活动,才能打破沿海的封锁;只有打破沿海的封锁,基督教才能传入中国。的确,在鸦片战争以前,以走私鸦片为目的的“商业入侵”,几乎是传教士进入中国沿海省份唯一的希望。

郭实猎在信中还提到了他面临的困难及解决方案:

①“Mr. Gutzlaff’s Voyages Along The Coast Of China”, *Times*, 26 Aug. 1834:5.

②*New England Spectator*, November 5, 1834. p.4.

> 迄今为止我没有共事的同伴，就连用来分发的书籍也配备不全，除非我能出钱买。到头来这才是最好的计划，我已开始筹划。没有哪个差会愿意大力支持我，不过这也是肯定的。现在我需要大量资金，我不得不动用我大量的积蓄。我祈祷主能保佑光荣的布道任务能够成功。愿我能为救赎中国祈祷至最后一口气。①

郭实猎于1831年来到澳门之时，几乎是身无分文。作为独立传教士，郭实猎在来华初期的处境较为艰难，筹措传教经费的难度也较大。他在暹罗时生活就很拮据，来到澳门之后也没有固定收入。这一情况直到1834年12月他被聘为英国商务监督的中文秘书、拿到800英镑年薪之后方才改观。文中所谓"积蓄"，除"阿美士德勋爵"号航行的佣金外，其余尽数是他参与鸦片走私所得。郭实猎强调他"没有差会支持"，和他将佣金充作传教经费，其实就是在强调他参与鸦片贸易的原因，是为了保证传教事业经费的充足。从这一角度来说，郭实猎参与鸦片贸易确实是生活所迫，但他无疑已经跨越了宗教道德和中国法律的红线。

此外，郭实猎的抱怨也并不完全属实。19世纪30年代初期，郭氏散发的不少传教册子，都来自马礼逊等伦敦会传教士的无偿捐助。但他却对此绝口不提，反而一味强调自身的困难和成绩。早在1832年初，马礼逊就注意到，郭实猎在接受他人的传教资助之后，并不愿意公开自己的财务状况，这种是郭实猎贪功好名的个性使然，也使人怀疑他在冲击中国沿海口岸的过程中，存在贪污传教经费的

---

①*New England Spectator*, November 5, 1834. p.4.

嫌疑。[①]

那么，同样需要恪守道德红线的其他传教士又会如何看待这次鸦片航行？他们又是怎样评价郭实猎参与鸦片贸易的行为呢？

在卫三畏的名著《中国总论》中，有一段文字涉及郭实猎的三次中国沿海之旅：

> “阿美士德”号船，沿着海岸航行，历时约七个月……英国一家首要商行雇佣的鸦片船“精灵号”（即“气精”号），趁着顺风，航程远至满洲……距今已五十年，这三次航行的报告在英、美两国的政治界、商务界和宗教界激起了浓厚兴趣，现在就不会再受赞赏。从此打开了与一半人类新关系的前景，而人类的另一半长期觉得受阻，不能合法地进入这一领域，他们从不同利益出发，付出了巨大的努力。大不列颠带头突破障碍，宗教界则极力促进传教工作。英、美两国给郭士立资助，鼓励他进行下去，允诺帮他印刷《圣经》和小册子。[②]

卫三畏明知“气精”号是一艘“鸦片船”，他也一贯将鸦片视为“带来死亡和疾病的奢侈品”，[③]但这一次，他却称赞郭实猎的三次航行“打开了与一半人类新关系的前景”，丝毫没有因为郭实猎贩卖鸦片而对他表示反感。卫三畏甚至在写给美部会秘书安德森的信中这样形容郭实猎冲击中国沿海的努力：“郭实猎是乐观的人，对事情

①参见*Extract from Robert Morrison's private to W.A. Hankey,* Macao, 10 February 1832, LMS/CH/SC, 3.1.C.

②卫三畏著，陈俱译，陈绛校：《中国总论》，第813—814页。

③吴义雄：《在宗教与世俗之间：基督教新教传教士在华南沿海的早期活动研究》，第238页。

总往好的方面看……他过去成功的努力鼓舞我们继续向前。”[①]他在肯定郭实猎突破中国沿海功绩的同时,几乎完全忽略了郭氏贩卖鸦片的恶行。

与卫三畏持同样观点的,还有马礼逊。他在写给《基督教倡导者》(*Christian Advocate*)周刊的一封信件中曾经这样说:

> 郭实猎牧师已经开始了他的第三次北上航行之旅——随身带了《圣经》、祈祷书和福音传单。因此,我相信上帝的圣言将传遍中国及周边国家,他的神圣事业也将在那些地方变得无人不知,无人不晓。[②]

这封信的落款日期为1832年10月29日,即“气精”号离开广东9天后。《基督教倡导者》是19世纪30年代美国颇为重要的周刊,发行量一度超过3万册,拥有大约15万的读者。在这样的刊物上表达对郭实猎此次航行的激赏,无疑反映出以马礼逊为代表的早期新教传教士们在看到郭氏突破中国海疆、为基督教进入中国辟出通道之后的欣喜之情。马礼逊称“上帝的圣言将传遍中国”,等于是将郭实猎的“气精”号之旅奉为《圣经》与新教大规模传入中国的神圣开端,他同样对鸦片的问题只字不提。如果不是出于对郭实猎的重视和欣赏,马礼逊就不会把郭实猎收留在家中。[③]郭氏在《三次中国沿海航行记》中曾经提到,他在参与“气精”号走私鸦片的活动之前,

①转引自苏精:《上帝的人马:十九世纪在华传教士的作为》,第45—46页。

②“From the Rev. Dr. Morrison”, *Christian Advocate,* July 1, 1833, p.329.

③*Extract from Robert Morrison's private to W.A. Hankey,* Macao, 10 February 1832, LMS/CH/SC, 3.1.C.

曾“经过与他人的多次磋商”。[①]郭实猎虽未明言自己与哪些人磋商，但这些人中，应该不会缺少在传教界声名显赫、又为郭氏提供栖身之所的马礼逊。而马礼逊在“气精”号离开澳门仅仅9天之后，便致函美国媒体，表达他对郭氏此行的称许之意，更能说明他对航行的支持态度。

事实上，在1833年前后，包括裨治文在内的多数在粤传教士，都曾对郭实猎沿海航行表达认可和赞许。当1834年《中国沿海三次航行记》分别在纽约和伦敦出版之后，西方各大差会，如伦敦会、英国圣经公会（British Foreign Bible Society）、英国宗教小册会（Religious Tract Society）等，都在知晓内情的情况下，对他后续的沿海航行和散书活动提供了大量的资助。[②]

在1835年以后，随着郭实猎在中国沿海航行的次数越来越多，差会内部人士开始反思这种“以分发书刊作为目的”[③]的传教方式和郭实猎独自宣扬的“中国已经开放”[④]的主张。但这种反思也仅仅是针对郭实猎的传教方式：“每年沿着同样的海岸散发数以百万计的书刊，面对传教的禁令又只能以枪炮自保，这种情况对书刊和航行

---

①JVC, p.413.

②根据苏精的不完全统计，英国圣经公会在1834年决意负担在马六甲印刷五千部中文《圣经》的费用，以备传教士带到中国散发；英国宗教小册会在1836年、1838年、1839年，分别向郭实猎拨款125、175英镑和801元，补助他出版中文书刊；伦敦的“在中国、印度暨东方促进女子教育协会”（The Society for Promoting Female Education in China, India and the East）曾派遣一名女教师自英国前往澳门，协助郭实猎教育中国女童，并赠送书籍和物品。参见苏精：《上帝的人马：十九世纪在华传教士的作为》，第42页。

③Howard Malcom, *Travels in South-Eastern Asia, Embracing Hindustan, Malaya, Siam, and China*, London: Gould, Kendall, and Lincoln, 1839, pp.193—195.

④Gutzlaff, Charles, *China Opened*.

两者都是浪费,是一种颇有缺陷的传教方式。”[①]多数批评者表达了对郭实猎夸张求功、张扬自负的不满,却没有传教士因为郭实猎贩卖鸦片的问题和他划清界线,更没有人因此认为他“不受欢迎”。[②]

唯一的例外是居住在东南亚的麦都思。他曾在著作中以长达十页的篇幅,反复地论证“传教士与鸦片船联系在一起”的“不名誉”,并称“传教士利用鸦片船作为交通工具,去传播神圣的知识”“不适宜”。[③]麦都思虽然没有指名道姓,但一望即知,他谴责的正是郭实猎一面走私鸦片,一面在中国沿海传教的行为。麦都思是将郭实猎引向中国传教事业的领路人,但同时也是伦敦会与马礼逊关系趋冷之后,差会内定取代马礼逊的不二人选。[④]麦都思自视为马礼逊的接班人,不料他尚未来到广州,便有“后进”作出惊人业绩,轰动欧洲。面对郭实猎在传教事业上的成就,他远没有长期居住在广州的传教士同事们那样兴奋,却对其中的道德风险表现得尤为敏感。麦都思看待此事的心态和立场都与马礼逊等人不同。

马礼逊、卫三畏、裨治文等人都是长居广州的传教士,他们对郭实猎冒险活动的赞许,非常容易理解。如果从1807年马礼逊来华算起,到1833年,新教传教士已经滞留在广州整整27年。由于清政府的禁令和高压政策,他们甚至连走出商馆进入省城都有困难,更不

---

①Howard Malcom, *Travels in South-Eastern Asia, Embracing Hindustan, Malaya, Siam, and China*, pp.193—195.译文参考了苏精:《上帝的人马:十九世纪在华传教士的作为》,第50页。

②吴义雄:《在宗教与世俗之间:基督教新教传教士在华南沿海的早期活动研究》,第240页。

③Medhurst, Walter H., *China*, pp.366—375. 另参见吴义雄:《在宗教与世俗之间:基督教新教传教士在华南沿海的早期活动研究》,第239页。

④参见苏精:《福音与钱财:马礼逊晚年的境遇》,《中国,开门!——马礼逊及相关人物研究》,第65—109页。

用说向其他地区传教。在这一压抑的环境中,无论是商人还是传教士,都希望能够找到突破封锁的机会。正当西方人在广州一筹莫展之时,郭实猎设法多次闯入中国境内,并大量散发宗教册子,此举自然会博得同事的喝彩。当在粤西人与清政府交往中长期的压抑和不满,被郭实猎成功的喜悦冲散的时候,不会有人在意他到底是不是帮助鸦片入华的先锋,因为“开放中国”才是来华西人群体最重要的共识。而麦都思长期居住在巴达维亚,与粤省的西人交流有限,未必能对在粤传教士的处境感同身受。

二、《圣经》与鸦片

值得关注的问题在于,传教士对鸦片贸易的立场究竟如何。他们在默许甚至鼓励郭实猎参与鸦片航行同时,却在公开媒体上频繁撰写反对鸦片贸易的文章。就连直接参与鸦片走私活动的郭实猎,也曾不止一次地表达过自己对那些“沉迷于药物,不惜散尽家财”[①]的“大烟鬼”(opium smokers)的极度厌恶。他甚至还在自己的诊所中,尝试使用“吐酒石”帮助大批华人戒烟,而且取得过一些成效。[②]由此说来,郭实猎还是第一位尝试帮助华人戒除鸦片烟瘾的西方人。一方面贩卖或者鼓励贩卖鸦片,一方面又抨击鸦片贸易,传教士为何会表现出如此矛盾的言行?他们对鸦片贸易的真实态度到底是怎样的?

有一些学者认为,传教士大多反对鸦片贸易。他们常引的一则文献来自卫三畏写给美部会秘书安德森的信:

---

①JVC, p.61.

②参见MJL, p.127, p.132.

> 它与我们为敌，破坏了我们所有的行善努力，任何人类的科学、技术和热情都不能克服；因为它使人们漠视所有的指引，使人们沉迷于坟墓的气息，将他们引入墓地。作为外国人，我们受到别的外国人的罪行的牵累，因此无法发挥影响，使人们接受训诲。在这种贸易横亘在我们道路中间时，我们看不到向他们行善的希望；因为当我们散发告诫人们悔罪的圣书之时，却有人轻易出售带来死亡和疾病的奢侈品。[①]

这种将鸦片贸易视为传教障碍的言论，在当时的广州似乎颇为流行。比如裨治文在他的《论当前鸦片贸易的危机》（*Remarks on the Present Crisis in the Opium Traffic*）中，就曾谈到，鸦片走私使在华西人自毁形象，也使得他们“在中国人眼中，显得品性低下”。[②]一向反对鸦片贸易的美国商人奥立芬（David Olyphant）也曾说过：“鸦片走私仿佛是一座把基督教与这个拥有世界四亿人民的国家隔离开来的坚固壁垒。”[③]从上引的这些言论来看，传教士痛恨鸦片的原因是鸦片贸易已经影响到了基督教在华的事业。但事实并非如此。

鸦片战争之前，在粤传教士之所以无法有效发展信徒，并不是因为华人对鸦片贸易和西方人的敌视，而是在清政府的禁令下，西方人根本就没有机会广泛接触华人。就连他们聘请的中文老师，都要在上课时随身携带毒药以防被官府发现，[④]又谈何公开传教？传教士既然无法公开、广泛地发展信徒，也自然就谈不上有华人会因

---

①吴义雄：《在宗教与世俗之间：基督教新教传教士在华南沿海的早期活动研究》，第238页。

②CR, Vol.8, pp.1—8.

③CR, Vol.5, p.418.

④卫斐列：《卫三畏生平及书信——一位来华传教士的心路历程》，第120页。

为鸦片贸易而拒绝基督教。

正如前述,郭实猎走上鸦片走私的道路和马礼逊的支持有直接关系。而马礼逊之所以会支持郭实猎参与鸦片贸易,一则是他无力在广州扩展传教市场,急需郭实猎在中国北方进行探险和开拓;再者则与他个人的处境和立场有密切的关系。马礼逊晚年经济拮据,时常为几个年幼子女的生计忧虑。大约在1830年中,应广州几个港脚商人之约,马礼逊命年仅16岁的长子马儒翰放弃他在英华书院的学业,前往广州担任这些商人的共同翻译,年薪1200银元。①

几乎所有英国背景的港脚商人都是鸦片商,都在广州从事着非法的鸦片走私活动,而接受他们聘用的马儒翰,则必然要涉足鸦片走私活动。②期间,马礼逊甚至要求马儒翰“不可教任何人中文”,以免“制造”“竞争者”,③试图利用父子二人的语言优势独占鸦片贸易

---

①参见*R. Morrison to J.R. Morrison*, Macao, 19 December 1829, WE/PJRM/Western Ms 5829;*R. Morrison to W. A. Hankey*, n. p., 14 November 1830, LMS/CH/SC/, 3.1.A.

②“港脚商人”的出现,可以追溯到17世纪末,而这一商人群体的快速崛起,却是在19世纪初叶。他们崛起的原因乃是清政府的禁烟政策。清政府禁烟始于雍正七年(1729),嘉、道以来,禁烟政策一轮严过一轮。这一政策导致东印度公司不敢公开参与鸦片贸易,因为一旦英国官方组织的鸦片走私活动暴露,清政府就有可能终止东印度公司在广州的其他合法贸易,因此英国人便采取了一种变通方案:先由公司驻孟加拉的总督将鸦片拍卖给港脚商人,再由港脚商人将鸦片贩运至中国销售,其所得货款则交与公司在广州的代表,用以采购茶叶、南京布、瓷器等物,而港脚商人则凭借公司签发的票据返回英国兑付现金。公司将走私鸦片、行贿海关等犯罪行为委诸私营业主,又以国有企业之名垄断对华进口,这一政策不但规避了公司可能遭遇的法律红线和政治风险,同时也使港脚商人享受了鸦片贸易所带来的巨额利润。

③*R. Morrison to J.R. Morrison*, Macao,15 July 1834, WE/PJRM/Western MS 5829.译文转引自苏精:《中国,开门! ——马礼逊及相关人物研究》,第103页。

中的翻译工作,并以此获利。

除了授意马儒翰参与鸦片贸易之外,马礼逊还经常为鸦片商马地臣的《广州纪事报》供稿。该报曾许诺,每年向马礼逊支付300银元,由他决定用途。①1834年8月马礼逊病逝,"他在广州和澳门的朋友"计划成立"马礼逊教育基金会"(Morrison Education Society),在华开办和资助学校,以完成马礼逊的未竟之志。这所基金会被视为马礼逊"奉献了一生的目标为思想特征的,比大理石和黄铜更为持久的纪念碑",②其理事会共设五名成员:主席是颠地,副主席是科克斯,司库为渣顿,通讯秘书是美部会传教士裨治文,会议秘书是马儒翰。③除马儒翰和裨治文之外,全都是大鸦片商,足证马礼逊和鸦片商的交谊着实不浅。

马礼逊是后世推崇的贤达,而郭实猎则是饱受争议的历史人物,二人在后世的评价迥异,但在当时的处境却颇为类似。他们同样有着在中国传播福音的理想和使命,同样面临着巨大的经济压力,同样受雇于英国商人,同样深度参与过鸦片走私活动。说得更直白些,无论是马礼逊还是郭实猎,他们在广州尝试传教之前,首先必须解决的是个人的生计问题。而这些鸦片商人则是他们最方便的选择。也正是因为这样的原因,马礼逊才会在鼓励郭实猎参与"气精"号走私航行的同时,公开赞许他的行为,并且遮掩他参与鸦片走私的事实。马礼逊此举,减轻了郭氏参与走私活动的心理负担,维护了他在宗教界的声誉,客观上也鼓励了郭氏在1833年前后

---

①E.A. Morrison, *Memoirs of the Life and Labours of Robert Morrison*, London: Longman, Orme, Brown, Green and Longmans, 1839, Vol.2., p.383.

②*Cimular of the Proisional Committee*, in ABCFM Paper, 16. 3.11. 参见吴义雄:《在宗教与世俗之间:基督教新教传教士在华南沿海的早期活动研究》,第336页。

③CR, Vol.5, pp.373—375.

屡次参与鸦片走私活动的行为。

在频繁批评鸦片贸易的裨治文等人身上,同样存在类似的现象。仍旧以“马礼逊教育基金会”为例。颠地和渣顿虽然挂名为该会的会长和司库,但主要是提供经费,实主其事者,则是身为通讯秘书的裨治文。在裨治文的运作下,“马礼逊教育基金会”运转得井井有条,一边是上帝的代言人,一边是在中国违法乱纪的鸦片商,本应水火不容的善恶两极居然成为了传教事业的“合作伙伴”,而且一合作就是十年之久。①

又如西方侨民在广州成立的著名组织中国益智会(The Society for the Diffusion of Useful Knowledge in China)。该会主张虽是“出版能启迪中国人智力的一类书籍,并把西方的技艺和科学,传授给他们”,②但理事会会长却是大鸦片商马地臣,而裨治文、郭实猎、马儒翰等人则分任秘书,负责具体事务。

最具讽刺意味的是“中华医务传教会”(Medical Missionary Society in China)。该会虽由郭雷枢挂名会长,但列名副会长的却是渣顿和罗伯特·英格利斯(Robert Inglis)。③这些鸦片商人,“一方面卖鸦片戕害中国人身心,一方面捐钱照顾中国人健康”,④但参与

---

①1847年裨治文离开广州之后,就很少过问基金会的事务了。马礼逊教育基金会的最后一次年会是1848年11月在香港召开的。

②CR, Vol.5, p.384.

③爱德华·吉利克著,董少新译:《伯驾与中国的开放》,广西师范大学出版社2008年版,第68页。在这本传教士传记中,吉利克甚至称渣顿是“伯驾的朋友”(第81页)。另参见吴义雄:《医务传道方法与“中国医务传道会”的早期活动》,《中山大学学报论丛(社会科学版)》2000年第3期。

④苏精先生与笔者在2018年4月13日的通信中强调了这一看法。他在《上帝的人马:十九世纪在华传教士的作为》、《中国,开门!——马礼逊及相关人物研究》等著作中也引述过部分传教士与鸦片商人往来的文献。

其事的伯驾和裨治文却从未对此发表过任何反对意见。他们对鸦片贸易的态度和马礼逊、郭实猎一样暧昧，并没有像麦都思那样，将与鸦片商人的合作视为“不名誉”和“不适宜”。

在鸦片战争结束以前，传教士在澳门和广州创办的报刊、开设的学校、医院，大多接受过鸦片商人的资助。而这些机构停办的原因，则常与清政府的冲击有着直接关系。以郭实猎的《东西洋考每月统记传》为例，这本刊物之所以能于1833年在广州发行，正是因为渣顿许诺提供六个月创刊经费作为支持。而该刊在1834年8月和1835年8月两度停刊，前一次是因为律劳卑到粤后与清政府的武装对峙导致印刷出版工作无以为继；[①]后一次则是因为郭实猎散播的传教册子在上呈道光皇帝之后，引来广州当局的彻查。[②]待到1837年《东西洋考每月统记传》再次复刊，其所有权已转归中国益智会所有，刊物的主要资助者仍旧是鸦片商。

令人疑惑的是，在粤传教士群体长期接受鸦片商人资助，又长期公开批评鸦片贸易，但这些批评却从未影响鸦片商给予他们后续的资助。这种情况实属反常。由于天主教与新教、不列颠与葡萄牙

---

①这次停刊前的最后一期“甲午五月号”出版于1834年7月1日前后，这个时间点恰好在“律劳卑事件”在广州爆发之前不久。此事很快演化成中英双方在珠江的武装对峙，在这样的条件下，郭实猎自然不可能再继续出版《东西洋考每月统记传》。

②卫三畏曾于1835年8月致信美部会秘书安德森称：“省政府根据皇帝的命令正在调查，是否有当地人参与了两本基督教书籍的制作，这两本书被福建巡抚送到了北京。这道命令引起了恐慌，我们的中文老师立刻离开了我们。搜查叛国者的行动也在澳门同时进行，但到目前为止我们还没有听说有人被捕……我们比以往任何时候都难以开展工作，不能印刷书籍，而那些印好了的既不能送出去也不能在广州城里散发；我们也找不到一个中文老师。”参见卫斐列：《卫三畏生平及书信》，第31页。

的矛盾,英国商人或政府机构想要雇佣天主教传教士出任中文翻译存在一定的困难和阻力。掌握语言优势的少数几位新教传教士,便成为了19世纪30年代中英两国在商贸和政治博弈过程中必须仰赖的媒介。这也是马礼逊希望牢牢控制语言工具,不愿教人中文的原因。鸦片商人如此不计回报地支持传教士的事业,究竟是他们的信仰和赎罪心理在起作用,抑或是他们有意用这种方式来维系自身与传教士的关系,以冀在需要时能够加以利用,仍是值得探讨的问题。

传教士与鸦片商的关系历来为宗教领域所忌讳,罕有文献记录,但仍有蛛丝马迹可寻。除了马礼逊和郭实猎有明确记载曾经涉足鸦片贸易之外,在1834年律劳卑事件中,港脚商人也曾绕过马儒翰和律劳卑,请裨治文为他们翻译过清政府的文件。①此事既与宗教事务无涉,又与鸦片商人有关,裨治文仍旧欣然接受,显得颇为可疑。至于裨治文或者其他传教士在长期接受渣顿等人的资助之外,是否曾经服务过鸦片商、经手过鸦片贸易,或者存在其他利益交换,则有待新文献的出现方能定论。

无论如何,传教士与鸦片商人之间的关系,确实是各取所需,相互利用。鸦片商是来华西人中最具实力的群体,为了推进传教工作的发展,传教士们需要分享他们的政治资源、获得他们的经济支持。由于清政府未对在粤西人的身份进行过区分,一旦有西方人与广州当局发生纠纷,传教士往往会遭到牵连。这意味着在粤传教士与商人实际构成了一个一荣俱荣、一损俱损的共同体。他们的对华认知和立场不但接近,而且很容易在情感上因为类似的遭遇而产生共鸣。

新教传教士在面对鸦片问题时的矛盾心态反映出一种微妙的

①参见王宏志:《马礼逊与“蛮夷的眼睛”》,第32页。

平衡。一方面，多数传教士的道德感不允许他们和“鸦片”走得太近；但另一方面，他们又很难拒绝鸦片商的捐款。手握大把银元的鸦片商人，有利用传教士参与对华交涉的诉求，同时他们也希望通过宗教捐款来洗刷自己的道德污点。面对这些数额可观却违背良心的宗教捐款，传教士们往往选择妥协，因为对华传教的过程十分艰辛，他们亟需更多的经济支持。同时，已经在沿海地区泛滥成灾的“鸦片贸易”，何尝不是这些传教士打开中国大门的希望？毕竟，马礼逊保守的等待只换来了27年沉默的时光，而郭实猎却借助鸦片商人的走私船，一次次撼动了天朝的海疆大门。说得更直白些，传教士很难像自己在媒体上宣称的一般，坚定地站在“中国人民的利益一边”。[①]他们与郭实猎在鸦片问题上的差别，并不在于绝缘不绝缘，而在于涉事的深浅和公开的程度。

三、郭实猎的立场与考量

作为一名独立传教士，郭实猎要想在19世纪30年代的广州生存，就必须懂得妥协的政治智慧。正如前述，郭实猎之所以会参与鸦片贸易，是因为传教士同行的鼓励、鸦片商人的诱导，以及他的个人生计和传教事业需求，三者共同作用的结果。问题在于，传教士与鸦片商人都有或亲或疏的关系，可为什么背上“鸦片贩子”骂名的只有郭实猎一个人？

问题的根源可能在郭实猎的性格上。与处事老到的马礼逊和相对稳重的裨治文不同，郭实猎的个性中充满了骄傲和张扬的元

---

①吴义雄：《在宗教与世俗之间：基督教新教传教士在华南沿海的早期活动研究》，第240页。

素。1832年10月，当郭实猎踏上“气精”号走私鸦片的航程时，他才刚满29岁。一位年轻的独立传教士，没有差会约束，阅历又浅，个性却夸张自负、急功近利，他不但掌握不好与鸦片商人合作的分寸，而且很容易受后者利用，沦为对方赚钱和展示政治诉求的工具。因此，赫尔曼·施莱特才会将郭实猎参与鸦片走私的原因，归结为他的“躁动”（Rastlosigkeit）。[①]作为基督教入华史上唯一一位敢于公开撰文承认自己参与过鸦片走私活动的传教士，郭实猎在处置类似事件时所表现出来的狂妄和单纯都是空前绝后的。连他自己也承认：

> 在那之后，人们认为我是个疯子，现在有人认为我是个盲目的狂热分子；但不管怎样，我们宣扬了福音，也慢慢地有了进展。[②]

人们之所以指责郭实猎是个“盲目的狂热分子”，除了对他张扬的个性不满之外，还因为他无法像马礼逊一样，将“上帝”与“鸦片”的关系处理得如此浑融。后来的事实也证明，郭实猎一参与到鸦片贸易之中，便越陷越深，难以自拔。郭实猎自幼家境贫寒，他对财富和成功的渴望不难理解，这是他一生无法摆脱的弱点和污点。

值得注意的是，郭实猎虽然急功近利，但他并未忽视鸦片走私活动所带来的道德压力。所以，在1834年底郭实猎就任商务监督的中文秘书之后，他对鸦片商人的态度便发生了一些微妙的改变。

郭实猎的改变首先体现在行动上。自从任职中文秘书之后，他

---

①GMC, p.78.

②*New England Spectator*, November 5, 1834. p. 4.

便不再参与怡和洋行的走私活动;他也没有因为异域游记在欧美的畅销,而将自己之后的鸦片走私航行诉诸文字。虽然郭实猎的《中国沿海三次航行记》在欧洲轰动一时,短短两年之内就出版了三个语种的六个版本,郭实猎本人也勤于写作,有强烈的表达欲和表现欲,但他对自己后续的航行经历却一直保持着沉默。

郭实猎的变化还体现在他对林赛的态度上。林赛是郭实猎与鸦片商建立联系的主要媒介。郭实猎之所以能在欧洲建立极高的知名度,也和林赛的运作有直接关系。但在19世纪30年代后期直到整个40年代的漫长过程中,这两位"阿美士德勋爵"号航行的搭档,却很少再有交集。郭实猎身穿福建水手服饰的画像,本是林赛出重金请寓居澳门的画家钱纳利为他绘制、并送往皇家学会展览的珍品,曾被人一再翻印,但郭实猎本人却从未主动使用或出示过这张他最著名的肖像画。他对自己与林赛的关系,也一直保持着沉默的态度。

值得注意的还有郭实猎著作的出版资助问题。1833年,郭实猎和林赛的《中国沿海三次航行记》与《"阿美士德勋爵"号赴中国北方港口的航行报告》均由林赛在伦敦促成出版,并且同时由一家名为"R.CLAY"的印刷厂承印。[①]两本书旨在为港脚商人的鸦片贸易代言,鸦片商在此次出版过程中影响可见一斑。而郭实猎在之后出版的两部著作《中国简史》(1834)[②]和《开放的中国》(1838)[③],则在名为"Smith, Elder and Co., Cornhill"的公司出版。在1834年版《中国简史》的出版信息之下,赫然印着如下文字"BOOKSELLERS TO

---

①参见Gutzlaff, Charles., JVC, London, 1834;Gutzlaff, Charles., JVC, Second Edition, London, 1834;Lindsay & C. Gutzlaff. RVA, London, 1834.

②Gutzlaff, Charles., *A Sketch of Chinese History*.

③Gutzlaff, Charles., *China Opened*.

THEIR MAJESTIES”,[①]显示出郭实猎后期依靠的出版渠道已经转向英国官方,他没有再使用来自鸦片商的出版资助。

与之形成鲜明反差的是,直到1861年,理雅各出版《中国经典》,仍旧在使用怡和洋行马地臣兄弟的资助。理雅各是道德楷模式的人物,并且一向批评鸦片贸易是“基督教国家的可耻行径”,[②]但他却没有拒绝这笔“可耻”的资助。鸦片战争以后,清王朝门户洞开,传教士的生存环境也大幅改善,但他们并没有因此断绝自己与鸦片商人的联系。倒是之前与渣顿、马地臣过从甚密的郭实猎,至少在表面上和鸦片商人拉开了距离。

不过,由于郭实猎是在粤传教士中唯一一位公开承认曾经参与鸦片贸易的传教士,他也因此而背负了“鸦片贩子”的恶名。这似乎是一直试图淡化自己与鸦片商关系的郭实猎未曾料到的。但须指出的是,郭实猎被指责为“鸦片贩子”,是20世纪初鸦片战争和郭实猎进入学术研究领域之后才出现的观点。[③]他本人在19世纪30、40年代并没有遭到类似的指责或批评。

除了鸦片问题之外,郭实猎“开放中国”的策略变化过程也非常值得关注。

东印度公司主导中英之间贸易和外交关系的时期,在粤西人大致持有两种不同的对华立场:为了保护自身的在华贸易垄断权,东印度公司始终维持着一种较为保守、缓和的对华外交策略,不愿意与广州当局对抗;与之相对的是以渣顿为代表的港脚商人,不满清政府对西方人的歧视和高压政策,主张对华使用武力,“要求后者采

---

①Gutzlaff, Charles., *A Sketch of Chinese History*.

②James Legge, “The Colony of Hong Kong”, *The China Review*, Vol. III, 1874, p.175.

③参见武堉干:《鸦片战争史》,第137页。

取措施，将对华贸易置于‘永久的和有尊严的基础上’”。[1]

郭实猎也就此发表过意见。1833年《东西洋考每月统记传》创刊，郭实猎在《中国丛报》上发表英文发刊辞，有如下一段话：

> 当文明几乎在地球各处取得迅速进步并超越无知与谬误之时，——即使排斥异见的印度人也已开始用他们自己的语言出版若干期刊，——唯独中国人却一如既往，依然故我。虽然我们与他们长久交往，他们仍自称为天下诸民族之首尊，并视所有其他民族为“蛮夷”。如此妄自尊大严重影响到广州的外国居民的利益，以及他们与中国人的交往。
>
> 本月刊现由广州与澳门的外国社会提供赞助，其出版是为了使中国人获知我们的技艺、科学与准则。它将不谈政治，避免就任何主题以尖锐言词触怒他们。可有较妙的方法表达，我们确实不是“蛮夷”；编者偏向于用展示事实的手法，使中国人相信，他们仍有许多东西要学。又，悉知外国人与地方当局关系的意义，编纂者已致力于赢得他们的友谊，并且希望最终取得成功。[2]

郭实猎在《中国沿海三次航行记》中一直暗示可以武力征服中国，文中的“无知与谬误”、“妄自尊大”，体现出包括传教士和商人在内的来华西人对清廷禁令、广州压抑环境的强烈不满。但他在阐述“开放中国”的策略时，却将话锋一转，提出要“不谈政治”、“避免就

---

①吴义雄：《鸦片战争前在华西人与对华战争舆论的形成》，《近代史研究》2009年第2期，第25页。

②CR, Vol.2, pp.186—187；译文参考了爱汉者等编：《东西洋考每月统记传·导言》，第12页。

任何主题以尖锐言词触怒”华人,用“较妙的方法表达,我们确实不是‘蛮夷’”,反而站在了政策温和但权势尚隆的东印度公司一边。

在《东西洋考每月统记传》创刊号的中文序言中,郭实猎也采用了前述这种“较妙的方法”来表达自己的诉求。他一反急功近利的行事风格,大量引用中文经典,行文谦和含蓄:

> 子曰:“当仁,不让于师。亦德无常师,主善为师,善无常主,协者克一。”子曰:“三人行,必有我师焉。”……夫诚恐因远人以汉话,阐发文艺,人多怀疑以为奇巧。却可恨该人不思宗族,国民之犹水之有分派,木之有分枝,虽远近异势,疏密异形,要其水源则一。故人之待其宗族、列国民须以友恤也。必如身之有四肢百体,务使血脉相通,而疴痒相关。万姓虽性刚柔缓急,音声不同,却万民出祖宗一人之身。因此原故,子曰:“四海之内,皆兄弟也。”是圣人之言不可弃之言者也。其结外中之绸缪。倘子视外国与中国人当兄弟也。请善读者仰体焉,不轻忽远人之文矣。①

正如蔡武所说,郭实猎的这篇《序》,“可谓十足的八股文”。②文章的文言水平远远地高出郭实猎的其他作品,足证此文非郭氏本人手笔,而是经由文化水平较高的华人反复修改而成。这证明郭实猎筹划此刊,确实是有备而来。黄时鉴指出,郭实猎在这一时期将“‘传西学入中国’的动机……谦恭又巧妙地掩盖在当时中国读者可

①爱汉者等编:《东西洋考每月统记传》,第3页。

②爱汉者等编:《东西洋考每月统记传·导言》,第13页。

以接受的言辞之下”，[1]就连他所选用的笔名“爱汉者”，也透露出向华人示好的意味。

待到东印度公司在华的垄断权取消之后，英国政府派驻广州的商务监督取代了东印度公司的大班和特选委员会，港脚商人开始逐步掌控中英贸易和中英关系的走向。1834年8月，“律劳卑事件”爆发；10月，首任商务监督律劳卑在与两广总督卢坤的军事对峙中病死，传教士们的对华态度以及传教策略随即发生了变化。从1834年起，高德（Josiah Goddard）、卫三畏、郭实猎等传教士都陆续表达过利用“炮舰的威力”[2]来打破“中国的优越感和幻想”[3]的主张。裨治文甚至公然强调，中国是“一个极端孱弱的国家”，要学会“对付一个高傲、半开化、专横的政府”，“就必须在刺刀尖下命令她”，“用大炮的口来增强辩论”。[4]

除了不断撰文描述清政府的孱弱和不堪一击之外，郭实猎还更换了自己的中文笔名，将“爱汉者”改作“善德者”，把他对华传教的姿态从主动迎合，转变为居高临下道德宣教。

1837年，《东西洋考每月统记传》复刊，新刊《序》中直截了当地宣称，“切祈上帝俯会，垂顾中国，赐汉人近祉亨嘉”，又说：

> 情愿展发中国与外国之对联史，又致明古今中外“史记”之美，又使人景仰各国之圣贤者。述史之时，表著上帝之福善祸淫，即是天纲之道也。[5]

---

①爱汉者等编：《东西洋考每月统记传・导言》，第13页。

②CR, Vol.2, pp.335—337.

③*Missionary Herald*, monthly, Boston, Vol.36, pp.115—116.

④CR, Vol.6, pp.441—446.

⑤爱汉者等编：《东西洋考每月统记传》，第191页。

传教士们直截了当地强调“上帝之福善祸淫”“即是天纲之道”,表明郭实猎等传教士已经不再像1833年以前那样隐晦自身的“优越感”,反而刻意地在作品中将之彰显、强化出来。这似乎可看作是商人和郭实猎宣扬的“以强硬对抗强硬”的手段在传教领域的扩展和延伸。

无论是郭实猎、裨治文、卫三畏还是其他传教士,他们的对华立场的变化,与中英关系的主导者——东印度公司或港脚商人,都保持着节奏上的一致。这体现出传教士依附于商人所产生的影响,也是传教士与商人身处相同的生存环境、秉承相同的文化和“西方中心论”观点、拥有相同的“开放中国”诉求所共同决定的结果。

不过,传教士的价值观毕竟与商人不同。商人只关心经济利益和自己的政治地位,传教士则更关心中国开放之后的基督教化。所以在公开主张对华开战的论调之下,传教士仍然热切地专注文化和慈善事业。郭实猎曾在《中国丛报》上刊登过一篇名为《在中国传播基督教的事业——论建立和扩大传教机构的措施和方法》的文章,展示了他在1839年之前的传教计划。[①]除了常规的布道和编写中文传教册子之外,郭实猎还提出了要开办学校教授华人宗教和英语,新建慈善机构等主张。1834年3月,郭实猎与英籍女子温斯蒂(Warnstall)结婚。[②]除了商务监督中文秘书的工作之外,夫妇二人于教育和慈善事业用心颇多。后来被誉为“中国留学生之父”的容闳,就曾就读于郭实猎在澳门建立的女校,[③]而“中国历史上第一位

①CR, Vol .3, pp.559—568.

②参见MMC, p.58.

③该校亦招收少量男童。参见容闳著,沈潜、杨增麒译:《西学东渐记》,中州古籍出版社1998年版。

经过正规训练的盲文教师”安格妮丝，则是郭实猎在这一时期在粤收养并教育的盲女童。[①]由此即可窥知郭实猎在鸦片战争之前，在广东从事教育和慈善事业的成就。

四、小结

19世纪上半叶的新教传教士，似乎从一开始就纠缠在商人与政治博弈的力场之中。作为客居广州的西方人，传教士离不开商人的庇护，商人也需要利用传教士的语言能力；作为鸦片贸易的受益者，传教士获得了传教的经费资助，而商人则可以通过宗教捐款洗刷自己的道德污点；面对清政府的自大和排外，传教士和商人都怀着相同的愤懑与怨詈，他们都需要打开中国的大门，都需要破除清政府的“狂妄”和“无知”——他们有着共同的利益诉求。

这使得传教士们的言行时常处于一种自相矛盾的境地。无论是郭实猎，还是马礼逊或者裨治文，这些上帝的使者一面要容忍甚至参与鸦片贸易，一面却要高调批评这种毒品的传播；一面要积极主张对华开战，对中国晓以颜色，一面却希望上帝眷顾这个民族；一面鄙视中国人的无知和落后，另一面又在中国兴办教育和慈善机构。这是西方人的优越感、基督徒的使命感、时代的局限性共同作用的结果，也是传教士们在面对资本、权力以及社会资源的制约时，不得不作出的妥协。

郭实猎无疑是这些传教士的典型代表。他之所以会被后人视为传教士参与鸦片走私的特例，是因为他几乎从不掩饰自己与鸦片

---

①参见宫宏宇：《基督教传教士与晚清中国的盲人音乐教育——以安格妮丝·郭士立、穆瑞为例》，《中央音乐学院学报》2012年第1期。

商人的交往,甚至高调地宣扬自己的鸦片走私之旅。但这并不能掩盖或否认早期来华新教传教士与鸦片商人普遍而密切的关系,以及他们在对待鸦片贸易上的表里不一。

第七章　郭实猎与鸦片战争

一、战争的推手

港脚商人在英国国内游说对华发动战争，最早可以追溯到1830年，但在律劳卑事件爆发之后这股舆论才真正形成影响。1834年12月，也就是律劳卑病死不到两月时，渣顿和马地臣纠集64名在华英商，以公开上书英王的方式，向英国政府施加压力，要求派军舰来华示威。1835年，林赛致函外相巴麦尊，要求对华发动战争，随后将之以《与巴麦尊子爵论英华关系书》之名公开出版；[①]1836年英国鸦片商人戈登（G. J. Gordon）和马地臣又出版了两本分别名为《就我们与中华帝国的商业关系致大不列颠人民的信》[②]以及《英国对华贸易的现状与未来》[③]的小册子，主要强调中国的“傲慢”、“排外”和“野蛮”，并且倡导通过武力促使中国“开放沿海港口”、“承认治外法

---

①Lindsay, H. Hamilton, LVP.

②G.J.Gordon, *Address to the People of Great Britain, Explanation of Our Commercial Relations with the Empire of China*, London：Smith, Elder & Co., 1836.

③James Matheson, *The Present Position and Prospects of the British Trade with China*, London：Smith, Elder & Co., 1836.

权”、“改革关税”等等,英国国内的对华战争舆论始成气候。[①]

郭实猎自1832年来到中国之后便一直处于中英碰撞的前沿,身为英国驻华商务监督中文秘书,他自然不会缺席这场愈演愈烈的舆论攻势。从1833年开始,郭实猎用英文陆续发表一系列著作或者言论,致力于要将西方尚存余温的“中国热”“尽数驱散”。同时他也想借此证明“西方国家派出的武力和施行的政策足以将其(中国)颠覆”。[②]郭实猎拥有中国沿海调查的第一手信息,自然比一般的政论更具说服力。自1833至1838年间,他陆续出版《中国简史》[③]、《开放的中国》[④]等著作,“中国沿海航行记”也不断再版。[⑤]以这种形式在西方舆论中持续强化着林赛和马地臣一直倡导的观点——中国的问题,只能用强硬的手段来解决:

---

①有关上述几本小册子的具体内容和具体影响,可参见吴义雄:《鸦片战争前在华西人与对华战争舆论的形成》,《近代史研究》2009年第2期。

②SCH, pp.v—vi.

③郭实猎的《中国简史》在伦敦和纽约各有一个版本。参见Gutzlaff, Charles. *A Sketch of Chinese History*, London, 1834,2vols.;Gutzlaff, Charles. *A Sketch of Chinese History*, New York, 1834,2vols.

④Gutzlaff, Charles. *China Opened,* (London,1838),2vols.

⑤郭实猎的中国沿海航行记,除了在《中国丛报》上的连载之外,至少在欧美出版过英、德、荷三个语种、六个以上的版本。参见Gutzlaff, Charles, *The Journal of Two Voyages Along the Coast of China in 1831, &1832,* New York, 1833; Gutzlaff, Charles, JVC, London, 1834;Gützlaff, Karl, *Verslag van een driejarig verblijf in Siam, en van eene reize langs de kust van China naar Mantchou-Tartarije*, bij M. Wijt & Zonen, 1833;Gutzlaff, Charles, JVC, New York, 1834;Gützlaff, Karl, *Missionar Gützlaff's ausführlicher Bericht von seinem dreijaehrigen Aufenthalt in Siam und seiner Reise Laengs der Küste von China bis nach Mantschu-Tartarei,* Elberfeld, 1834.;Gützlaff, Karl, *Reizen langs de kusten van China, en bezoek op Corea en de Loo-Choo-eilanden, in de jaren 1832 en 1833,* bij M. Wijt & Zonen, 1835.

> 几个世纪以来的经验使欧洲人明白,中国政权在其自身及其利益不受损害的情况下,会把一重又一重的侮辱加在他们身上;但当其对手诉诸实力时,或是出于利益上的需要时,他们会变得低头屈膝、温和,甚至友善。这种民族特性,常见的相互的恶意(has been prolific in mutual evils),与我们自己的特点非常不同。①

为了强调"中国政权"对于西方人"一重又一重的侮辱",郭实猎搬出了一个广受后世学界重视的概念——"夷"。郭实猎在他的著作中,频繁地记录中国官员将外国人称为"夷",以及双方因此而产生的争论,然后再对这个汉字加以解释:"E,'barbarians'"。②其中有些描述还很有煽动性:

> 他们(中国官员)很高兴地把我们称为像潜入每个角落的老鼠一样,诡诈、狡猾的野蛮人。(They were pleased to call us deceitful and crafty barbarians, who, like rats, sneaked into every corner.)③
>
> 当中国人说出这个词时,他的含义总是与狡猾和背叛联系在一起。来这里经商的外国人一直忍受被他们这么称呼,被他们当野蛮人来对待。(The idea of cunning and treachery is always attached to this name when uttered by the Chinese. As foreigners trading to China have hitherto patiently borne such an appellation, they have been treated as barbarians.)④

---

①JVC, pp.8—9.
②JVC, p.288.
③JVC, p.254.
④JVC, p.288.

有学者认为“夷”字的使用，是触怒英人、引发一系列冲突的原因。但在19世纪早期的来华西人眼中，“夷”字及其贬义并不是新鲜的话题。他们对中国人的盲目自大早已是心知肚明。尽管马礼逊一直谨慎地把“夷”字翻译为“foreigners”或者“foreign”。[①]但至迟到1830年，在有关“夷妇入城事件”的英译文件中，时任东印度公司特选委员会主席盼师（William Baynes）手下的译者已经将“外夷”翻译为“outside foreigners（or barbarians）”。所以，仅仅是将“夷”字与“barbarian”紧扣起来，并不可能在1834年以后突然触痛广州西人群体的“尊严”，并引发中英两国的冲突。[②]没有任何一个国家，哪怕是19世纪的英国，会仅仅因为一两个不礼貌的外交用语，便决心对一个人口超过三亿的巨型帝国发动战争。

不过，像郭实猎这样大张旗鼓地在著作中反复强调中国人将西方人视作“barbarians”，却还是头一次。这种论调，与其说是郭实猎为了激怒英国政府、迅速挑起战争，倒不如说他是为了在西方公众面前揭露中国人因为封闭而造成的愚昧和无知。因此，郭实猎才会在他的《中国沿海三次航行记》中，将中国形容为一个“呻吟于专制统治之下”，“与世隔绝”，“永不进步，总是倒退”的国家。[③]

在郭实猎的笔下，整个中国，“正在昏睡之中，没有精神活力，也没有改善事物现状的愿望”（a lethargic state, there is no mental vigour, no wish for any thing better than the existing state of things）。清政府则是一个不能抵挡“汹涌波涛”的“微不足道的软弱政权”（a

---

①王宏志：《马礼逊与“蛮夷的眼睛”》，《东方翻译》2013年第2期。

②参见刘禾著，杨立华等译：《帝国的话语政治》，生活·读书·新知三联书店2009年版；王宏志：《马礼逊与“蛮夷的眼睛”》，《东方翻译》2013年第2期。

③Gutzlaff, Charles, JVC, p.14.

paltry and weak government)。[①]它自上而下的官僚体制是“一条组织完善的压迫链”(a well organized system of oppression is carried on from the highest minister of state to the pettiest mandarin)。[②]它的官员们是只会“溜须拍马”(fawn)的“奴性阶层”(a servile class),[③]不但掠夺成性,并且很少会受到法律的制裁。[④]至于帝国的常备军,虽然名义上的数量庞大,却普遍存在吃空饷的情况,而且缺乏最基本的勇气。[⑤]郭实猎经常强调中国百姓对于清政府的不满、沿海居民“曾经顽强地反抗政府的侵犯”,以至于不惜流亡台湾或者印度,也不愿意生活在满族人治下。[⑥]他甚至暗示,清政府对于汉族地区的统治并没有西方人想象的稳固。郭实猎的这些描述,给远在欧洲的英国人带来了一种错觉,不但中国容易征服,而且“中国的土著居民非常厌恶、憎恨他们的鞑靼统治者”。[⑦]

作为中国的对照,郭实猎笔下的“印度斯坦”却因为英国的殖

①SCH, p.47.

②SCH, p.38.

③SCH, p.42.

④SCH, p.45.

⑤SCH, p.48.

⑥JVC, p.194.

⑦1840年6月4日,在英军进攻定海之前,远征军军事秘书乔斯林在向总兵张朝发递交最后通牒时,曾经有如下一段记述:“我们打开最后通牒,他们当着我们的面(实际上是当着集合起来的士兵们的面)当众宣读。这群人发出深深的抱怨声,这使我们感到了越来越大的压力,我们意识到,我们是处在一群充满敌意的人群中。在印度,广泛流传着这样的说法:中国土著居民非常厌恶、憎恨他们的鞑靼统治者。而就在这一刻,我意识到,这种说法可能是凭空捏造出来的无稽之谈。我有幸亲历其境,觉得这种说法是没有任何根据的。”这种所谓“凭空捏造出来的无稽之谈”的始作俑者,正是与乔斯林一同前往定海的郭实猎。参见鸦片战争博物馆主办:《明清海防研究论丛》第二辑,广东人民出版社2008年版,第163页。

民而享有“民权和宗教自由”,并且在“科学上取得了快速的进步”。[①]这种美化殖民主义的言论,虽然罔顾事实,却煽动力十足,而且恰好迎合了19世纪普遍在欧洲存在的“西方优越论”。西方人希望通过战争的手段,将中国变为又一个印度式的殖民地:在商人眼中,只有殖民地的市场方能无限开放;在郭实猎等传教士看来,也仅有在殖民体系之下,才能畅行无阻地将中国彻底基督教化。无论是希望扩大商业贸易,还是实现顺利传教,他们都必须将中国变为殖民地;而要将中国变为殖民地,第一步就是要使用武力打破原有的平衡,建立完备的条约体系。

郭实猎是在中西关系史上最早提出要建立商业条约的人。他在《“阿美士德勋爵”号赴中国北方港口的航行报告》和《中国沿海三次航行记》中,曾不止一次地强调商业条约对于中英关系的重要性:

> 商业企业的空间是巨大的。如果适当地调查(中国的)海岸,如果能签订商业条约,制造商将被雇用,而贸易商则会找到广泛的市场。[②]
>
> 以不列颠与中国现在的关系,非常需要定义一个明确的商业条约。[③]

郭实猎的这些话,似乎正是站在他身后的渣顿和马地臣想说的话。就在郭实猎极力倡导对华开战、建立新的贸易体系的同时,旧

①JVC, p.14.
②RVA, p.293.
③JVC, p.11.

有的行商体制很快就因为1834年东印度公司退出对华贸易而变得千疮百孔。它不但无法满足港脚商人扩展贸易的期望，还引发了一系列严重的商欠案，导致英商蒙受巨额损失。这使得中英两国在广州的矛盾越来越尖锐，也使得越来越多的来华西人开始接受使用武力解决中国问题的倡议。[①]

郭实猎还利用自己在欧洲的影响力，大量地发表有关中国的著作，从而引导西方舆论的走向；而且利用自己商务监督中文秘书的职位，将港脚商人有关中国问题的意见，改由官方驻华机构调查报告的形式，直接呈送给英国议会。比如上文中提到的那本《开放的中国》在出版之前的底本，就是郭实猎通过商务监督递交给英国国会作为“决策参考依据”的“中国总论”。郭实猎在1836年通过义律递交给英国国会的“备忘录”[②]以及他在1839年写给英国外交部的《论中国商业》的内容，[③]与港脚商人多年以来强调自身长期受到“勒索”[④]、“额外苛求”[⑤]的论调并无二致，[⑥]却可以直接上达决策层，从而影响英国政府的决断。甚至在鸦片战争之后，中英之间有关关

①参见吴义雄《鸦片战争前在华西人与对华战争舆论的形成》，《近代史研究》2009年第2期。

②*Charles Elliot to Foreign Office, December 31th, 1836,* General Correspondence before 1906, China ,1815—1906, FO.17/15.

③*A Dissertation upon the Commerce of China,* in Charles Elliot to Viscount Palmerston, January 10th. General Correspondence before 1906, China ,1815—1906, FO.17/30.

④Peter Auber, *China, An Outline of the Government,Laws,and Policy*, London, 1834, p.163.

⑤佐佐木正哉编:《鸦片战争的研究（资料篇）》，近代中国资料委员会1964年版，第222页。

⑥在19世纪30年代的《广州纪事报》和《广州周报》（The Canton Press）上刊登有大量谴责清政府税费问题的西人文章。

税税则的谈判,也受到了这两份报告的影响。[①]

商人集团这种游说策略非常有效。尽管英国国会对华发动战争的决议在投票时,只是以微弱的优势胜出,但至少在1837年前后,这种意见就已经成为了在粤西人的高度共识,并且深刻地影响了包括巴麦尊在内的众多英国政要。这也是1838年林则徐下令禁烟之后,义律会以英国官方名义上交鸦片,并以此为借口上书国会极力促成鸦片战争的重要原因。而当战争的动议再次传到英国政府时,义律没有重蹈四年前律劳卑的覆辙,反而获得了巴麦尊,甚至斯当东等人的大力支持。郭实猎梦寐以求的战争,就此拉开了序幕。

二、翻译与民政官

在鸦片战争期间,郭实猎主要的工作之一是担任英军翻译,这也是商务监督中文秘书工作的延续。从1839年9月4日中英双方首次在九龙大规模冲突开始,[②]在英军首次攻陷定海、赴白河谈判、广州之战一系列事件当中,郭实猎大多是以随行翻译或者交涉代表的身份参与两国间的交涉,并没有得到特别的重用。[③]这恐怕是因为

①参见吴义雄《鸦片战争前粤海关税费问题与战后海关税则谈判》,《历史研究》2005年第1期。

②林维喜案后,林则徐下令将英人逐出澳门,并断绝了他们的柴米食物供应。9月4日,郭实猎曾携带200银元登上驻守九龙的大鹏营师船,希望购买一些补给,并与当地驻军进行了约"5、6个小时的"交涉。在交涉失败之后,义律随即命令向清军开炮,是为九龙之战。此战被一些学者看作是鸦片战争的开端。参胡滨译:《英国档案有关鸦片战争资料选译》上,中华书局1993年版,第447—449页。

③在英军第一次攻占定海之后,郭实猎似乎曾短暂地代理过该地的民政长官,但很快就因病去职了。参见《浙江鸦片战争史料》上,第398—399页。

他与义律似乎有矛盾,政见不合,相处得并不融洽。

郭实猎在1841年6月6日广州之战结束后,曾经给符腾堡传教会(Missionary Society of Württemberg)的Bath写过一封长信,描述他在鸦片战争前期的见闻和感受。在信中,郭实猎批评义律在战时显得过于保守,采纳的对华政策也过于软弱。他指责义律仅凭琦善"欺骗性的承诺"便命令海军由白河"返航""回到广州",从而丧失了向清政府持续施压的机会;[①]又称琦善与义律议定的《穿鼻草约》是"一个虚假的,且对英国极为不利的和平协议";而义律"还没等和约履行","便放弃了舟山",[②]是中了缓兵之计,从而导致轻易收回定海的道光皇帝"马上就宣布和平协议是骗局,并以最恐怖的方式命令所有的沿海当局,要消灭那些英格兰人"。[③]

郭实猎是激进的对华主战者,也是港脚商人利益的重要代言人。郭实猎对义律的批评,体现出他并不满足于《穿鼻草约》所延续的广州一口通商格局,而是急于像他一直宣称的那样,要借助这场战争,迅速扩充通商口岸,从而打开中国的大门。[④]

1841年8月,璞鼎查取代义律出任英方全权代表,英方对华政策也随之发生重大调整,郭实猎随即得到璞鼎查的重用。他除了继续担任翻译之外,还加入了远征军司令郭富的参谋团,负责英军在江浙的情报收集和占领区的民政管理。[⑤]这为郭实猎发挥自己的能

①GCB, p.4.

②GCB, p.4.

③GCB, p.4.

④从"白河谈判"到《穿鼻草约》的交涉过程中,远征军的很多军官都对义律的"软弱"表示过不满。这也是巴麦尊最终撤换他,并且要求他在回国后向国会作出检讨的重要原因。参见*Naval Surgeon*.

⑤MMC, p.58.

力提供了重要的舞台。

在这一时期的中文文献中，郭实猎出现的频率颇高，清朝官员对他的称呼也五花八门。《(同治)鄞县志》中称他是英“将”；[①]伊里布和贾臻奏指他为“头目”[②]或者“主谋”[③]；林则徐和贝青乔说他是“伪县官”[④]、“伪摄宁波府”[⑤]；奕经给他的头衔最多也最乱，有“通事”[⑥]、“陆路提督”[⑦]、“酋目”、“逆目”[⑧]等。直至今日，仍有人因此指责他是侵略军的头目，“双手沾满中国人民的鲜血”，[⑨]指挥劫掠，制造屠杀。

不过，在江浙沿海地区握有“大权”的郭实猎似乎没有这样做。1842年6月23日，也就是英军从上海撤回吴淞的当天，郭实猎再次写信给符腾堡传教会的Bath回顾了一年以来的战事。这封信对鸦片战争的报道始于英军占领厦门之时。在信中，郭实猎并没有花费过多的笔墨去描写战争的场面，而是把大量篇幅用于叙述中国人对西方人的态度：

---

①戴枚修，董沛纂：《(同治)鄞县志》卷七十，叶三十。

②宁波市社会科学界联合会、中国第一历史档案馆编：《浙江鸦片战争史料》上，第196页。

③中国第一历史档案馆编：《鸦片战争档案史料》第2册，第238页。

④中国第一历史档案馆等编：《鸦片战争在舟山史料选编》，第64页。

⑤宁波市社会科学界联合会、中国第一历史档案馆编：《浙江鸦片战争史料》下，第299页。

⑥宁波市社会科学界联合会、中国第一历史档案馆编：《浙江鸦片战争史料》下，第380页。

⑦宁波市社会科学界联合会、中国第一历史档案馆编：《浙江鸦片战争史料》下，第296页。

⑧中国第一历史档案馆编：《鸦片战争档案史料》第5册，第252—254页。

⑨刘光磊、周行芬：《宁波近代报刊史论》，当代中国出版社2001年版，第17页。

> 到达厦门的时候，我受到中国农民们极其友好的迎接，因为我也是这个地方的市民（Bürger），他们坦诚地将我迎入自己的住所，谈论着各种各样的问题。我很愿意待在那里，并将基督的福音分享给他们。[①]

需要承认，郭实猎写给欧洲差会的信件，大多带有募款的意味。他仿佛忘记了自己是英军的译员和民政官，把自己描绘成"上帝的使者"，又反复强调中国人对他的友好，目的是不言自明的。不过，郭实猎对福建也确实有感情。他最早接触到的中国人便是旅居东南亚的福建华侨，他的中文名"郭实猎"也取自闽南语对其姓氏Gützlaff的音译。[②]郭氏的闽南语非常出色，九年前当他乘坐"阿美士德勋爵"号来到厦门的时候，还被一位官员误认为是"本地人伪装充当的奸细"。[③]他在信中自称是厦门的市民，也并非信口开河。在郭氏于道光十四年出版的《赎罪之道传》中，就曾将序言的落款写作："厦门人郭实猎薰手敬序。"[④]

郭实猎在描写英军攻占镇海和宁波的情形时称，英军认为"通过对镇海以及稍后的宁波的占领将赢得和平"。所以，战争双方在此对峙了近7个月，而他也管理了这座城市7个月。在信中，郭实猎展示了他与宁波百姓之间的"友谊"：

> 在后一座城市（宁波）里，身处那些迄今为止我接触过的最

---

①GCB, pp.6—7.

②*Dagvrhaal van Ferbuari tot Augustus 1827. Door Zend. Gützlaff,* p.17, ANZ, 1102—1.1.2.2. 7.1.3.804.

③RVA, p.26.

④爱汉者纂：《赎罪之道传》，道光甲午年刻本，第六叶。

友善、最容易被感动的中国人中间,我度过了七个月。[①]

整座城市都认识我,不管我走到哪,那些孩子都会跟着我。[②]

我在宁波待了七个月,在那里非常频繁地宣告耶稣之名,因为那些居民聚精会神地倾听于我,并和我建立了确切的联系。我没有在任何一座别的城市找到过那么多对福音感兴趣,并且能够一同愉快工作的人。[③]

不少中文一手文献都证明了郭实猎并没有夸大其词。在同治年间修纂的宁波《鄞县志》中,他因为“受理词讼”“民感其德”而被称作“郭太爷”。[④]在当地人的诗歌《临高台》里,对他在宁波的活动有更加详细的描述:

守署大门外左右各有高台,所以悬法者也。西夷既入郡城,其酋据署居之。有所谓郭爷者,日高坐左台上理词讼,而竟有纷纷诉冤抑者。或曰:郭本华种,广东人与夷妇苟合而生者也。

临高台,郭爷来,尔有事,覼缕开,枉事为尔超白,难事为尔安排。口通华语,眼识华字,郭爷真奇才。大事一牛,小事一鸡,为尔判断笔如飞。南山可动,此案不可移。台上肃肃,台下簇簇,衙无胥,案无牍,自来官府断事不如郭爷速。台下边,呼奇冤,不知何来男子到家横索钱。郭爷闻之更不言,携杖下台走蹁跹。俄顷牵来缚台前,袒其背,五十鞭。呼冤人,心喜欢,归家缚得双鸡献青天。有时郭爷独自坐台边,看者繁且夥。忽

①GCB, p.8.

②GCB, p.9.

③GCB, p.12.

④戴枚修,董沛纂:《(同治)鄞县志》卷七十,叶三十。

见郭爷取纸亲擘扯,磨墨舐笔乱涂写。中言大官太欺我,烧我奇货千百舸,许我白银不肯偿,但乞一半终不可,使我今日至此谁贾祸。将纸挂台下,须至告白者。有人在旁诵读之,更借纸笔抄其词。郭爷见此笑嘻嘻,怀中出麦饼,劝尔试尝之。郭爷来,临高台,有事无事日日人挤挨。昨日野老一过衙前街,归来叹息心悲哀,我有长官安在哉!①

比起清政府派驻的地方官,宁波的百姓似乎更信任郭实猎。所以他们才会发出"自来官府断事不如郭爷速"的感叹,称郭氏为"青天";或许是出于对郭实猎语言能力的惊讶,当地人才会产生"郭本华种,广东人与夷妇苟合而生者"的想象,这无疑也表现出当地人对郭氏的认同。一位拥有强烈的"西方优越感"、极力主张对华动武的英军随员,为什么会善待中国的百姓?答案与英军交战原则有关。

从《临高台》的内容来看,郭实猎在宁波负责的地方性事务大约包括维持英军军纪、受理民间诉讼以及政治宣传,完全符合英军在对华交战前确立的基本原则。国内学界似乎还没有人曾注意到,在巴麦尊战前下发给海军部的训令中,曾经明确要求"不对中国人民采取任何不必要的暴力行动"。②

在林赛的《与巴麦尊子爵论英华关系书》中,曾对这一原则作过详细的说明:

我们的政策应该避免激怒人民,在一切场合不对他们怀抱任何敌对的情绪。我们应该说:"你们的政府损害了我们,对此

①阿英:《鸦片战争文学集》上,古籍出版社1957年版,第24页。
②胡滨译:《英国档案有关鸦片战争资料选译》下,第529—530页。

> 我们要求赔偿。我们唯一的希望是与中国人培养友好的交往;但政府官员不公平的行为却使之无法实现;我们的敌意是针对他们的;而不针对你们。”[①]
>
> 我建议用最宽容仁慈的方式来对待中国沿海的渔民和居民,一切供应品都必须严格地照价收买。如此,中国人就会很快建立对我们的信任,拿着各种我们需要的供应物品,自八方纷纷而来。我甚至于可以这样说,而我也深深地这样相信,就在整个作战期间,只要发给中国商船通行证,还可以做很大的生意。[②]

上述说明与英国人对这场“贸易战争”的基本定位相契合。中国沿海居民不但是英国工业品潜在的消费者,也是郭实猎的潜在信徒。从传教士的角度,善待中国人更符合他自身的使命。至于英军,虽说英国在19世纪仍属如日中天,但第一次鸦片战争却是他与东方巨龙的首次交手。侵略者确实在避免伤及无辜,但这些举动,也不过是为了降低战争期间的不确定因素,好让英国人在赢得战争的情况下,挣得更多的商业利益。所以,十几年后,当第二次鸦片战争的序幕拉开,英国人对大清王朝的弱点更加熟悉的时候,我们便再难找到如此克制的英军了。说得更直白些,英国人和郭实猎对普通百姓的善待,不过是在降低英国首次侵华战争期间的潜在风险。他们维护的是鸦片贸易,他的面具是基督教和传教士。

---

①H. Hamilton Lindsay, LVP, London, 1836, p.14.

②LVP, p.17.

三、清政府的忧虑

不得不承认，英方的这套策略确实行之有效。直到1850年，宁波的居民仍然对这位“郭太爷”“巨细必究地主持公道”而感恩戴德。[①]英国人的这套办法，在交战之时也同样适用。

以英军放弃宁波北上之后的吴淞之战为例。1842年6月19日，英军在击溃了吴淞守军后，随即进军上海。根据曹晟《夷患备尝记》所载，在英军进城之前，身着“徐州乡勇，或河标，或漕标诸号衣，手挟利刃”的清军溃兵率先涌入上海抢劫，扫荡而去。[②]相反，“英军2000人进入城市（上海），没有遇到抵抗”。卫三畏认为这是“以前尊重人民财产的行为在这里见到良好收效”。[③]由于英军无力控制沦陷的城市。聚众抢掠的“众土匪”乘势而来，“凡可食可用者，十去八九”。[④]再然后，才轮到英军中落单的“黑鬼”前来抢劫，但若有人“去漕仓叫白鬼来”，则“白鬼即来捉”。[⑤]而郭实猎的任务，就是在接到当地居民的报警之后，“即携杖趋走”，捉拿这些违纪的士兵，再“执犯法者鞭之”。[⑥]所以时人才有“白夷最尊，知礼法……黑者最

---

①丁韪良：《花甲忆记：一位美国传教士眼中的晚清帝国》，广西师范大学出版社2004年版，第38页。

②曹晟：《夷患备尝记》，见中国史学会主编：《中国近代史资料丛刊·鸦片战争》第3册，第127页。

③卫三畏著，陈俱译，陈绛校：《中国总论》下，第968页。

④曹晟：《夷患备尝记》，见中国史学会主编：《中国近代史资料丛刊·鸦片战争》第3册，第133页。

⑤曹晟：《夷患备尝记》，见中国史学会主编：《中国近代史资料丛刊·鸦片战争》第3册，第134页。

⑥戴枚修，董沛纂：《（同治）鄞县志》卷七十，叶三十。

恶,强奸无度”的说法。①

类似的情况,也出现在镇江沦陷之后。根据亲历者杨棨的《出围城记》:

> 居民导夷鬼劫掠,无市不空,无家不破,夷鬼止取金银,衣服等物件悉归导者。导者多其家之邻友、亲族与夫豢养仆人。十七日,伪提督(即郭实猎)②出示禁劫掠,而劫掠如故。四乡男妇,闻风亦至,土匪十倍于夷。夷鬼只烧官房,而西门桥至银山门,无日不火,重垣峻宇,尽成瓦砾场,皆土匪所为。初放火时,夷目曾缚十五人于观音庵大树上,鞭背流血,而纵火如故,夷亦无法可施。惟言经过数省,人心之坏,未有如此郡者。③

---

①佚名:《海疆近事》,见《浙江鸦片战争史料》下,第295页。在晚清笔记中,但凡描述英军劫掠的文献,大多都会强调“黑鬼”二字。如乔重禧在《夷难日记》中,记述上海失陷时曾言:“红鬼、黑鬼子沿门抄掠,土匪乘以抢夺,各乡镇皆然。”(中国科学院上海历史研究所筹备委员会编:《鸦片战争末期英军在长江下游的侵略罪行》,上海人民出版社1958年版,第325—326页。)袁陶愚在《壬寅闻见纪略》中述及镇江城破时也有“毁城垣,焚衙署,纵黑鬼奸淫妇女,道路死伤枕藉”的记录。(袁陶愚:《壬寅闻见纪略》,《中国近代史资料丛刊·鸦片战争》第3册,第105页。)这与英国的官方记录是一致的。在1848年德庇时写给巴麦尊的函件中,也承认印度士兵存在强奸妇女的情况。参见魏斐德:《大门口的陌生人》,中国社会科学出版社1988年版,第9页。

②在晚清笔记中所谓的“伪提督”有时指郭富,有时指郭实猎,并不十分清晰。但郭实猎在英军中负责民政,多数告示也都是经其手贴出的,此处指他应无问题。

③杨棨:《出围城记》,清道光二十八年(1848)丹徒陶氏刻本,叶六、叶七。这则材料在相关研究中,存在一些争议需要澄清。一般认为镇江在战后遭到屠城,这一说法最早见于范文澜的《中国近代史》上编第一分册:1842年7月21日镇江陷落之时,英军为报三十七人阵亡之仇,“大肆屠杀,居民被掳掠烧杀,非常惨苦”(《中国近代史》上编第一分册,第63页),这也是内地学(转下页)

> 夷众人入城，命居民送牛羊等物，至府署领价，每牛一给番银八，他物价无定。……地保陆祥使民捐赀保镇。五日一赴府署送牛羊，夷目给价，镇滨大江，夷众不犯。[①]

1842年8月1日，远在北京的监察御史吕贤基风闻镇江失陷，上奏时指称淮南盐枭为“汉奸到处放火截杀”。[②]同日，参赞大臣齐慎奏《差弁入镇江府城确查英军情形折》，也强调须防备“四乡土匪抢掠”。[③]这与伯纳德（W. D. Bernard）在《“复仇神”号轮舰航行作战

（接上页）界在1949年以后的主流观点。后人论述“镇江屠杀”时所依据的主要文献是陈庆年《横山乡人类稿》中的《道光英舰破镇江记》。引文无一例外均经过删节，只剩下28字：“比户劫掠，无家不破。……西门桥至银山门，无日不火，市为之空，城乡皆被蹂。”（参见牟安世：《鸦片战争》，第321页；白寿彝主编：《中国通史》第19册，上海人民出版社1999年版，第137页；《中国近代通史》第二卷，第165页。）而陈庆年的原文所含有的信息却要比上述28字丰富得多：“郭士利入城，张汉文示谕，谓此来全为抚众，而其下乃大为淫杀，黑夷尤甚，妇女闻叩门，往往自戕，身殉者无算。奸民或导之，比户劫掠，无家不破。英酋或并斩一二以徇，卒不能禁。西门桥至银山门，无日不火，市为之空，城乡皆被蹂。惟丹徒镇地保陆祥，以团练侦奸有声，土匪不得发。”（陈庆年：《道光英舰破镇江记》，见中国史学会主编：《中国近代史资料丛刊·鸦片战争》第4册，第702页。）《道光英舰破镇江记》作于1897年，也就是鸦片战争结束后55年，属于二手文献。上引“西门桥至银山门，无日不火”一段，原抄自杨棨根据自己被困镇江期间的亲身所见而作的《出围城记》。而这部《出围城记》在经陈庆年转抄时，同样被删去了大量信息。只需对上述文献稍加对比，便不难发现，从杨棨到陈庆年，再从陈庆年到近世，“土匪十倍于夷”的“抢劫”变成了“卒不能禁”的“淫杀”，而“卒不能禁”的“淫杀”又变成了英国人单方面的“大肆屠戮”。

①杨棨：《出围城记》，叶十四。

②吕贤基：《诏服盐枭收复镇江府城折》，见《鸦片战争档案史料》第5册，第790页。

③齐慎：《差弁入镇江府城确差英军情形折》，见《鸦片战争档案史料》第5册，第793页。

记》中记载盗贼抢劫，[①]《出围城记》中“夷鬼只烧官房”、“伪提督出示禁劫掠”、“土匪十倍于夷”的记述都是一致的。

就在吴淞之战和镇江之战前不久，1842年二月初十，浙江巡抚刘韵珂给道光皇帝上过一封名为《浙江巡抚刘韵珂奏报官兵在慈溪失利事势深可危虑》的奏折，大体概括了奕经组织的浙东之战失利后，江浙一带所面临的危局，一共十条。包括“各省兵勇，两遭挫动，锐气全消”，“必难再振”，添调额兵“无济于用”，逆夷“火器猛烈异常”，“长于陆战”，“又精于水战”，“万难防闲”，“只能望洋兴叹”，再加上战乱波及，以至“地丁南米不能催收”，“糜饷劳师，伊于胡底”。其中还有如下一段“可虑”甚为吸引眼球：

> 该逆在定海半载有余，兹在宁波等处又经数月，以小信小惠邀结人心，在大家巨室自不至为所诱，至无赖之徒则皆被该逆勾充汉奸，乐为尽力。即有不甘从逆之人，亦因该逆并未凌虐，彼此相安，转以大兵进剿为虑，是民间已鲜同仇敌忾之心。况此次将军往彼攻剿，先在宁波、慈溪一带屯扎兵勇，现被该逆侦知，将兵勇曾经住歇之房屋，悉用炮火击毁，各民人因急公好义，横罹摧残，此后人皆畏祸，孰肯用命。迟之又久，恐为该逆之耳目者，将不独在汉奸。[②]

这就是那道著名的“十可虑”。刘韵珂所述，确实不虚。晚清营务废弛，一则绿营孱弱，不惟装备落后，人员亦极参差；再者纪律极

①W. D. Bernard, *Narrative of the Voyages and Services of the Nemesis,* Vol II, London: H. Colburn, 1844, p.414.

②中国第一历史档案馆编:《鸦片战争档案史料(第五册)》,第90—91页。

差，溃兵所到之处，抢劫掳掠司空见惯，无人能够约束。对照上述长江流域的一系列战斗，可见刘韵珂的忧虑，随着战事的发展，正一一应验。

英国人使的是一软一硬两面手段。一方面“以小信小惠邀结人心”。英军较为克制的军纪，能够维持失陷城市的基本治安。即使“大家巨室”“不甘从逆之人”，“亦因该逆并未凌虐，彼此相安，转以大兵进剿为虑”。至于市井之徒受“洋钱哄诱”，导致“从夷汉奸”者，“处处都有”，“另有汉奸手下人更不知多少”。[①]另一方面，“急公好义”之民却会因为帮助过清军，而“横罹摧残”。“人皆畏祸”自然无人再肯为朝廷用命。

刘韵珂的奏报，堪称直率，可谓言人所不敢言。晚清的基层统治，既低效又腐败。据郭实猎所见，英军快到上海时，便“可以看出清朝的官吏已将老百姓‘搜刮’到忍无可忍的地步，这必然会使这些受苦的人们大胆地起来，反抗这些官吏的压迫”。“在吴淞炮台陷落后，老百姓起来报仇……官吏就逃跑了。”[②]“市民已经驱逐了官员，并且非常友好地欢迎外国人的到来。”[③]以至于，可以“认为(中国)老百姓的这种不寻常的独立情绪，乃是一个佳兆”。[④]郭实猎一向喜欢夸大事实，在缺乏中文文献佐证的情况下，后人很难相信上海居民会在战斗刚刚结束，清军溃退劫掠之后，便友好地欢迎这些英国

①奕经:《呈奏汉奸陈秉钧等供词》，中国第一历史档案馆编:《鸦片战争在舟山史料选编》，第323—328页。

②中国科学院上海历史研究所筹备委员会编:《鸦片战争末期英军在长江下游的侵略罪行》，上海人民出版社1958年版，第141—142页。

③GCB，p.10.

④中国科学院上海历史研究所筹备委员会编:《鸦片战争末期英军在长江下游的侵略罪行》，第141—142页。

侵略者。但当地人对官府的不满、官民之间尖锐的矛盾,以及遍地涌出的盗匪,却足以证明清政府在交战地区,已经丧失了控制局面的能力。地方土匪、盐枭聚集,“匪徒聚众抢掠,势甚鸱张”。“不以该逆之内犯为可惧,而以该逆之内犯为可喜”①的盗匪和汉奸的大量出现,意味着清廷在江浙一带的统治,发生了严重的动摇。

无论如何,刘韵珂的奏报已经证明,清政府的高级官员和皇帝,在1842年初已经陆续意识到,鸦片战争的持续,不但在财政和国防上给政府带来了沉重的压力,更重要的是,随着交战区域的扩大,清廷在江浙一带的统治已经开始受到来自内部的危险。道光皇帝此后急于媾和,或与这一形势更有关系。

过往的研究,常将英帝国的侵略活动,简化为战争和奸淫掳掠之类的恶行。这实际上忽视了英国这个老牌殖民帝国极其丰富的殖民战争经验和策略,及其深层次影响。除了维护商业利益之外,这些殖民政策还有更深的目的,即分化瓦解中国的民心士气,以便为其所用。而郭实猎正是这些策略的执行人。

四、“开放的中国”

镇江之战后不久,英军进逼南京城下,清政府终于开始和英方进行实质性的和平交涉。在鸦片战争期间,英军可用的译员有五人:马儒翰、郭实猎、罗伯聃、李太郭和巴夏礼,但后三人都难堪大用。罗伯聃战前是商馆译员,汉语能力本就较差,李太郭更是仅能“半说汉话”,巴夏礼年方14岁,学习中文还不到一年,只能在英军购

①中国第一历史档案馆编:《鸦片战争档案史料》第5册,第90—91页。

买给养时作简单的翻译。[1]所以英方能起到关键作用的译员仅有马儒翰和郭实猎。可能是由于国籍的缘故,中文版《南京条约》的主要内容都是由马儒翰负责翻译拟定的。郭实猎在南京期间主要负责双方交涉过程中的翻译和协调工作。

郭实猎是静海寺宴会当天第一个到达会场的英方代表,[2]并负责接待牛鉴;[3]他也是双方在上江考棚最后议定条约细节时的英方口译。[4]在那幅著名的版画《〈南京条约〉签订图》上,郭实猎被绘制在图像正中位置,立于耆英与牛鉴之间,微微左倾的头部仿佛显示他正在为两位"满大人"作翻译。[5]在长江中下游地区作战期间,郭实猎一直服务于郭富的参谋团,为英军作了大量决策咨询、安抚百姓、谈判斡旋的工作。[6]在英军战后出版的"作战记"中,常有对郭实猎的溢美之词。比如洛赫就曾说过:

> 郭实猎先生是一个完美的中文专家,他是译员,并且表现得很好。中国的钦差和周围的官员们对此似乎很感兴趣。[7]

---

①参见王宏志:《第一次鸦片战争中的译者下篇:英方的译者》,《翻译史研究(2012)》,复旦大学出版社2012年版。

②参见《抚夷日记》,中国史学会主编:《中国近代史资料丛刊·鸦片战争》第5册,第386—388页。

③*Naval Surgeon*, p.115.

④Capt. Granville G. LOCH, *The Closing Events Campaign in China*, MDCCCXLIII, p.174.

⑤Drawn by John Platt , *The Signing and Sealing of the Treaty of Nanking in the State Cabin of H.M.S. Cornwallis, 29th August 1842*. Printed in 1846.

⑥参见蓝诗玲:《鸦片战争》,新星出版社2015年版,第271—274页;*Opening China*, pp.107—108.

⑦Capt. Granville G. LOCH, *The Closing Events Campaign in China*, MDCCCXLIII, p.174.

1842年以前，还没有任何一位传教士参与过如此重要的对华交涉工作。当这类“完美的中文专家”的赞誉随着远征军的书信、日记、报告陆续传回欧洲之后，郭实猎自然会被舆论当作解决中国问题的首席专家。他此后声望愈隆，筹得的传教捐款与日俱增，都和这类出版物的影响不无关系。

在《南京条约》的谈判过程中，郭实猎对基督教进入中国的前景也表现得非常乐观。他时常在写给欧洲差会的信件中，谈起自己与几位清方大员的“交情”，他甚至表示要向耆英、伊里布等人赠送《圣经》：

> 我在这里以私人身份认识了中国的全权代表耆英和伊里布。后者是一个慷慨大方的人，前者则是皇帝的亲戚。①
>
> 因为我已经和特使们建立了非常良好的关系，所以我认为，如果我递给他们每人一部《新约全书》的话，他们也不会觉得不恰当。②

在郭实猎的笔下，耆英的“思维和行为都是标准的鞑靼”，“为之前的帝国最高元帅而且天赋异禀”；③黄恩彤是一个“和蔼可亲的人”，“渴望倾听并提升自己的观念”。④

在战争即将结束的时刻，中英双方都表现得比较轻松。当英方得知伊里布身体欠佳时，璞鼎查的医官吴思南通过张喜给伊里布送

①*Karl Gützlaff aan B. Ledeboer*, Nanking den 25 Augustus 1842, ANZ, 1102—1.1.2.2.7.1.3. 804. No.22.

②GCB, p.18.

③GCB, p.18.

④GCB, p.18.

过药。[1]双方互致敬意，赠送药品的活动反映出南京的谈判“顺利”和“融洽”。这似乎使郭实猎产生了一些错觉。他这样描述自己参与《南京条约》签约仪式时的心情：

> 昨天，双方的全权特使签订了和约。我站在耆英和璞鼎查之间，我是永远不会忘记这个重要的时刻的，从这一刻开始，世界上最大的帝国，转变了他的态度，不再排外。高高在上的中国放下了身段接受福音，通商。一大批勤劳的伙伴将会渐渐接触到遥远的西方世界。[2]

在同一天，他写给荷兰传道会的一封信中，也提到了自己见证中国大门被打开时欣喜：

> 我私下与两位全权大臣交谈了很久。伊里布内心诚实，尽管看起来其貌不扬。我还和一个侄子(即巴夏礼)去参观了琉璃塔(即大报恩塔)，那是一个迷信的纪念碑，尽管在形制上独一无二。当我沿着这座城市周长达到20英里的高墙前行，并想到通往中国的道路已经开放时，我的内心便会因为巨大的喜悦而颤抖。[3]

---

①Lieut Alexander Murray, *Doings in China: Being the Personal Narrative of an Officer Engaged in the Late Chinese Expedition, from the Recapture of Chusan in 1841, to the Peace of Nankin in 1842,* London: R. Bentley, 1843, p.210.

②*Karl Gützlaff aan B. Ledeboer,* Nanking den 30sten Augustus 1842, ANZ, 1102—1.1.2.2.7. 1.3.804. No.23.

③GCB, pp.14—15.

很显然,郭实猎在五口通商已成定局之时,已经在他写往欧洲的书信中,刻意地为进一步的传教活动做准备。他声称“世界上最大的帝国”“转变了他的态度,不再排外”,“中国的道路已经开放”。郭实猎甚至在信中重新提起了他在1835年就曾经提到的横穿欧亚大陆的梦想:

> 昨天,我对我们的全权特使璞鼎查说,谈到我希望前往扬子江的源头,然后通过青海湖、西藏和撒马尔罕,或许还要前往“应许之地”(nach dem gelobten Lande)、土耳其和卡尔夫(Calw,符腾堡传教会的所在地)。当我走进门问候你时,你会感到由衷的惊喜。(Da würdest Du Dich denn herzlich wundern, wenn ich in die Thür träte und Dich begrüßte.)[①]

这一横跨欧亚大陆的旅行计划,带有强烈的浪漫主义色彩,同时也预示着郭实猎在鸦片战争刚刚结束的时候,很可能已经在酝酿建立“中国内地会”的构想。并且已经将基督教从中国的沿海地区传入内地各省的计划付诸实践。

英军在清政府结清《南京条约》赔款之前的1846年一直控制着舟山群岛,[②]而在马儒翰病逝之前,他又一直承担着此地的行政职责。这便为郭实猎的传教活动提供了极大的便利。他开始尝试建立传教组织和慈善机构。一度在粤开办医馆的雒魏林等人,很快就

---

①GCB, p.15.

②直到1846年《南京条约》规定的赔款结清之后,英方才向清政府交还了定海等地。

在郭实猎的影响下来到定海，协助他创建医院和学校。[①]耆英也注意到，在英军刚刚撤出长江之后不久，郭实猎就开始在舟山筹建他的传教和慈善机构：

> 据监生王显金等呈称，定海夷酋郭士立于上年十一月二十八日（1842年12月29日），饬王显金充当董事，安良缉匪。并逐日交给字条，令其捐银建复书院、育婴院、养济院、苦老院，埋葬尸棺，延请男女塾师教训学生，并捐银给予差役，又令董事塾师赴夷酋处商量，咨请核办。[②]

只是在1846年定海交还清政府之后，郭实猎陆续建立的这些传教慈善机构便被迅速废弃了。

不过，如耆英、黄恩彤等"天赋异禀"、"和蔼可亲"的清朝官员，并没有像郭实猎宣称或者期望的那样，真正"放下身段"来接受西方的讯息。尽管耆英在交涉时总能表现得和颜悦色，但在他的奏折里，郭实猎、马儒翰等西方译员不过是英军"阴谋诡计"的"主持其事者"，"实为罪魁"。1843年，马儒翰病故，耆英称马氏"今因积恶贯盈，竟伏冥诛。凡有知识者，无不同声称快，从此消除一害"。[③]他似乎没有表现出对鸦片战争失败的反思，清政府的对外态度也没有因为这场战争而改变。1842年的《南京条约》尽管在形式上已经开放了中国的沿海，但是这个处于衰世的老大帝国在观念和体制上，却

①参见 William Lockhart, *The Medical Missionary in China: A Narrative of Twenty Years' Experience,* London: Hurst and Blackett, 1861.

②耆英:《奏报查探浙江一带英船来往并节次办理情形折》,《浙江鸦片战争史料》下，第424—425页。

③故宫博物院编:《史料旬刊》4，北京图书馆出版社2008年版，第384页。

依旧没能赶上世界的潮流。郭实猎显然意识到了这种不完全的开放为传教事业带来的阻力，于是便有了“汉会”，有了他在19世纪40年代末期掀起的西方社会对华传教的热潮。但这些都是1840年代后半叶的事了。

五、小结

郭实猎是鸦片战争的重要推动者和参与者。他公开发表过一系列鼓吹殖民和侵略的极端言论，对英国政府对华开战的决策产生过较大的催化作用；但当郭实猎掌握住权力之后，他却“令人意外”地表现出了传教士仁慈、善良的一面，在一定程度上保护了战区内居民的生命和财产。郭实猎在战时的言行，有其特殊背景，却更能反映英国殖民者在战争期间，兼顾商业利益，着力分化国人民心士气的娴熟手段。此类复杂的历史过程，不应被忽略或遗忘。

中国方面，鸦片战争并没有带来郭实猎所希望的实质性变化和“彻底开放”。王朝体制的强大惰性难以克服，无论是西方文明“通往中国的道路”，抑或中国走向世界的脚步，都仍然荆棘丛生，遥遥无期。

第八章　汉会“丑闻”再探*

一、汉会概况及其争议

郭实猎前往中国内地传教的尝试始于1831年。他在首次缘中国沿海航行的过程中，就已经在厦门、上海等地行医传教，最远抵达天津。他随后参与鸦片走私和茶叶考察，在中国沿海及内陆近海的城市或地区散发过数以百万计的宣教册子。1839年以前，他与罗孝全（Issachar Jacob Roberts）在澳门附近地区开展传教活动，并且聚拢了一定数量的华人参与者。①这两位传教士在当年发表的年度报告中，宣称曾有中国信徒“前往他位于粤赣交界的家乡去传播福音”。②这是郭实猎利用华人基督徒进入中国内陆地区传教的较早记录。

---

* 本章主要内容曾以《汉会“丑闻”再探》为题发表于《世界宗教研究》2024年第6期。收入本书时又作了较大增补。

①*China Mission Advocate*, Vol.1, p.214. 郭实猎在1839年便和罗孝全宣称在广东维持有几千人的中国基督徒，而且信徒中还包括军官。但这一数字很可能被夸大过。另参见吴义雄：《郭士立与福汉会》，《开端与进展：华南近代基督教史论集》。

②*China Mission Advocate*, Vol.1, p.214.

新教入华初期的传教士利用职务之便，在自己的华人下属、语言老师中传播基督教是其传教的惯用手段，郭实猎也不例外。1834至1839年间，郭氏担任英国驻华商务监督的中文秘书，他重要的受众群体就是其雇佣的华人仆役。[①] 1839年后，中英冲突骤起，郭实猎随军北上，留在广东的罗孝全独力难支，这些华人信徒才逐渐星散。但从这一时期郭实猎写给符腾堡传教会的信件中，我们仍能找到他向罗孝全划拨传教经费的记录。[②]

第一次鸦片战争期间，郭实猎担任英军陆军司令郭富的翻译，在他主管的定海、宁波等地从事传教活动。在建立学校、医院等机构外，其传教的主要方式仍是借雇佣当地华人维持治安、充当耳目之便，在这些人群中传播基督教。这种以雇佣华人下属为主要对象的传教方式，折射出新教入华早期较为艰难的处境。由于来华西方人的外出活动受到清政府的严格限制，他们能够接触的华人数量极为有限，所以很难进行较大规模的传教活动。即便在这种情况下，郭实猎已号称建立了包括百余位华人成员在内的传教组织，可惜由于文献不足征，无法判断其真实性。[③]

传教困难的局面在鸦片战争后有所改变。除合法传教的范围扩展到通商五口之外，清政府出于对西方人的忌惮，对基督教在内地的传播限制也相对放松。1843年，港英政府第一中文秘书马儒翰因病身故，郭实猎离开定海前往香港接替马氏工作，他的传教重心也随即从舟山群岛转回香港。这是学界判断汉会成立于1844年的主要依据。

---

①郭实猎后来管理汉会，也常利用自己的权威和津贴驾驭会众，这与他的传教和工作经历有一定关系。

②参见GCB。

③*China Mission Advocate*, Vol.1, p.214.

1850年汉会成员何八曾写过一篇鲜为人知的汉会情况说明，为汉会成立时间的确定提供了新的证据。该文名为《何八禀》，是何八致信郭实猎指责韩山明主持期间失职的控诉信。此信后来在郭实猎与韩山明的论战中，被郭氏寄给了莱顿大学的霍夫曼（Hofmann）教授，并保存至今。信中有“牧师初设汉会，两国交锋，招人不易”[①]语，可知汉会之成立当在鸦片战争期间。在韩山明组织编写的《关于香港汉会的报告》（*Report Regarding the Chinese Union at Hong Kong*）中也提到，汉会建于两国交战之时（When Dr. Gutzlaff first established the Chinese Union, there was war between the two Kingdoms）。[②]赫尔曼·施莱特也注意到，在1839年前后，郭实猎为了应付鸦片战争，训练了一批已经受洗的中国人作传道员，来引导那些他“已经赢得的”中国人，以求中国的传教事业不至于完全停止。[③]而1839年后郭实猎主要跟随英军行动，从事与战争相关的工作，无力兼顾汉会事宜，因此，汉会成立的确切年份，应是鸦片战争爆发之际的1839年，而这一组织的活跃期则始于郭实猎返港之后的1844年。

关于汉会成员的规模，学界未有定论。鲁珍晞曾经根据郭实猎撰写的传教报告，统计过汉会在1844年以后的发展情况。[④]1844年至1849年前后，该会成员的数量由20名陆续增加到1000余人，其中宣道师130余人，受洗信徒695人。澳大利亚学者克拉克计算出的数字则更大。根据他的统计，汉会到1849年已有成员1800人，并且

---

①何八：《何八禀》，莱顿大学东亚图书馆特藏，Or.27044。

②Theodore Hamberg, *Report Regarding the Chinese Union at Hong Kong,* Hong Kong: Hong Kong Register Office, 1851, p.11.

③THK, p.54.

④Jessie G. Lutz, *Opening China*, p.293.

在华南地区至少13个地方建有传教据点。[①]根据郭实猎自己的说法，至1848年，他已经在中国18个行省中至少12省内建立了分支机构，此类传教机构的数量达80个之多。[②] 但需要注意的是，这些统计对参与汉会活动的人员的身份有些混淆，以致数据与事实有所出入。何八明确指出：

> 近数年以来，有百余兄弟在堂学道，朝夕济济。牧师受浸，讲解真理，每逢礼拜日，或有沐雨栉风，不辞劳苦，同兄弟往近远各处地方，宣传福音。[③]

文中提及的“百余兄弟”或“同兄弟”即汉会成员。1850年《汉会众兄弟宣道行为》中所附报告中亦有作为传道员的“同堂兄弟尚约六十人”的记录。[④]可知汉会的成员，应指能够长期“在堂学道”，并协助郭实猎外出宣教的那百余名传道员。而鲁珍晞或克拉克所统计的千余名“成员”或受洗者，或许还包括了汉会所争取的受众或信徒。后来韩山明等人批评郭实猎在汉会成员数量问题上造假，反映的也是两种统计标准的差异，未必完全是弄虚作假。

无论如何，汉会在19世纪40年代的传教进展都是惊人的。马礼逊在1834年去世时仅发展了四位信徒；五口通商后，麦都思等人前往青浦传教，遭到群众围堵追打，酿成教案；郭实猎却宣称能够如

---

①P. Clarke, “The Coming of God to Kwangsi: A Consideration of the Influence of Karl Gützlaff and the Chinese Union During the Formative Period of the Taiping Movement”, *Far East History*, No.1 1972, Australia, p.154.

②Jessie G. Lutz, *Opening China*, p.292.

③何八：《何八禀》。

④《汉会众兄弟宣道行为》(复制品)，报告第92号，香港大学藏。

此顺利地发展自己的信徒，扩展传教空间。在华传教士宗派各异，差会背景复杂，郭实猎的成功和其他传教士的缓慢进展形成了鲜明对比，这自然导致在华多数传教士都对郭实猎的行为抱有怀疑甚至抵触的态度。至迟到1847年前后，伦敦会在华的传教士理雅各、麦都思、柯理兰（John Fullerton Cleland）等人对郭实猎的传教活动表达了明显的质疑和不满。首先发难的是资历较浅的柯理兰，1847年初，他便与郭实猎通过差会内部渠道发生了冲突，并致函伦敦会总部，指责汉会成员“不配称为基督徒，不仅不适合传教，自己连基督教义都不懂，行为还违背教规戒律”。[①]理雅各对郭实猎的指责更严厉，也更为人所共知。他甚至直接将郭实猎称为“世界上最大的骗子”。[②]

而与柯理兰、理雅各等人的态度相反，身在欧洲的多数信徒和传教组织则对郭实猎的传教事业给予了极大的信任与支持。1847年以前，郭实猎主要受到符腾堡传教会的巴特（Christian G. Barth）资助，后来又受到艾尔弗思（Elvers）的资助，甚至连普鲁士国王都参与了捐款，另有巴陵会、巴冕会、巴色会前后提供大笔经费，并派遣牧师前来相助。郭实猎在1849年返欧之际，在整个欧洲更引发了轰动。他所经的英国、荷兰、德意志各地纷纷成立了对华传教组织，出版对华传教刊物，以为郭氏之后援。

在港的西方传教士对郭实猎缺乏信任，抱有敌意，而整个西方世界却给予了郭实猎较大的信任和支持，这种鲜明的对比和反差非常值得注意。郭实猎极其特殊的身份、经历和个性是造成这一反差

①参见苏精:《上帝的人马:十九世纪在华传教士的作为》，第54页。另 *Cleland to A. Tidman*, Hong Kong, 28 September 1847, LMS/CH/SC,4.5C., J. F.

②*J. Legge to A. Tidman*, Victoria, Hong Kong, 23 June 1849, LMS/CH/SC, 5.0.C.

的关键原因。

郭实猎自1827年起开始对华人传教,1831年独自北上天津,成为以个人身份进入广州之外中国区域的第一人。他不仅与鸦片贸易纠缠不清,更是唯一一位直接参与战争的传教士。但他在华期间陆续出版数十种涉华书籍,成为这一时期整个西方世界了解中国最重要的信息来源,甚至是英国国会制定对华政策并最终发动鸦片战争的重要参考。他在中英关系中的角色和作用为他带来任何一位传教士都无法与之比肩的声望和地位,也足以引发争议。

在19世纪上半叶的欧洲,宗教的热忱和全球扩张的激情,催动着各式各样的宗教团体和社会大众去追捧海外传教事业。郭实猎的言行恰恰与这一潮流相应和,成为“开放中国”、了解中国的先行者。郭实猎在1840年代以后写给欧洲各大传教组织的信件中对中国的宣传和介绍,充满着偏执的情绪和夸张的语言。他宣称中国的大门在19世纪30年代已经打开,鼓吹以炮舰等强力打开中国的大门,推行基督教,并叫嚣这里“不需要绅士传教士”。①他宣扬中国人对基督教的热情,常使得那些对中国了解不多的读者产生一种错觉,即中国能在一夜之间基督教化。他那些夸张的言论显得极有市场,却无法引起在港的西方传教士的认同,他们也正是抓住了这一点对郭实猎展开了调查和攻击。

1849年6月以后,麦都思、理雅各等资历较深的伦敦会传教士先后致函母会,通过攻击汉会向郭氏发难。他们质疑汉会成员品质低劣,甚至有摆摊算命者和吸食鸦片之人掺杂其中。②他们认为郭

---

①“Church Missionary Society—Extracts from Rev. C. Gutzlaff’ s Reply to the Society, dated, Macao, 13 October 1835,” *Missionary Register*, July 1837, p.326.

②*J. Legge to A. Tidman*, Hong Kong, 27 September 1849, LMS/CH/SC, 5.0.C.

氏所称汉会成员已经远达山西、四川等地的言论，不过是些毫无根据的吹嘘，[①]还指责汉会仅靠金钱维持，“只要郭实猎的钱用尽，整件事将化为乌有”。[②]

1849年底，郭实猎丧妻后回欧洲休假，汉会由韩山明代管。1850年2月，根据理雅各的动议，在港的各国传教士藉郭实猎在港影响力暂时消退之机，组织“在华传教士全体会议”（General Meeting of Missionaries in China），调查汉会真相，并对包括韩山明在内的十名汉会成员或密切关系人进行了盘问。这场调查的主导者多是郭实猎的反对者，调查报告的指向性也非常明确。[③]

这些反对者中，最令郭实猎意外的，当属他亲自选定的接班人——韩山明。韩在理雅各发起的调查中，充当了询问人和被询问人双重角色，并在调查之后倒戈，不但亲自爆出汉会内幕，还向汉会成员施加压力，迫使他们作出大量对郭实猎不利的口供。理雅各在写给伦敦会的报告中则断言：“汉会的罪恶比我们会议记录显示的还要沉沦十倍，鸦片买卖对于在中国传播基督教的危害，还不如所谓的汉会。”[④]这些材料反映出汉会成员良莠不齐、洗礼标准过低和传道员在传教过程中经常存在弄虚作假行为等问题，[⑤]并直接导致

---

①*W. H. Medhurst to A. Tidman*, Shanghai, 17 September 1849, LMS/CH/CC, 1.2 C.

②*W. H. Medhurst to A. Tidman*, Shanghai, 30 June 1849, LMS/CH/CC, 1.2 B.

③*Minutes of the meeting from February 20 to 26,1850 in Hongkong*, ANZ, 1102—1.1.2.2.7.1. 3.804.该文件原无提名，此名为笔者所加。吴义雄先生称此档为《福汉会调查备忘录》。

④*J. Legge to A. Tidman*, Hong Kong, 28 March 1850, LMS/CH/SC, 5.1.C, 译文参考了苏精先生的翻译，参见苏精：《上帝的人马：十九世纪在华传教士的作为》，第66页。

⑤*Minutes of the meeting from February 20 to 26,1850 in Hongkong*, ANZ, 1102—1.1.2. 2.7.1. 3.804.

欧洲传教界对郭氏失去信任。汉会从此一蹶不振。

需要注意的是，理雅各组织“在华传教士全体会议”调查汉会的时机非常巧妙。在调查开始时，郭实猎不在香港；而当这些调查报告开始在欧洲真正发酵时，郭实猎已近东返。[①]如此一来，郭实猎就很难在第一时间对理、韩等人的批评和调查做出及时的回应。苏精先生曾指出，郭实猎“不断在欧美大肆宣传福汉会（即汉会）超乎想象的惊人成就”，“对比之下，其在华传教士的能力与成果显得实在不足为道，其他传教士自然不会坐视情况继续如此下去，于是双方陷入争论的紧张关系”。[②]道出了早期来华新教传教士与郭实猎难以建立相互信任并最终势成水火的关键原因。但汉会的实际情况，是否真如理雅各等人描述得这般腐败且毫无价值，却仍旧没有被厘清。想要了解汉会的真实运转情况，还要从郭实猎的助手兼“背叛者”韩山明说起。

二、郭实猎与韩山明

韩山明（Theodore Hamberg），1819年生于瑞典首都斯德哥尔摩，在家中排行第三。其父是一名船长，按当时的瑞典货币计算，年收入可达400圆（rdr）。1820年韩山明一周岁时，家中雇有两名仆人，这在当时的瑞典算得上较为富裕的中产家庭。[③]他在青年时期，曾从事商业，加入过当地的音律协会（Harmoniska Sällskapet），且擅

①理雅各对鸦片的态度，在早期来华传教士中也显得极为特殊。他在各种媒体上，从来不少批评鸦片贸易的言论，但自己却又藉助大鸦片商马地臣的资助来出版学术作品。

②苏精：《上帝的人马：十九世纪在华传教士的作为》，第52页。

③THK，p.11.

长社交。[①]他的长兄Nils Peter Hamberg是瑞典有名的药剂师、医师和化学家，家族同辈和后辈中不乏大商人和学者。韩山明1844年加入巴色会，经两年多训练，至1847年应郭实猎之邀来华传教。

早期来华新教传教士，大多出身市井小民，如牧羊人、裁缝之流，出身无业游民者，亦不在少数。即使如郭实猎这样的知名传教士，也不过是学徒工出身，在进入传教士学校接受培训之前仅上过五年小学。韩山明这种接受过相对完整教育的年轻人出现在来华传教士的队伍中，意味着19世纪40年代以后，对华传教士的群体构成已经开始发生变化。他们的行事风格和价值判断，都与自己的前辈们有所区别。

韩山明来华时，郭实猎在欧洲已经享有极高的知名度。韩山明与同属巴色会的黎力基（Rudolf Lechler），还有来自巴冕会的柯士德（Köstar）和叶纳清（Genähr）几乎是沐浴着郭实猎在中国的传奇和功业，完成传教士训练，并走上来华传教的道路的。1847年3月17日，他们来到香港。之后不久，二人便开始模仿郭实猎，穿上中式服装，带上假辫子，一边学习方言，一边传教。甚至韩山明在寄往欧洲的信件上，也会像郭实猎一样，签上他的中文姓名。[②]韩山明曾写信给自己的母亲，描述自己初到香港时的兴奋和他对汉会的第一印象：

> （汉会）如今已有366名成员，那就是说，每百万中国居民中便有一名成员。他们神圣的任务是要在这个庞大帝国的十八个行省中宣传福音，归荣耀于救主……这个任务只能由中国

---

①THK，p.13.

②THK，p.57.

人去完成，因为在一百名欧洲传教士中，只有极少数的几人能够说很好的中文，在传道时不带外国口音。[1]

韩山明在信中进一步介绍了郭实猎和汉会的工作状况：

> 正如中国人经常表现出来的一样，一旦某人被发现具有传教的天资，郭实猎很快就会注意到，因为他每天下午4点到7点，会与几个传道员步行或坐船到群众中去，或者每天早晨带领他们祷告和读经——从上午10点到下午4点是他为世俗工作的时间——然后这位宣道员会被差遣到他所说方言的地区，除了几个月的生活补助之外，他还会带上几袋《圣经》和布道单。他的指令很简单，就是要传播福音。他不受约束，但如果主与他同在，他就会在适当的时候回来，呈交他的工作日志，还有一位或几位归信的人，以为真相的证明……当这些新来的归信者经过一段时间的教导和洗礼，并经过传教能力的测试，如果他们愿意的话，也会被以同样的条件，派往他们的老家（hemort）。[2]

上文清晰地展示了汉会的工作模式。郭实猎虽是汉会的领导核心，但他的主业是香港殖民政府的中文秘书，即后人传言中常提的“抚华道”，工作极为繁忙，仅能利用业余时间传教。而汉会对宣道员的管理也很松散，他们“不受约束，但如果主与他同在，他就会在适当的时候回来，呈交他的工作日志”。初到中国的韩山明，也认同这一传教模式。他曾言，因为汉会的工作，在中国“聚集在上帝国

---

①*Missions-tidning (Stockholm), 1846—49*, p.228, Hamberg till Keyser 29.3 1847.

②*Missions-tidning (Stockholm), 1846—49*, p.228, Hamberg till Keyser 29.3 1847.

度的小群会众，会如酵母一般，从一处蔓延到另一处，并最终渗透到全体居民之中，或者至少使他们都受到影响”。[①]

韩山明初见郭实猎之后，充满了热忱，对郭氏和汉会的评价都很高。他的热忱，很容易使人联想到1827年郭实猎初识麦都思，以及后来郭氏与裨治文第一次见面时的场景。充满激情和进取心的郭实猎，总能在他与人初次见面时，就让对方感受到他的魅力，并被他所描绘的蓝图所吸引。初到香港的韩山明等人，在郭实猎的光芒下不但赋予了这位传教士前辈无限的信任，也对自己即将投身的传教事业充满了信心。他们对传教的困难所知甚少，沉浸在以基督教迅速征服中国的想象之中。

不过，和郭实猎与裨治文、麦都思等人的交往过程类似，韩、黎等人与郭实猎的“蜜月期”也没有维持太长的时间。从1847年7月起，韩山明和黎力基便与郭实猎在传教的方式上产生了分歧。他们发现，汉会的华人传道员似乎只是把宣教看作一种生计，并且会以各种名目找传教士讨钱。这些人的基督教知识和道德标准都偏低。[②]黎力基指出：

> 福音没有得到正确的讲道，而是源自人们自身正义感的道德说教，十字架的力量被破坏了。如果不改变这一点，那么真正的基督教便永远不会使中国受益。[③]

韩山明也开始批评郭实猎这种重量不重质的旅行传教模式：

---

①*Missions-tidning (Stockholm), 1846—49*, p.228, Hamberg till Keyser 29.3 1847.

②THK, pp.62—63.

③THK, p.65.

> 用这种方式去执行救主的使命并非我们的本意，就好像我想冲过森林，并用手中的火炬点燃它，但火炬本身却没有火，然后只知道我曾经到过那里。①

可惜郭实猎并不重视韩、黎二人的批评。“他总是匆匆忙忙的，讲出些善意虔诚的话，促使他们推迟谈话。”②郭实猎依旧认为，“当地的信徒对他们的使命很了解，而且他们独自便可以向中国人传播听得懂的福音”，其他传教士“没有认识到土著居民的价值”。③

双方在传教方式上的差异和分歧，主要体现在判断华人信徒和宣教员资格的标准上。

韩山明等人评价信徒的标准相对严格。他们看重信徒的质量，看重信徒的基督教知识与虔诚度。理雅各曾批评郭实猎施洗的门坎太低，④汉会信徒质量太差，都与这一立场有关。韩山明也意识到，汉会松散的管理体制，容易导致“吃教”现象。这些宣教员未必能真正传播基督教，其中一部分甚至不是真正的信徒。从韩山明陆续写给瑞典传道会和巴色会的信函中可知，他更倾向在建立小型教会的基础上，逐步发展可靠的信徒，并且认真鉴别同工的虔诚与人品。其他传教士，如理雅各等人，尽管个人传教活动未必积极，但对信徒的人品均有较高要求。

郭实猎的看法则完全不同，他曾言：

> 通常认为，只有当一个人是完整的基督徒时，他才应该受

①THK, p.75.

②THK, p.66 .

③THK, p.75.

④见*J. Legge to A. Tidman*, Victoria Hong Kong, 23 June 1849, MS/CH/SC,5.0.C.

洗,不幸的是,没有这样的皈依者,也永远不会有,只有那些从未向救主献出灵魂的神学家才能提出这样的建议。[①]

郭实猎的立场,与新教传教士在华的处境有直接关系。一个非常现实的问题是,西方传教士的语言能力并没有后人想象得那么出色。像郭实猎这样的语言天才并不多见。要训练一位能够熟练使用中文传教的西方传教士,往往需要耗费数年的时间。即使是一些知名传教士,比如裨治文,在来华六七年之后,仍旧很难独自上街宣道。就连韩山明自己也承认,来华传教士首先“必须成为一个中国人”,“需要在一个地方居住四到六年,甚至更长的时间,然后才能开始旅行传教的工作”。[②]西方人学习汉语的过程过于艰难,相比之下,华人受众学习基本教义的过程则简单得多。这又是韩山明、黎力基、理雅各等人未能重视的问题。

换言之,双方分歧的焦点在于质与量的差异。韩山明等人看重质,却多少有些理想化。郭实猎则更在乎传教过程中的可操作性,认为在提升质量之前,应该快速扩大福音的影响力和信徒的数量。双方的意见,均有一定的合理性。但“郭实猎是个乐观的人,对事情总往好的方面看”,却长存“过于夸大的念头”。[③]他行事激进偏执,专断凌人,主观意味明显,自然不会接受韩山明的建议。[④]这就为后来的冲突埋下了伏笔。

在初到香港的二三年间,韩山明的生活、工作都较为艰难,但他

①Gützlaff, “Der Chinesische Verein”, *Neueste Nachrichten aus China,* No.1, 1. April 1850, p.6.

②THK, p.83.

③转引自苏精:《上帝的人马:十九世纪在华传教士的作为》,第45—46页。

④郭实猎极有可能患有较为严重的自恋型人格障碍症,参见本书第二章。

的主要困扰,却来自巴色会,而非郭实猎。1849年8月,韩山明曾写信回瑞典,谈及自己的工作和生活状况:

> 当巴色会根据郭实猎博士的建议,把黎力基和我派往中国时,他们以为,在中国传教既简单又便宜;一个中国人每月的生活费只要五到六圆,而一个欧洲人则需要投入几倍的金额。我们收到的任务是,尽可能地多雇佣助手,并以这种方式,使人很快看到辉煌的成就。但实际经验改变了我们的看法和计划。真正的在华传教事业既困难又昂贵,它需要完美的奉献精神和大量的努力。但是,如果想要一件工具在堪用之前不至损坏,就必须确保其必要的需求。[①]

上引信件论述的中心是经济问题。韩山明指出,巴色会把在中国的传教事业想象得“既简单又便宜”,而实际情况却“既困难又昂贵”。这其实是在强调他所获的薪资过低。由于财政萎缩的缘故,巴色会支付给传教士的薪资,较伦敦会等英国差会要少得多,更由于跨国汇款的周期问题,母会给韩山明每半年一次的汇款,时常要迟到三四个月才能送达。韩山明生活拮据,常须举债度日。据称他的债务曾一度高达500马克。更令韩山明不满的,是巴色会为了平衡自身的收支,并没有将瑞典传教会的汇款直接转给韩山明,而是充入差会基金,平衡各方用度。所以他才会在写给母会的信中强调“如果想要一件工具在堪用之前不至损坏,就必须确保其必要的需求”。像韩山明这样的传教士,没有完全具备在华独立传教的语言能力,却一直受到经济问题的困扰,以至于生活难以为继。他在生

---

①*Missions-tidning (Stockholm), 1849—52*, p.499, Hamberg brev. 28.8 1849.

活中的困难、对巴色会的愤懑,都显而易见。

韩山明另一方面的困扰,也与巴色会有关。早在1846年,韩山明来华之前,他就与一位名叫Melle Louise Motander的瑞典女性定下了婚约。但此事并未告知巴色会。来到中国后,韩曾一再写信给巴色会,请求允许他完婚,并将Motander派往中国协助传教。韩山明强调他在中国已经“在异教徒中经历了三年的孤独,没有与基督徒的交往,没有任何人为自己或传教士提供建议、安慰或帮助”。[①]但由于经费的缘故,巴色会一般要在传教士工作五到六年之后,才会资助他们完婚。韩的要求,不但有违差会的惯例,而且会因为增派人手而增加差会的负担。而仅擅自订婚这一行为本身,就足以让巴色会将韩山明除名。但爱好文艺、颇具情调、思维感性、心绪敏锐的韩山明,很难忍受长期独自在华传教的孤独和痛苦。他已经三十岁,早到了应该婚配的年龄。汉会成员何八曾指责韩山明常与妇女结伴游玩,行为不检,与他孤寂的处境应有一定关系。[②]韩山明与巴色会在婚姻问题上的频繁交涉,几乎导致韩山明与巴色会决裂。巴色会曾经严词警告韩山明:“要么解除婚约,要么转到其他差会工作。”[③]韩山明曾因此一度计划自立门户,策动瑞典传道会建立独立的中国传教部门,只是因为瑞典人不愿承担风险方才作罢。相比于巴色会的冷漠,郭实猎对韩山明却显得友善、热心得多,他甚至答应韩山明,要借访问欧洲之机,协调关系,帮助韩氏的未婚妻Motander来港。[④]

---

①*Missions-tidning (Stockholm), 1849—52*, p.367, Hamberg brev. 30.1 1850

②参见何八:《何八禀》。

③*Missions-tidning (Stockholm), 1849—52*, p.367, Hamberg brev. 30.1 1850,

④郭实猎确实在访欧期间联络了此事,只是因为汉会丑闻爆发,加上他与韩山明的矛盾激化,才最终没有履行诺言。

客观地说,在1849年以前,韩山明的主要困扰,大多集中在个人生活方面,孤独和贫困使他与巴色会矛盾重重。尽管韩山明写往欧洲的书信中,也曾批评郭实猎的传教方式和刚愎自用,但批评的程度有限,他与郭实猎的关系并没有受到明显的影响,更没有尖锐的矛盾和冲突。1848年8月,韩山明在东湖病倒,转至香港就医,出院后他便住在郭实猎家中,由郭夫人亲自负责调理。1849 年底,郭夫人去世,郭实猎在返回欧洲之前,又选定韩山明全权代理汉会的领导工作。韩山明愿意接受郭实猎的照拂,证明他与郭氏之间,并无明显的矛盾。郭实猎愿意让韩山明代理汉会的领导工作,并协助他的未婚妻来港,也透露出郭氏对韩山明的信任。在汉会“丑闻”爆发之前,郭实猎与韩山明,尚能相互认可,至少维持着基本的信任关系。可惜,在郭实猎离开香港之后,这一情况很快就出现了变化。

三、“丑闻”的爆发

如果说,韩山明在1849年底代理汉会之前,只需处理好自身的传教与生活问题。那么,随着郭实猎离开香港,众多尖锐的矛盾,便迅速聚焦到了他的身上。

问题主要来自郭实猎和其他在华传教士极其紧张的关系。以理雅各为代表的部分来华传教士与郭实猎互不认可,双方可谓剑拔弩张。他们常向欧洲母会报告汉会的“劣行”,郭实猎也曾公开批评理雅各在中国不务正业。当郭实猎远赴欧洲之后,韩山明代理汉会领袖,便必然卷入矛盾中心,成为各方力量争取、利用或攻击的焦点。

可能是为了充分地了解、展示汉会的运行状况。1850年1月,也就是韩山明接手汉会三个月之后,他在长老会传教士W. Burns、新闻记者W. Tarrant,还有若干英国官员的见证下,测试了汉会七十五名成员对教义的理解程度。这是一次突击测试，效果较为理想。这些成员能回答“几乎所有的问题”，了解例如“罗马书第八章”“约伯、大卫、雅各的历史”。韩山明更因此“深信汉会十分重要”。[①]就在这次测试举行之前不久，理雅各刚刚向英国报告过他对汉会的忧虑，他认为，即使汉会最好的传道人，也不能完整地背诵十诫，[②]而郭实猎只不过是“世界上最大的骗子之一”。[③]韩山明的测试结果与理雅各对汉会现状的描述，几乎完全相左。

由于理雅各无法阻止身为记者的W. Tarrant将这次测试的相关报道发往欧洲，他便设法在1月30日，以伦敦会的名义，组织部分在港传教士和西方人集会，并决议对汉会展开调查，以此抵消Tarrant相关报道的影响。韩山明虽受邀参加此次会议，但没有出席。韩在当天不止一次地表达过他对理雅各此举的反感。[④]在写给巴色会的信中，韩山明以略带抱怨的口吻地写到：“我不知道他们会如何决定。”[⑤]并称：

> 那些对这个组织有所了解的人，只是少数，他们不喜欢这样的举动；比如Phillpotts上校今天就对我说：审判一位缺席者，是不对的。我宁愿帮助朋友，并改善他的工作，也不愿为他们毁掉它。[⑥]

---

①HB 30.1 1850 i SMS port. 1849—52 sid. 367 f.（KB）.

②参见*J. Legge to A. Tidman*, Hong Kong, 27 September 1849, LMS/CH/SC,5.0. C.

③*J. Legge to A. Tidman*, Victoria Hong Kong, 23 June 1849, LMS/CH/SC,5.0.C.

④理雅各在组织这次会议之前，曾知会过伦敦会秘书梯德曼（Tidman），从梯德曼的回信来看，他也认可理雅各的做法。参见苏精：《上帝的人马：十九世纪在华传教士的作为》，第60页。

⑤ABM，A-01.01（1850），02+3.

⑥ABM，A-01.01（1850），02+3.

韩山明的抱怨表明，哪怕是置身事外的中立者，也很难认同理雅各建立调查委员会的做法。汉会并非无瑕可指，但“审判缺席者”的行为也不道德。毕竟，郭实猎已经离开香港，无法在调查时作出任何辩解。更何况，投票赞成组织委员会的多数与会者，只有极少数“对这个组织有所了解”。郭实猎在香港树敌过多，行事又过于高调，这才是他受到广泛反对的根本原因。

客观地说，相比其他来华传教士，韩山明对汉会的了解更多，也更清晰。理雅各等人只是一味希望彻底取缔汉会，韩山明虽不认同郭实猎的传教思路，却也能看到汉会的价值、成绩和前景。所以他才会在批评郭实猎的同时，接手汉会的工作，并一度试图有所作为。但形势的发展，却事与愿违。

后来的情况已为学界所了解。理雅各组织的调查委员会于1850年2月20日至26日在香港聆讯汉会成员，[①]包括理雅各、韩山明在内，来自六个宗派的十二名传教士出席会议，其中近半来自理雅各所属的伦敦会。这些传教士多数都是郭实猎的反对者，主张取缔汉会。[②]这次调查的结果认为，汉会是一个“充满欺骗”的传教组织，他的华人传道员不乏骗取川资者和鸦片吸食者，郭实猎的管理

---

①参见吴义雄：《开端与进展：华南近代基督教史论集》；苏精：《郭实猎与其他传教士的紧张关系》，《上帝的人马：十九世纪在华传教士的作为》。

②这些参会人员包括：“Rev. Vincent Stanton, Colonial Chaplain, Rev. Dr. Legge, Rev. Mr Gillespie, Rev. T. Gilfillan, Dr. Hirschberg, Mr Cole, of the London Missionary Society, Rev. Mr Burns, Dr J. H. Young, of the English Presbyterian Church Mission, Rev. Mr Johnson, of the American Baptist Missionary Union, Rev. Mr Elgquist, of the Swedish Missionary Society, Rev. Mr Hamberg, of the Evangelical Missionary Society of Basle, and Mr Summers, Teacher of the Church of England's Anglo-Chinese-School.” 见 *Minutes of the meeting from Feburary 20 to 26,1850 in Hongkong*, ANZ, 1102—1.1.2.2.7.1.3.804.

模式也存在严重的漏洞,并且已经导致该会在财政上入不敷出。这些信息与韩山明之前向巴色会和瑞典传道会反映的部分情况一致,但在程度上显得更严重,而且由于报道的侧重点不同,便更容易使不了解香港本地情况的读者认为,汉会充满了欺骗和罪恶。①

一个不容忽视的细节在于,伦敦会传教士主张通过会议的聆讯记录,对汉会作出定性结论,而同为调查委员会成员的长老会传教士W. Burns,则反对这样的做法,并认为他所接触到的汉会成员确实可称得上基督徒,虔诚又诚实。正是因为Burns的反对,会议最终决定,只印刷会议纪要,供参会者使用。②不过Burns认为,即使是这份纪要,也同样不能客观地反映汉会的真实情况。他在会后曾对Tarrant说:

> 被问到的,都是持(对郭实猎)不利证词的人,除一人外,汉会所有成员的(基督教)知识都要比理雅各的人多。③

单从言语间,就能感受到Burns在调查结束之后,对理雅各的不满。Burns曾雇佣过一名汉会成员帮助他学习中文,因此他接触过的汉会成员,是其中教育程度偏高的一部分。当时被聆讯的戴文光(Tai-wan-kwang)、屈安(Chin-'ng)、管如恭(Quan-joo-kung)、何仁(Ho-yen)四人均系塾师出身。④这些读书人对基督教的理解,自非

①报告的具体内容和聆讯过程可参见上述苏精与吴义雄先生的研究。

②*Minutes of the meeting from Feburary 20 to 26,1850 in Hongkon,* ANZ, 1102—1.1.2.2.7.1.3. 804.

③*W. Tarrant to Gutzlaff*, 14. 6 1850, DA19/2/1/1.

④至1851年6月前后,汉会中塾师或读书人出身、文化程度较高的成员,至少还有七到八人。除上述四人外,来自黄泥涌村书馆的陈杰道、石牌湾(转下页)

寻常市井出身的信徒可比。Burns见证过汉会于1月间举行的考试，至少部分了解汉会成员的切实状况，他对理雅各的指责，应该予以重视。

理雅各组织的调查有明显的瑕疵，汉会当时尚有会员约80人，其中在港的会员就有57人，但他组织的调查委员会用了六天的时间，仅仅盘问了其中的八位。[①]而且很少采信对汉会有利的证言。“在华传教士全体会议”一般被称为General Meeting of Missionaries in China，但参与这次会议的代表，既不“全中国”，也不“全体”，最多可以勉强称为General Meeting of Missionaries in Hong Kong。郭实猎和理雅各的矛盾，实源于郭氏指责理雅各无心于传教本职，[②]这一指责几乎否定了理雅各继续以传教士身份留在中国的合法性，使得在传教工作之外，二人积累的私怨极深，而这一问题长期为学界忽视。

“在华传教士全体会议”是汉会“丑闻”事件的转折点。其意义不止是将汉会的一些具有争议的情况公之于众，更在于它将之前韩山明身上尚未激化的矛盾，集中爆发了出来。“在华传教士全体会议”有明确的目的偏向，且在如此严肃的氛围下，年轻、情绪敏感的韩山明饱受多方压力困扰，其在会议中受到的影响和此后的表现值得深究。

（接上页）皇家书馆的曾发，仍在为教徒授课。另如来自赤柱书室的张仕煌和一位名叫曾钦赐的信众，也都自称“幼习诗书，素怀礼仪”或“幼读诗书，尊崇圣教”。参见《汉会众兄弟宣道行为》第5、8、37、43、61、75、102、134、136件。

①被询问的十人中，有八位是汉会成员，一位是日本人Keokitch。八位汉会成员分别是Chin-ke-yaou，Quan-joo-kung，Ho-yen，Chin-‘ng，Tai-wan-kwang，Woo-teen-sin，Yeang-chi-yuen，Li-tau-e。

②参见GMC。

在巴色会1850年二季度的年报中，曾经报道过韩山明在中国的活动，其中谈及他在“在华传教士全体会议”之后的表现：

> 一方面，他必须作为郭实猎博士的代理人维持汉会，并促进各方面的关系，也包括反驳同样的攻击；另一方面，他自己必须承认，这些缺陷是如此明显。我们担心，他似乎不能完全胜任这个困难的职位。（wir fürchten, er sey dieser seiner schwierigen Stellung nicht vollkommen gewachsen gewesen.）①

这份报告，用一种维护韩山明的口吻，含蓄地表述出两点关键信息。一是巴色会认为，韩山明的能力和资望都不足以使他应付这场以汉会为中心的风暴。其次，则隐约点出韩山明自相矛盾的立场。韩山明是一位主观意识较强的传教士，来华两年，他与巴色会、郭实猎在工作中常有争议。他在写给巴色会的信件中，对郭实猎常有微词，在写给瑞典的信件中，又总是指责巴色会。韩山明与母会本来就矛盾重重，此时又要接任他时常批评的汉会领袖工作，此举足以使巴色会怀疑他言论的真实性。巴色会监督Josenhans也曾指出，韩山明的立场总是反复摇摆。他时而站在郭实猎一边，按照郭实猎的希望和意愿行事，时而又对郭表示出强烈的不满。②

就在“在华传教士全体会议”召开之后不久，巴色会的决议也寄达香港，明确反对韩山明接替郭实猎主持汉会。由于传教士与欧

---

①“Mission in China.（Angefangen im Jahr 1847.）Missionare：Theod. Hamberg und Rud. Lechler”, *Magazin für die neueste Geschichte der evangelischen Missions- und Bibelgesellschaften*, Evangelischen Missionsgesellschaft zu Basel，1850 Zweites Quartalheft, p. 227.

②参见Josenhans to Keyser 30. 8. 1850，（Kopie in ABM）.

洲母会的通信需要近半年的时间才能完成一次往返，这份问责他的信件，直到"在华传教士全体会议"结束之后方才送到韩山明的手中，此时恰好是矛盾最尖锐的时刻。

面对母会的质疑，韩山明的第一反应是逃避。从3月开始，韩山明的情绪开始出现明显变化，他已经不愿继续领导汉会，并且开始寻求接替他的人选。[①]在无法找到合适替手的情况下，他只能硬着头皮按照自己的想法，继续整顿会务，惨淡经营。又过不久，当远在欧洲的郭实猎见到"在华传教士全体会议"的纪要，发现他选定的接班人，竟然允许理雅各调查汉会，还公开作出不利证言，便马上调转枪口，把韩山明而非理雅各视为自己的头号敌人。

很少有学者注意到韩山明在此期间所面临的压力。生活在异国他乡，韩山明需要独自面对孤独和贫困，他与巴色会矛盾重重，随时都有被开除的危险。代理汉会的工作，又把他夹在理雅各和郭实猎之间。起初，他对理雅各和郭实猎都有不满，但郭实猎的批评和攻击来的过于猛烈。他们之间的矛盾刹那间便全部激化了。

郭实猎依着自己偏执疯狂的性格，对韩山明展开了一轮又一轮的批判，此举将本来就对郭实猎有所保留，且心理十分脆弱的韩山明彻底推向了理雅各一边。郭实猎指责韩山明怠工、不务正业、逼迫会众作出失实证词。韩山明则指责郭实猎"对汉会真实情况故意默不作声，并且散播令人震惊的谎言"，出版《关于香港汉会的报告》，[②]与郭实猎展开辩论，并把汉会成员的忏悔证词和收支表等信息公之于众。[③]无论是出于个人情绪，还是出于修复他与母会之间

---

①*Missions-tidning(Stockholm), 1849—52*, Hamberg brev. 30.3 1850, p.718.

②Theodore Hamberg, *Report Regarding the Chinese Union at Hong Kong*.

③参见Theodore Hamberg, *Report Regarding the Chinese Union at Hong Kong*.

关系的需要，1850年2月以后的韩山明，都必须放弃原来左右摇摆的立场，选边站队。而需要注意的是，韩山明那些被学界广泛引用、彻底否定汉会价值、指责郭实猎欺世盗名的言论，绝大多数出现在这一时间点之后。

论战一旦展开，便不会再有赢家。反复出现在西方宗教界面前的争吵和负面报道，足以让他们怀疑汉会的发展前景。一个传教组织的生存，有赖于良好的声誉和社会大众的信任，但信任关系本来就极其脆弱。在舆论传播的过程中，争议与丑闻的破坏力没有本质区别。既然汉会已经陷入复杂的争议中心，就必然会丧失公众信任，走向衰落。打垮汉会的根本原因，与其说是韩山明的报告，倒不如说是郭实猎与理雅各、韩山明往复不休的论争。

在汉会成员何八向郭实猎撰写的报告中，有这样一段文字描述韩山明管理汉会期间的表现：

> 韩先生畏难苟安，偷闲不胜，远近地方并未有去传道。信异族人车纶阁唆摆。韩先生有意散汉会，后有欲操权柄之心，斥革兄弟，另设圣会。自今年二月之中，勾串本港各牧师，踌躇陡起不良，装样审判兄弟……六月十四日，礼拜四，随黎力基先生、陈万标落船去讲道理，偶然遇着韩山明同戴文光之妻游于河，以及观山玩水，此种种实为恶弊之端，被人戏笑，所以不合规矩，招人认假，不然不给口粮。兄弟出于无奈，不得已，将其口中（原文献此处破损，疑有缺字）而写，是迫写行为之法，作为今日之凭据。①

①何八：《何八禀》。

何八是郭实猎门人，这段文字，立场明显倾向郭实猎一边。但从笔者之前回顾韩山明管理汉会时的立场来看，这段文字的内容仍属基本可靠。车纶阁似为理雅各的音译。韩山明在管理汉会时，几经反复，立场跳动不一。他先是要脱离巴色会另起炉灶，直到遭瑞典传道会拒绝后，才设法与巴色会修复关系，最后与郭实猎闹得水火不容，也和理雅各有直接关系。韩山明与各方各面的关系都不融洽，他管理汉会时多有瑕疵，也是不争的事实。

韩山明在调查汉会时，特别是在1850年与郭实猎开始直接冲突以后，确实存在强制汉会会员忏悔，硬性要求会员承认在传教活动中弄虚作假，“不然不给口粮”的情况。韩山明的动机，有其正当性，但这种行为在会众中引起的效应，则是无论会员是否有错，只要不悔罪，便无法领到糊口所需的薪资。所以很多会员才会在郭实猎返港之后收回悔过，并指责韩山明“招人认假”。运动式的反腐败，可能抓获大奸巨贪，却也会造成冤假错案，类似案例在中国近代史上并不少见。

至于何八在文中提到“同戴文光之妻游于河”，之后又言其“常顾船同妇女游玩于海，似是中国娼妓之行为”，[①]已经点出他是“随黎力基先生”“落船去讲道理”时所见，便有西方传教士人证可查。何八所述“中国娼妓之行为”极有可能夸大了事实，却至少说明韩山明主理汉会期间，缺乏必要的威信，只能靠财权压人，没能争取到多数成员的认同。韩山明对汉会的管理，不乏良善的初衷，但缺少必要的资历和经验，这使他很难成为一名合格的领袖。

郭实猎素以冲动著称，他对韩山明的批评，自然是既主观又严厉。但韩山明也是感性之人。他对郭实猎的言论，同样受个人情绪

---

①何八：《何八禀》。

和处境左右，摇摆不定、自相矛盾、前后不一。韩山明在1850年之后描绘的汉会情状，既有事实，也有带情绪的片面、夸张描述，需要谨慎对待。他也曾承认，自己对郭实猎的批评“有些苛刻”。至于理雅各组织的这场调查，至少在程序上，确实存在无法回避的硬伤。在最需要客观中立的调查过程中，没有任何一位主要当事人能够秉持客观中立的立场。这也使汉会的真相，至今扑朔迷离。

那么，我们又该如何看待郭实猎和汉会？这个颇具争议的传教组织的运行状况又到底怎样呢？

四、汉会的运行状况

在香港大学，藏有1850年6月间，汉会成员传教记录的高清复制品，共144件，名为《汉会众兄弟宣道行为》（以下简称《行为》）。[①]其中既有汉会宣道员的传教报告，也有各村镇教书先生的见证材料，还有汉会成员写给郭实猎的禀文和要求洗礼的请求等。这批报告形成于汉会丑闻爆发一年多以后，郭实猎病逝一个多月以前，汉会接近没落之时，虽然不能直接反应汉会在1849年以前的运行状况，却仍旧为我们提供了一些较为重要的参考。

如果我们仔细阅读《行为》便会发现，郭实猎在返港之后，确实加强了他对会众的管理。外出传教的宣道员，不但需要提供自己的传教报告，而且在他们提供的报告上，还要加盖他们所在传教地点如商铺、石场、公所的印章以示证明。此外，宣道员在传教时，还需

①这批文献的高清复制品现藏香港大学，共144件，无编号，装订为一册。笔者根据档案排印的先后顺序，将这些传教记录依次编为1至144号。这一顺序也基本吻合文献的时间顺序。

在所负责区域的书室、学校索要证明信，与自己撰写的传教报告形成双重证据。经过双重证明之后的汉会宣教记录，应该能大体真实地反映出汉会在1851年6月间的部分运行情况。①

自1851年五月初一至六月初一31天的时间里，汉会一共有26天的时间派出了宣教员，计351人次。有七天派出过超过20名的宣教员，其中五月十六日最多，共有30人外出传教，但更多的时候，只能派出10名以下的宣教员（详情见表8-1）。这些宣教员，有的单独行动，有的则三五结伴而行，最多时也有十人同行传教的情况。他们有时只到一处地方传教，有时则沿途在二三个村落传教不等。

从地理分布上来看，31天内，汉会共派出145批宣道员，进行了503次传教活动。其中在元朗附近地区有两批9次，香港周边岛屿区域有7批13次，大埔地区1批4次，荃湾1批3次，沙田大围附近地区12批33次，九龙地区22批90次，香港岛73批274次，在海船上传教6批24次，另有21批53次传教活动的具体地点记录不明确。②也就是说，在六月间，汉会的传教重心在人口较为密集的香港岛北部区域和九龙地区，尤以上环、西营盘、中环、湾仔附近区域为集中。仅从这些报告所显示的传教区域分布情况来看，郭实猎手下的汉会成员能够有效从事传教活动的区域十分狭小，传教能力更有限。他们的活动轨迹可能到达过其他省份，但他们的有效传教范围仅限于香港和临近的广东部分地区。

如果我们进一步分析这些数据，便会发现，不同传道员在传教中的表现，也存在较大差异。笔者将《行为》中记录的59名传道员，

①以下罗列数据，均统计自《汉会众兄弟宣道行为》。

②参见《汉会众兄弟宣道行为》。

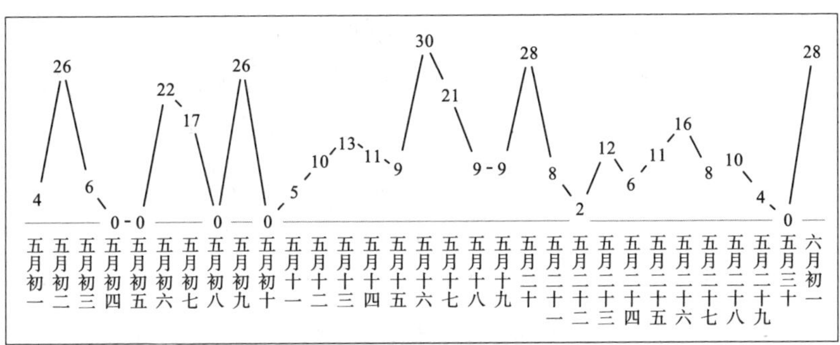

表8–1　《行为》所录外派宣教员数量统计

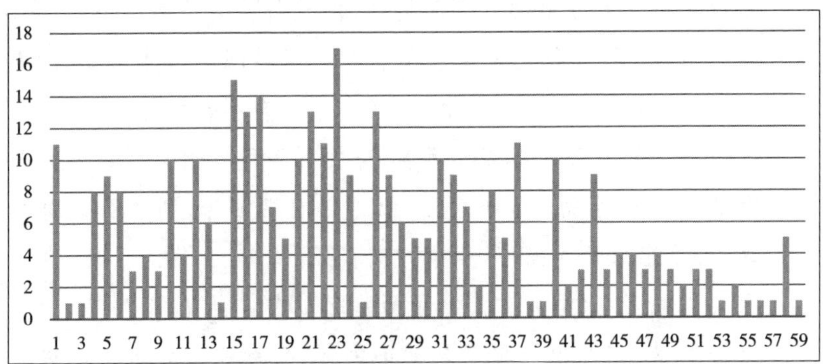

表8–2　《行为》所录宣教员传教次数统计

按照出现的先后顺序编号为1到59，[①]并统计他们参与宣教的次数（见表8-2），可以发现，在约一个月的时间内，外出传教十次（含）以

①这59名汉会成员，依次是萧道章、何镜光、陈立善、郭进福、张世昌、屈安、陈开泰、洪进、郑炳奎、何八、郭高、刘瑞呈、池安澜、陈明清、吴玉天、卢奋杨、林翼贤、万石、陈荣光、李荣华、黄德丰、萧道通、刘勋、邹炳南、张玉英、萧道明、李仁科、张彦熙、熊化兆、亚三（或作熊三）、高吉、陈珍、江荣标、管如恭、王际昌、曾福、蔡润波、彭亚光、林清、何仁、黄木、彭光、叶斗、郭福、刘启元、黄清、熊文辉、黄居中、罗昭明、陈通道、范湘云、陈连珠、洪进、陈见就、谭如晶、卢应祥、曾德生、郑炳三，另有一名参与宣道的是郭实猎。

上的宣教员有14名，五（含）到十次之间的宣教员12名，仅宣教一次的则有11名。也就是说，约有一半的宣教员，每两到三天外出传道一次，而剩下的一半宣道员，只是每周甚至一整个月工作一次。

《行为》中收有一篇会众写给郭实猎的禀文，曾言及此事：

> 具禀汉会众兄弟等为公议请立章程，以为汉会，以实行为事，切事不宜，不敢以妄议，情不逼，曷敢以混呈。缘汉会现今帑空，其中苦难一然，昨晚请各番先生到来酌议帮助捐题，说要看出兄弟真实办事然后□助料理，但兄弟苦愒日甚，口粮不足，断难做事，则汉会之风声何能挽回。兹会议亟请牧师定五章程，即今同堂兄弟尚约六十人，间有中用有不合用者，均难瞒牧师镜电。如有确善着实办事者，每礼拜给足口粮毋使缺乏。自有真实效验可观。如不合用者，即给盘费回家，则贤否分而处事，公则出力争先，而风声渐好，倘不选择其人，糊涂了事，将见愈久愈假，终无结局。伏冀牧师鉴察。布置得宜，则生等幸甚，汉会幸甚，切赴但此禀乃众兄弟酌议，帮助先生办事。切勿过目即丢，希为细阅。①

从上引文字可知，到1851年6月间，汉会已然“帑空”，会众“苦愒日甚，口粮不足，断难做事”。而郭实猎仍旧极力“挽回”“汉会之风声”。只是他找来的“番先生”，以“要看出兄弟真实办事”为由，拒绝施以援手。以郭实猎四处树敌的行事风格，落难时无人援助是极正常的事情，选择在此时向其他传教士求援，也证明郭实猎确实已到无力回天的地步。

---

①《汉会众兄弟宣道行为》，第92件。

引文中“有中用有不合用”一语,证明汉会成员既有积极传教者,又有吃教混日者。这与前述统计数据所反映的问题是一致的。换言之,汉会的问题在于薰莸同器,而非有“莸”无“薰”。以五月初二日的传教报告为例。这一天,吴玉天、卢奋杨、林翼贤、万石四人在石牌湾传教,讲述“耶稣救主赎罪之道”、“十诫”、“崇敬上帝要独拜真神”,除他们自己所撰传教报告外,[①]另有书馆曾发所撰证明信,[②]可知传教活动真实可靠。其余三十天,会众的传教内容还有“耶稣降生”、“福音道理”、“救主显临”、“受苦道理”、“救主审判”等等,萧道明等人甚至曾在书馆,“使学生念十诫”。[③]尽管郭实猎吸收成员的门坎较低,但就传播的内容而言,与前述韩山明、W. Tarrant、W. Burns在1850年1月间考试会众掌握的宗教知识程度相吻合。证明至少相当一部分汉会成员具备基本的基督教知识,能够认真传教,理雅各所谓“汉会最好的传道人,也不能完整背诵十诫”[④]的指控,与事实相去过远。

至于引文中的“切勿过目即丢,希为细阅”,则一语道破了汉会积弊的根本原因。所谓“切勿”“希为”表明郭实猎平素很少认真听取会众的报告。他行事急功近利、偏执自恋,很少在意他人的想法和实际的困难,只凭激情和想当然行事,之前韩山明和黎力基曾因此对他不满,此后如塔伦特(W. Tarrant)等人也有类似遭遇。郭实猎整日忙于殖民地事务,所能投入汉会的精力本就有限,管理模式过于粗犷,且没有明确实用的章程,自然会造成会众“同堂兄弟尚约六十人,间有中用有不合用者”,“不选择其人,糊涂了事,将见愈久

---

①《汉会众兄弟宣道行为》,第6件。

②《汉会众兄弟宣道行为》,第5件。

③《汉会众兄弟宣道行为》,第30件。

④参见*J. Legge to A. Tidman*, Hong Kong, 27 September 1849, LMS/CH/SC,5.0.C.

愈假”的局面。

另一位传教士鸟(Carl Vogel)所撰的《汉会总结》(Summary of the Chinese Union)曾注意到,汉会初建时,会员“没有欺骗和虚假”,能各自“履职”,并“按月获取资助”,只是后来会众越来越多,传教的目的地越来越远,郭实猎所资助的经费又不足以支付长途的旅费,才造成了后来的腐败局面。但那些会众加入汉会的动机,和郭实猎的初衷,都是纯正的。[①]此文与韩山明所述略有不同,但仍收在韩氏所编《关于香港汉会的报告》中,结合上引禀文可以证明,汉会一系列的腐败问题确有其事,其根源,则在于郭实猎“过目即丢”的粗犷管理模式,和他想当然的盲目乐观。王元琛所说,“游郭门学道者日众”,“其间良莠不齐,扶同作弊者有之,郭君不暇察觉”,[②]似非袒护郭氏之言。

在韩山明对郭实猎的抨击传到欧洲之后,巴特曾据此撰写过一篇批评郭实猎的文章,其中有两段话非常值得我们重视:

> 他(郭实猎)总是抬着头,看不见脚下的困难。因为他确定要达到目的,便很少在意手段。他并不缺少信仰、爱和希望,却缺乏耶稣基督的智慧和思索、谨慎和小心,他不乏热情,却缺乏冷静。(wohl aber an der christlichen Weisheit und Bedachtsamkeit, an der Umsicht und Vorsicht, nicht an Begeisterung, aber an der Nüchternheit.)[③]

---

①Theodore Hamberg, *Report Regarding the Chinese Union at Hong Kong*, pp.11—12.

②王庆成编著:《稀见清世史料并考释》,第180—181页。

③Barth, “China und Dr. Gützlaff”, *Evangelische Kirchen-Zeitung*, Berlin: Mittwoch den 2. Oktober 1850.

> 郭实猎博士的错误,部分源自如今难得一见的伟大美德。他的善良和质朴、对中国人的热爱、对既定目标的无限热忱和勇敢追求,以及对上帝帮助的不可动摇的信任,都须要通过非常谨慎、冷静的试炼和引导,使他充分胜任传教领域的重要工作。但是,哪里可以找到一种基督的个性,在各个方面都如此均衡和谐地发展,不需要或左或右的补充或中和?一个路德需要一个梅兰希通,一个辛岑多夫则需要一个施潘根贝格,[①]以实现互补和平衡。如果要赋予郭实猎一种能力,最好是懂得精打细算,尤其是能够审慎地考虑问题,那么情况将截然不同。它可能不会引起这么多的关注;但这项工作将更深入、更可持续。[②]

巴特是郭实猎的早期资助人,又在巴色会和南德的宗教界具备很高的影响力。二人至少在30年代末就有密切的书信往来。以巴特的阅历和眼光来评价郭实猎,自然要更客观,也更深入。与郭实猎的敌人们不同,巴特强调郭实猎的本性醇厚,“不乏热情,却缺乏冷静”,强调人无完人。文中提到的路德和辛岑多夫都是推动新教变革的先锋和关键人物,具备常人难及的热忱、激情、信念甚至冲动。而他们的后继者梅兰希通和施潘根贝格,则能通过理性使他们的变革更适应社会的现实与发展。比如梅兰希通便是第一位撰写系统神学的新教神学家。巴特强调,郭实猎的失误主要是因为他好大喜功,不“懂得精打细算”和“审慎地考虑问题”。以路德和辛岑多夫

---

①此人应指辛岑多夫的继承人August Gottlieb Spangenberg。

②Barth, “China und Dr. Gützlaff”, *Evangelische Kirchen-Zeitung*, Berlin: Mittwoch den 2. Oktober 1850.

与郭实猎比较，可见其批评中仍有回护之意。他点出的问题，不似理雅各那般尖锐，却更符合汉会的实际情况。

巴特文中点出的辛岑多夫，也是问题的关节。郭实猎在信仰上深受辛岑多夫的影响。他曾对汉会成员说过：“我们从经验中知道，到处都有人对基督感到满意，并接受他作他们的救主，寻找这样的人是你们最神圣的职责。”（Wir wissen aus Erfahrung, dass es überall Leute giebt, die Christum mit ganzem Herzen freudig als ihren Erlöser annehmen, und es ist Eure heiligste Pflicht dergleichen Männer aufzusuchen.）[①]这与辛岑多夫所说，宣教工作实际上只是在寻找圣灵已经准备好的哥尼流灵魂（Korneliusseelen）[②]的说法如出一辙。郭实猎曾引用辛岑多夫的话说：“我们不应该急于在异教徒中建立教会或组织。”（Wir sollen uns nicht mit Kirchenmachen übereilen unter den Heiden, [auch nicht] mit Gemeinstiften.）郭实猎出身虔信宗主护教派，更强调信仰的内在性，把传播福音作为自己的首要目标，却没有清晰的教会概念，更没有明确的意愿要建立教会。[③]韩山明、理雅各等传教士，则倾向建立小型教会，逐步扩展信徒。韩在初到香港时，发现郭实猎派遣宣教员很随意，只是发布简单的指令“要传播福音”，而宣教员本身“不受约束”，只是希望“如果主与他同在”，他便在“适当的时候回来”，“呈交他的工作日志”。[④]在旁人看来，这样的管理模式自然是漏洞百出，但依着郭实猎粗狂的性格和主护派的

---

①Karl Gützlaff, “Die Chinesische Verein”, *Quartalberichte der Chinesischen Stiftung, Zweiter Jahrgang, 1851*, Vollmann, 1851, p.65.

②所谓“哥尼流灵魂”（Korneliusseelen）应指像哥尼流那样的心灵或灵魂，即美丽心灵，这是18世纪的流行语。

③参见GMC, p.164.

④*Missions-tidning(Stockholm), 1846—49*, p.228, Hamberg till Keyser 29.3 1847.

信仰特征，却显得极为正常。换言之，汉会的管理漏洞，恐非郭实猎有意为之，而是他个性的弱点和信仰的特征所决定的。其他传教士对他的批评，既有合理之处，也掺杂了个人恩怨，更有宗派争议的色彩，不能一概而论。

所以，巴特才会说：

> 我仍旧认为，香港的汉会至少是一个伟大的街头传播组织，值得继续支持，通过它，上帝的话语将在中国最遥远的地区流传。①

巴特自己承认，他判断的基础来源于韩山明等人的单方面报告。但即使依据这份单方面报告，深知传教工作之难的巴特，仍旧肯定了汉会存在的意义。

继续细读《行为》，可以发现，其收录的传教文件虽有144份，涉及60名会众，但字迹只有约十种。宣道员外出传教时，结伴的人员，虽不固定，但有一定规律。相似组合中，撰写报告的人手也相对固定。合理推测，在1850年汉会尚余的60名成员中，应有相当一部分识字水准较低或根本不识字。由社会下层甚至底层入手宣教，是新教入华传教时惯常的策略。郭实猎的会众多出身市井，文化程度低。市井出身的会众，入会动机复杂，是非界限模糊，管理起来较为困难。所以“在华传教士全体会议”专门聆讯了曾有吸食鸦片经历的刘启元（Yeang-chi-yuen）。韩山明等人也多次强调，汉会成员吸食鸦片成风，道德品质败坏，诓骗旅费却不外出传教的情况屡有

---

① Barth, “China und Dr. Gützlaff”, *Evangelische Kirchen-Zeitung*, Berlin: Mittwoch den 2. Oktober 1850.

发生。但须注意，新教受众以市井为主，在入华的初期，很难避免出现上述情况。郭实猎、韩山明在东湖传教时自认为最得力的两位同工，也照样吸食鸦片，且长期未被察觉。[①]这应是当时新教传教士普遍面临的问题。

另外，还有两个问题需要澄清。一是在汉会丑闻爆发之际，有人暗示郭实猎贪污传教经费。比如美部会秘书安德森曾说：

> 他（郭实猎）似乎没有真正的观念，据说他留下了多达四万元的财产，但愿上帝阻止这样的人加入传教队伍。[②]

苏精先生曾在《中国，开门！》一书中计算过马礼逊来华传教后二十余年的收入，也达到了近四万银元。[③]郭实猎在东印度公司、商务监督、港英政府工作时，所得到的薪资与马礼逊接近，甚至更高。他介入鸦片贸易的程度远深于马礼逊，所得的酬劳更是不计其数。他拥有更多、更快、更便捷的赚钱渠道，却唯独关注汉会的扩张，完全没有必要用这样的方法去敛财。

另一个问题，则是汉会与太平天国的关系。李志刚牧师认为，郭实猎不但早就知道太平天国的爆发，而且汉会还在其中发挥过关键作用。[④]但郭实猎在1850年6月23日的德文传教日志上，曾这样评价太平天国运动：

---

①THK, p.85.

②转引自苏精：《上帝的人马：十九世纪在华传教士的作为》，第71页。

③参见苏精：《福音与钱财：马礼逊晚年的境遇》，《中国，开门！——马礼逊及相关人物研究》。

④李志刚：《郭士立牧师在港创立之福汉会及其对太平天国之影响》，《基督教与近代中国文化论文集》，宇宙光出版社1989年版。

> 人们不应该立即得出一个结论：即叛乱者之流，真的会（在信仰上）很真诚，或者这类人会对基督教有好处，或者上帝的话语可以通过这些方式传播。这都是不可能的！①

此言，自然是在否定太平天国运动的基督教信仰。与其他传教士对太平天国运动的热忱态度相比，一向极为狂热的郭实猎，反倒显得特别冷静。由于长期混迹于华人市井之中的缘故，他对中国底层社会的了解程度，要远远高于其他传教士。它能够清晰地感受到，宗教只是洪秀全等人的工具，而非真正的信仰。这同时证明，郭实猎与太平天国运动的关系微乎其微。

五、小结

就像郭实猎充满矛盾的人格一样，我们很难用简单的话语来评价郭实猎和汉会在华传教的工作与成效；他一手组建起来的汉会，也同样被包裹在各种矛盾之中。郭实猎是一位急先锋式的历史人物，他行事盲目乐观，夸张求功，却不善管理，毁誉参半。汉会虽然不乏纯真的理想和虔诚的信仰，却同样充斥着虚伪的谎言和无法忽视的腐败，可谓得失相因。

所谓汉会之“得”，离不开郭实猎对中国社会、文化的深刻认识。他能在鲜有基督教基础的地区，以令人震惊的速度发展信徒，无论从扩张基督教影响力、信徒数量，还是从推动欧洲对华传教支持力度的角度来说都取得了常人难以企及的成就。他是一名实干家，明

---

①Gützlaff, “Tagebuch des Chinesischen Vereins”, *Neueste Nachrichten aus China,* No.7, 1. October 1850, p.6.

白水至清则无鱼的道理,不会用理想化的标准来要求汉会的信徒。因此不能说汉会的腐败是郭实猎有意为之,更不应像韩山明和理雅各那样以此为据,指责他制造假象、招摇撞骗。更须指出,尽管汉会成员中不乏市井无赖,但其中相当一部分质量较好的成员,未必比其他传教士发展的信徒逊色,且数量更多。

汉会之“失”,在于谎言与腐败。它们源自新教入华初期,任何一位传教士都无法规避的历史现实,以及郭实猎粗放无当的管理盲区和他对中国国情的特殊认识。所以,吴义雄先生才会说,郭实猎“显然认为,可以容忍他的信徒道德上的瑕疵,大胆地加以利用”,他的“这种作风,也被广东沿海寻求生计的游民所利用,可谓相得益彰”。郭实猎“任性执拗”的性格,使他在宽容之余,更容易相信部分汉会成员的诓骗;他夸张求功的个性,再次放大了这些谎言的功效。他滥用了自己对信徒的信任,而欧洲社会也滥用了他们对郭实猎的信任。

汉会的教训,在于郭实猎的过度自大、偏执激进,在于来华传教士剑拔弩张的人际关系和互相倾轧,更在于西方世界在扩张殖民地、文明输出过程中的盲目膨胀。如果说,汉会是一场悲剧,那么这场悲剧的主角,也绝非郭实猎一人。

图 9-1　钱纳利速写的郭实猎像

藏于美国皮博迪·埃塞克斯博物馆（Peabody Essex Museum），1832_M976541_Gutzlaff_pem.

图 9–2　身着福建水手服饰的郭实猎（版画）

藏于伦敦英国国家肖像馆（National Portrait Gallery），D21841.
画名为作者所拟。

图 9–3　郭实猎赠与友人的半身剪影

藏于 Noord-Hollands Archief.

在剪影的下方，除了郭实猎亲笔的中文名外，还有两行荷兰语签名“Charles Gutzlaff”、“Chineesch Secretaris”，译成中文即：“查尔斯·郭实猎，中文秘书”。

图 9–4　郭实猎的半身画像

载 1834 年纽约版《中国简史》。

图片下方附有郭氏亲笔题签：“Your obedient Servant”、“Ch. Gutzlaff”，译为“你顺从的仆人，查尔斯·郭实猎”。肖像右下角注有该图的作者 Stephen Gimber（1810—1842），此人是一位以雕刻和肖像画著称的英国艺术家，但具体绘制时间不详。

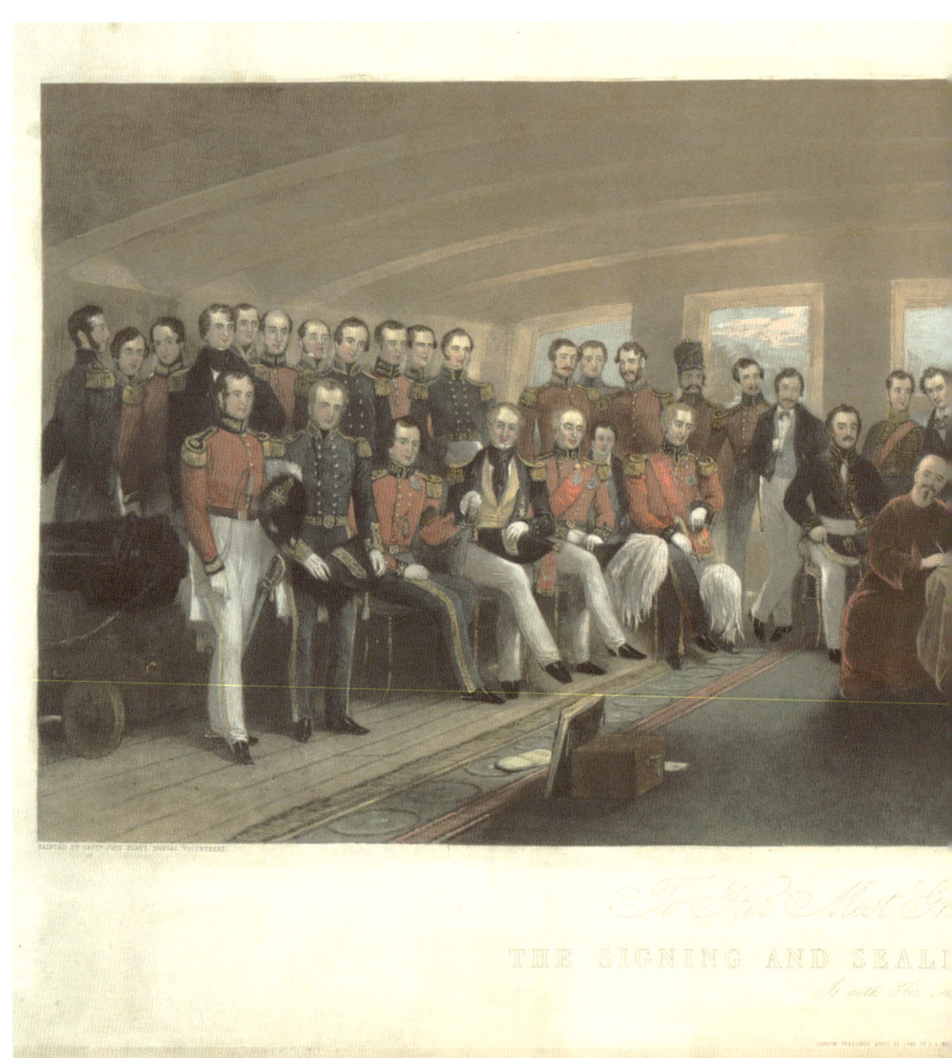

图 9–5　《南京条约》签订图

该图由英军中校普拉特（Lieut.–Col. Pratt）在签约现场绘制，并由英国皇家学会会员约翰·伯内特(John Burnet)制成版画，于1846年4月20日，在伦敦公开发行(By F.G.Moon. Printseller in ordinary to Her Majesty & H.R.H. Prince Albert. 20. Threadneedle street）。

ajesty Queen Victoria
THE TREATY OF NANKING.
humbly dedicated by
esty's faithful and devoted Servant The Proprietor.
GB-P1842 9f-1

图 9–6 《〈南京条约〉签订图》中间部分及对应人物

图 9–7　“威尔斯利”号上的谈判

达雷尔（Harry Darell Bart）绘制，J. H. Lynch 制版，于 1842 年 1 月，由科尔那杰帕克公司（Messrs. Colnaghi&Pucker）在伦敦公开发售。

Zusammenkunft zwischen dem englischen Commodore Bremer, und Chang, dem chinesischen Gouverneur von Tschusan; auf dem Schiffe Wellesley am 4^t Juli 1841. im Hafen zu Tschusan.

《“威尔斯利”号上的谈判》的两个德文的翻版。质量较好的一副，图案与英文版完全相同，但着色水平较差；另一幅则明显是仿制品，图案的质量粗糙，且没有着色。两个德文版本都没有注明图中的人物，仅载有译为德语的图片说明。原文如下：Zusammenkunft zwischen dem englischen Commodore Bremer und Chang. dem chinesischen Gouverneur von Tschusan, auf dem Schiffe Wellesley am 4. Juli 1841. Im Hafen zu Tschusan.

图 9–8　耆英与海军上将（右立者为郭实猎）

英军军医克里（Cree）绘，Naval Surgeon, p.177.

图 9–9　穿“南京裤”的绅士

1818 年 7 月 5 日巴黎《淑女与时尚》杂志刊登。

该图为“巴黎时装”（Costume Parisien）系列中的一幅，编号 1743。

图 9-10　钦差耆英访问香港图

Painting by Major G. Martin of visit of Keying,lmperial Chinese Commissioner to Hong Kong,November 1845.

香港政府档案处 (Government Records Service) 藏 ,PH001671.

该图由中山大学占佳君同学发现并考订相关信息。

图 9–11　郭实猎的相片（约 1850 年）

该照片印制在《中华帝国史》（*Gützlaff's Geschichte des chinesischen Reiches*）1852 年版的荷兰语译本的扉页上。

图 9-12　身着牧师袍服的郭实猎（版画）

巴色会档案 BMA，QS-30.017.0005.

图 9–13　在舟山开办学校的郭实猎

英军军医克里（Cree）绘，英国国家海事博物馆藏。Private illustrated Journal of Dr E. H. Cree, Volume Ⅳ, 1840 (CRJ/4).

№ 162.

Karl Gützlaff's

Leben und Heimgang.

Berlin 1851.

Haupt-Verein für christliche Erbauungs-Schriften
in den Preußischen Staaten.

图 9-14 《郭实猎传》封面

1851 年，普鲁士传教组织“普鲁士国家基督教宣教著作总会”出版。

第九章 图像中的郭实猎*

除了相关的档案文献，这位经历复杂、极富争议的历史人物，还留下不少图像资料。其中，仅他个人的画像，就有十余幅之多。这些画像，分布于郭氏东来以后的各个时期，弥足珍贵，却鲜为学界所重视。郭实猎到底给世人留下过怎样的印象？与他同时代的西方人又如何看待他？本文将通过这些肖像画与相关文献的比较，展现郭氏形象在西方的变迁史，并且探讨造成郭氏形象变化的深层次原因。

一、探险家和中国通

郭实猎最早的画像是一幅速写（见图9-1），现藏于美国皮博迪·埃塞克斯博物馆（Peabody Essex Museum）。图中，郭实猎身着中式服装，背景是潦草的中式帆船和位于山巅的宝塔。这幅草图的作者是19世纪旅居澳门的名画家钱纳利（George Chinnery）。按照当时油画市场的惯例，在正式绘制油画之前，画师都会向买家提供此类草稿，作征求意见之用。这幅画也不例外，在图像右上方就能

---

* 本章主要内容曾以《图像中的郭实猎》为题，发表于《清史研究》2020年第3期。

找到几行速记符，表明此图的买家是林赛，绘制的时间则是1832年9月27日。[①]

郭实猎与林赛相识于1832年初。当时，英国东印度公司计划派遣“阿美士德勋爵”号往中国北方沿海进行贸易考察，林赛是此行的负责人，郭实猎则是整艘商船上唯一的翻译。

“阿美士德勋爵”号航行历时半年，渐次停靠厦门、福州、宁波、上海等港口，9月5日才返回澳门，除销售了随船携带的部分货物外，还对沿海地区的物价、人口、驻军、水文等情况作了较为深入的调查，震动清廷朝野，影响甚巨。在航行中，郭、林二人需共同应付沿途的清政府官员，配合十分默契，建立了友谊。这幅由林赛出资的画作，似乎正是在描绘郭氏随“阿美士德勋爵”号航行时的情景。

在速写中，有两个细节很值得注意。一是远景处位于山巅的宝塔，其山形走势和宝塔的形制皆与厦门湾内的南太武延寿塔类似。[②]郭氏自称是福建厦门人，[③]钱纳利很可能是在利用这座厦门湾内的航标来表示郭实猎的身份。更重要的一点是郭氏的头部。图中浅色头巾包裹的头顶部分，明显多出一撮黑色的头发，似乎表明郭氏在年轻时不但常穿华人服饰，甚至很可能模仿过华人的发型。汉服、蓄发、留辫的情况，在清初来华的天主教传教士中都有过先例，但在早期来华的新教传教士中，长期坚持穿着汉人服饰的，似仅有郭氏一人。早期天主教传教士所穿的服饰多为士大夫的常服或官

①陈继春曾经提到过钱纳利的这些速记符，却误以为是在“石版画”上。但该画仅是钱纳利的速写，明显不是印刷品。参见陈继春:《钱纳利与澳门》，澳门基金会1995年版，第79页。

②太武山与厦门岛五姥峰隔海对峙，山上建有石塔，名延寿塔，过往船舶，望以为航标。该塔建于宋代，1958年被拆除，今仅存塔基和石额坊。

③爱汉者纂:《赎罪之道传》，第6页。

服，郭实猎穿着的则是底层水手的服饰，可见二者接触华人阶层的差异与传教路径的不同。

这幅油画曾于1835年送往英国皇家协会展出，惜已亡佚。如今行世的版画（见图9-2）依据油画原作制成。初版长31.3厘米，宽24.7厘米，印制的时间也在1835年。其核心元素与草图并无二致，可能由于构图的缘故，删去了手稿中的宝塔，但仍旧保持了郭实猎的探险家形象。在图像下方，印有原作者钱纳利和版画作者Richard James Lane的名字。Lane是维多利亚时代非常著名并且多产的版画艺术家。这幅郭实猎的画像，同样反映了他高超的艺术水准。在初版之后，该画曾被大量复制，广泛地刊登在各种媒体之上，并有多个不同尺寸的版本行世。①

郭实猎的肖像之所以会被制成版画发行，和他在事业上的巨大成功有直接关系。1831年上半年，他的夫人李玛环和刚出生不久的一个女儿先后在曼谷病逝。②6月18日，带着一种悲愤交加的

---

①较为有名的一个复制版，现收藏在曼彻斯特大学图书馆的“Miscellaneous Autograph Collection”中，整幅图长19.2厘米，宽11.5厘米，约一张7寸相片大小。其下方注有三行英文题记，依次是：“Revd. Chas. Gutzlaff”、“Missionary to China”、“in the Dress of a Fokien Sailor”，译为“郭实猎牧师，来华传教士，身着福建水手服饰”。在巴色会档案中还收藏有一个长14厘米，宽8.3厘米的版本，但下方没有印刷文字。此外，这幅画至少还曾被刊登在1845年3月1日的《画报》（*Illustrirten Zeitung*）上。参见Miscellaneous Autograph Collection / 279：Gutzlaff, Karl Friedrich August（1803—1851）, German Protestant missionary. 1 autograph letter（1836）, 1 portrait, 2 other engravings；*Illustrirten Zeitung* zu Leipzig（Ausgabe vom 1. März 1845, Band IV, Nummer 87）；BMA, QS-30.021.0046. 巴色会档案馆将该图命名为“*The missionary Gützlaff disguised as a sailor from Tokien Province*”，其中Tokien当为Fokien之误。

②参本书第四章。

情绪，郭实猎搭乘一艘中国商船，只身北上中国沿海探险，并最终到达天津。在外商多只能蜗居广州、澳门的时代，这一壮举使得郭实猎——这位名不见经传的小人物在人生的最低谷暴得大名。1832年2月10日，马礼逊将郭实猎推荐给东印度公司，并在写给伦敦会秘书W.A.Hankey的信中这样描述了他的近况：

> 他（郭实猎）的冒险行为与勇于说话使他在此间颇受赞扬，搭乘中国船只向北航行之举塑造他成为胆大之人与当今宠儿。①

郭实猎瞬间成为西方世界关注的焦点和明星。除了见诸报端的大量报道外，他的游记也迅速成为了书商们追捧的目标。1832年5月，刚刚开始发行的《中国丛报》连载了郭氏最初的航行记。②次年，《中国沿海两次航行记》③在纽约出版。又过一年，《中国沿海三次航行记》④在伦敦发行，随后陆续出版的至少还有上述游记的两个荷兰语译本和一个德语译本，并且不断再版。林赛在这个时候展出和发行郭实猎的画像，自然是正当其时。

另一方面，这幅版画的政治背景也非常值得关注。在郭实猎之前的新教传教士中，钱纳利仅为马礼逊画过像。Lane也早因一幅维多利亚女王十岁时的画像而名满伦敦了。林赛是典型的英国商人，

---

①转引自苏精:《上帝的人马：十九世纪在华传教士的作为》，第36页。

②这次连载从1832年5月的创刊号开始，直到9月的第五期方才结束。参见CR, vols. 1—20, 1832—1851.

③Charles Gutzlaff, *The Journal of Two Voyages Along The Coast of China, in1831, &1832,* New York, John P. Haven, MDCCCXXXIII.

④Gutzlaff, Charles. JVC, London, Frederick Westley and A. H. Davis, 1834，该书在同年就印刷了第二版。

他能请得两位名家出手作画，背后自然饶有深意。

1833年，在“阿美士德勋爵”号航行结束之后不久，林赛即回到英国。作为詹姆斯·马地臣的侄子、“伦敦东印度公司与中国协会”的重要成员，他在回国之后所作的主要工作就是游说政府对华开战。[①]为了实现这一目的，在1834至1835年间，林赛至少做了三件事：首先，在伦敦出版他与郭实猎合著的《“阿美士德勋爵”号赴中国北方港口的航行报告》[②]；然后，将郭实猎身着福建水手服饰的油画画像送往皇家协会展览，并且制成版画发行；紧接着，向身为外相的巴麦尊提出了那封著名的《与巴麦尊子爵论英华关系书》[③]，清晰地勾勒出了四年之后鸦片战争的蓝图。

林赛的这些动作，暗含着一条简单却极其重要的逻辑，他想要告诉巴麦尊和英国政府：第一，中国蕴含着巨大的商业利益；第二，郭实猎的探险证明了这些利益唾手可得；第三，实现这些利益的方法仅是一场小小的战争。而且他“深深地相信，就在整个作战期间……还可以做很大的生意”。[④]在这样的背景下，如此高调地宣传郭实猎进入中国探险的形象，自然是在为对华开战的言论造势。

这幅《身着福建水手服饰的郭实猎》应当是郭氏最有影响的画像。在1835年以前，郭实猎最重要的事业并非传教，而是冲击中国沿海的封锁。这也是印在他身上最耀眼的“商标”。图像本身就象征着西方世界了解中国、打开中国的强烈诉求和希望。所谓时势造英雄，郭实猎由此成为了这个时代来华西人的代表，他的名字乃至

---

①林赛于1841年，鸦片战争期间，代表保守党当选为英国下议院议员。此次当选显然与他长期主张对华开战的立场有直接关系。

②Lindsay & C. Gutzlaff, RVA.

③H. Hamilton Lindsay, LVP.

④LVP, pp.14—17.

于形象也与“中国的开放”结下了不解之缘。1838年,郭实猎的“中国总论”出版,书名冠以“*China Opened*”(《开放的中国》)。[①]2008年,美国学者鲁珍晞出版了一本广受学界关注的郭氏传记,不但将书名定为“*Opening China*”[②],而且还把这张郭氏画像印上了封面。

可奇怪的是,在1850年以前,从未出现过郭实猎主动使用上述画像示人的记录。他自己公开使用的肖像,都是一副西装革履的样子。比如郭实猎赠与友人的纪念品,就是一幅他身着西式礼服的黑白半身剪影(见图9-3)。而在1834年纽约版《中国简史》的扉页上,印制的也是一幅郭实猎身着同类礼服的半身像(见图9-4)。

西装革履的肖像可以反映出郭实猎作为商务监督中文秘书的职业,也代表了他对自己公众形象的定位。可是,就仿佛他不愿意人们记住他的中式扮相一样,郭实猎似乎从未主动使用过那张身着中式服装的肖像。

产生这一现象的原因,也许正是郭实猎思想上的变化。在经历过“三次中国沿海航行”之后,郭实猎看清了清政府大员们的腐败和庸懦,英国政府和鸦片商的雇佣则使他找到了“开放”中国的捷径。1830年代中叶,是郭实猎思想上重要的转折期。其间,他将自己长期使用的笔名“爱汉者”改为“善德者”,放弃了原先对中华文化一味追捧的态度;同时,开始大量发表抨击中国的言论。

1834年,郭实猎在《中国简史》(SCH)纽约一版的序言中,清晰地表述了自己对中国的看法:

---

①Gutzlaff, Charles., *China Opened*.

②Jessie G. Lutz, *Opening China*:*Karl F. A. Gützlaff and Sino-western Relation, 1827—1852*.

由贸易开路,中国于欧洲国家正日渐成为一个饶有兴味、引人探寻的主题。贸易促进了中华文明艺术的升华,展现了这一国度坐拥的资源,也让我们对中国人的品性与智性培养有了新的认识。迄今为止,由于中国去英道远,加之其对异邦人政策粗鲁淡漠,二者合一导致信息片面、喜好夸大的旅行者带来的错误印象挥之不去。鼓吹专制权力的人刻意宣传关于中国莫须有的观念,其中之一就是统领这个巨大帝国的政府可被视作专制统治的完美模型,其遭遇的革命和内战远远少于西方的自由国家;其军事实力惊人,融合了数个时代的智慧,没有任何西方国家派出的武力和施行的政策足以将其颠覆。然而,希望读者通过精研此二卷,可将如上想法尽数驱散;笔者遍访中外各类人士,他们会就中国自身历史和对外交往两方面提供一个比之大众皆知的部分更准确、更全面的视野。英商从今往后可自由使用中国港口,这一事实将扫平至今将中国庞大人口与世界其他国家割裂开来的那些阻碍;最好的结果有望到来,而大英帝国编年史上的新纪元将即刻开启:中国跻身世界文明开化的基督教国家高贵行列的那一日已近在眼前。①

在对待中国的问题上,共同经历过“阿美士德勋爵”号航行的郭实猎和林赛确实有很多相似的观点。强硬、对抗、战争是他们共同的主张。野心勃勃的郭实猎要“尽数驱散”西方的“中国热”,将中国扫下神坛,还要为殖民主义者和鸦片商张目,“扫平”将中国与世界“割裂开来的那些阻碍”,开启“大英帝国编年史上的新纪元”。序文的重点在贸易上,无论是逻辑还是立场,都与林赛如出一辙。

①SCH, pp. v—vi.

郭氏身为传教士，却表现得更像是商人或探险家，全文仅在最末处述及“基督教”，不免使人疑心他是否忘记了自己的本职。

作为“世界文明开化的”“高贵”代表，郭实猎的目标是充当引导中国“进步与开化”的“导师”，他不可能再“委身屈就”去做“两大文明的使者”，更不可能成为身着汉服融入中国的“遣唐使”。郭实猎的那身中国的行头，是他潜入中国境内的必要装备，却决不能代表他对中国的情感和立场。这也就不难理解，当郭实猎在欧洲声名鹊起之时，和他互动最密切的竟是英国政府和鸦片商人，而那些传教差会却时常遣不动他。①

二、翻译与“汉奸”

自1834年起，郭实猎被任命为英国驻华商务监督的中文秘书。此后，他的工作重心转向对华交涉。鸦片战争爆发时，郭实猎任英军的第二翻译，参与谈判，负责安抚难民、搜集情报等工作。

在这一时期，为了配合鸦片战争的宣传，英国一些拥有官方背景的出版机构印刷了大量战争题材的版画作品。在这些宣传版画中，我们也能找到郭实猎的身影。比如在那幅由女王御用书商Moon出版的《〈南京条约〉签订图》（图9-5，*The Signing and Sealing of the Treaty of Nankinginthe State Cabin of H.M.S. Cornwallis, 29th August 1842*）上，就有郭实猎的身影。

在图中，他立于图像后排正中偏右处（见图9-6，局部放大图），穿的是一身西式礼服。在郭实猎的左右两侧分别坐着牛鉴和耆英，他身体略显左倾，仿佛正在低头为耆、牛二人做口译。

①格林堡著，康成译：《鸦片战争前中英通商史》，商务印书馆1961年版，第127页。

在此类描绘鸦片战争的版画作品中，最值得一提的要数《"威尔斯利"号上的谈判》。这幅版画的内容是1840年7月4日英军在定海城下劝降清方官员的情景，由亲历其事的达雷尔（Harry Darell Bart）准将绘制，J. H. Lynch制版，于1842年1月，由科尔那杰帕克公司（Messrs. Colnaghi&Pucker）在伦敦公开发售（见图9–7）。根据在版画上标注的出版信息，该公司是英国女王的专用出版商。

在这幅版画的周围，印有细密的说明文字。通过这些说明可知，坐于图片正中者即为郭实猎，在他右侧就坐的三位英军军官，自远而近分别是达雷尔、伯勒尔（Brigadier Burrell）和伯麦（J. J. Gordon Bremer）；立于后方的是"威尔斯利"号（Wellesley）舰长梅特兰（Captn. Maitland）和使团军事秘书乔斯林（Lord Jocelyn）。坐在他左侧的三名中国官员则是张朝发（图注为"中国海军上将"）、某军官（"他的旗舰舰长"）、姚怀祥（"舟山的地方长官"）。作画的达雷尔是这场交涉的亲历者，郭实猎又谙熟中国沿海地方形势，所以画中标注的人物应是较为准确的。

关于这场著名交涉的中方参与者是谁，一直存在争议。中国学者多认为登上英舰的只有姚怀祥，而英文文献中则多称前去谈判的是"总兵"，即张朝发。近来，有中国学者依据英文的记述，倾向认为只有张朝发登上了英舰。[①]但是从这幅图来看，张、姚两人应该均在交涉现场。

文献与图像之所以会有出入，与现场人员的身份有一定关系。英文文献只记主谈的总兵，证明身为知县（正七品）的姚怀祥在张朝发（正二品）和他手下的游击（从三品）或都司（正四品）面前根本没

---

①鸦片战争博物馆主办：《明清海防研究论丛》第2辑，广东人民出版社2008年版，第163页。

有说话的份。而中文文献多出于姚怀祥手下的文官,其中扬姚抑张的现象较为明显,反映的其实是当地官员的人际关系问题,未必能够全信。

张、姚二人面前的酒杯,是一个值得关注的细节。据王庆庄《定海被陷纪略》载,谈判时“帅(伯麦)斟玻璃杯中碧色酒饷,先主而后宾,偏饮及从者”,[①]正与图像相合。根据西方人的习惯,这种圆锥形的小酒杯,多用于饮用度数较高的雪莉酒。谈判时用烈酒待客,有点儿给对手压惊的意思。细看人物的神色,也确实如此。清方人员,大多眉头紧锁、忧惧不安;相比之下,达雷尔不但把自己画得英气十足,英军代表也是个个泰然自若。最关键的当然是身着礼服坐于正中的郭实猎,他此时正手执文件与张朝发等人对话,温和又安宁,显示出一副调停其间的中立者形象。

把郭实猎这位外国神父描绘成随军的中立者,再借中立者的言行来烘托英军的形象,是英国政府对鸦片战争进行政治宣传时的常用手法。这幅画像之外,更多类似的例子来自战后官方组织出版的英军“作战记”。比如洛赫的《在华作战记》中,就有一段文字描述郭实猎进入定海时的情景:

> 进城(定海)后,发现城几乎空了。留下来的极少数人对入侵者的宽恕似乎有点不相信。不过,随军神父兼翻译郭实猎先生的说教很快消除了他们的恐惧感。他在全城张贴散发公告,说明英国人到这里来并不想加害于这里的居民……[②]

---

①中国史学会主编:《中国近代史资料丛刊 · 鸦片战争》第3册,第240—241页。
②中国第一历史档案馆等编:《鸦片战争在舟山史料选编》,第556—557页。

作为随军牧师出场，又能善待当地的百姓，郭实猎无形间就化解了英军的侵略色彩。可事实上，他在这场战争中发挥的作用却十分关键。郭实猎本就是郭富参谋团的一员，[①]攻城略地、建言献策从来都少不了他。这位“传教士”参与战争的深度，甚至远远高于普通的英军军官。不过，郭实猎也非常乐意享受这种身份的伪装。传教士直接参与战争并不光彩，无论是郭实猎的同僚抑或他本人，都试图淡化他在战争中的作用。他在战时的通信中，总会不断地强调“自己对战争没有兴趣”。[②]

郭实猎当然不是中立者，中国人也不会把他看作是中立者。在1949年以后，多数中文的研究著作都会将他斥为“间谍”。但在“威尔斯利”号的谈判现场，郭实猎还被清人冠以一个更常用的头衔——“汉奸”。

这个“汉奸”的头衔，还要从一则流言说起。定海城破之后不久，御史贾臻便向道光皇帝报告了这样一则传闻：

> 闻福建已革举人陈姓，绰号“不得已”……早经逆宄重资聘往，为之主谋，一切文字皆出其手。与总兵张朝发同乡夙好，定海未破之前十数日，有投张朝发一帖，导之从逆。[③]

在定海开战之前，英方仅有郭实猎携乔斯林上岛交涉过一次。所谓“投张朝发一帖，导之从逆”，自然是指郭实猎这次递交最后通牒，并邀张、姚二人上舰谈判的事。但几经辗转，早已传得面目全

---

①MMC, p.58.

②*Karl Gützlaff aan B. Ledeboer*, Nanking den 25 Augustus 1842, ANZ,1102—1.1.2.2.7.1.3.804. No.22.

③中国第一历史档案馆编:《鸦片战争档案史料》第2册，第238页。

非。接到奏疏之后，道光皇帝郑重其事地给闽浙总督邓廷桢、钦差大臣伊里布分别下发了“查拿陈姓汉奸”的上谕，要求“即派员查拿务获，解交浙江讯究，毋稍疏纵”。[①]

伊里布和邓廷桢自然抓不到什么“陈姓汉奸”。可这么一闹，又牵上乌尔恭额参张朝发“愎谏撤守”[②]的事，终于“冤”得这位总兵官在战死之后连抚恤都没有拿到。这也只能怪张朝发倒霉。在当时的沿海地区，把郭实猎看作“汉奸”似乎是一种颇为普遍的现象。比如奕经就曾在奏折里咒骂过：“汉奸郭士立”，“可恨已极”。[③]

郭实猎似乎是英军译员里最常被当作“汉奸”的一个。从语言的角度考虑，张朝发是福建惠安人，郭实猎最娴熟的方言正好是闽语。传言说他是“张朝发同乡夙好”，证明郭实猎的口语的确足以乱真。不过，更重要的原因恐怕还是郭实猎的外貌和装束。

英军军医克里（Cree）曾在日记里描述过郭实猎初到定海时的装扮：

> 他虽然是个普鲁士人，但看起来更像是中国佬……对汉语和中国人都有非常深刻的了解。当他戴着假辫子、穿着中国的衣服化装潜入中国时，没有人能够发现他。他现在穿着一件陈旧的黑外衣，南京紫花布裤子很短，样子有些古怪。[④]

克里是老资格的军医，在军中地位不低。从1839年开始，他便

---

①宁波市社会科学界联合会、中国第一历史档案馆编：《浙江鸦片战争史料》上，第118页。

②中国第一历史档案馆编：《鸦片战争档案史料》第2册，第194页。

③中国第一历史档案馆编：《鸦片战争档案史料》第5册，第222页。

④*Naval Surgeon*, p.61.

在亚洲海域的战舰上服务，参与过1841至1846年间不少重要的中英交涉活动，并且留下了大量极其珍贵的文字记录和现场绘画。这批文献属于私人记录，并非服务于读者或者政治的出版物，其内容反而更加可信，也更能反映现实的场景。从这则日记来看，除了“化装潜入中国”的特殊情况之外，郭实猎一般都穿西式服装。但是这段文字的意思稍微有些含糊，一是很难判断郭实猎在平时到底戴不戴“假辫子”；再者文中的“古怪”二字也颇值得注意。

好在克里还画过一幅郭实猎的画像（见图9-8），正好是他参与中英交涉时候的场景。

这幅插图名为《耆英与海军上将》（*Keying and the Admiral*），画的是1845年11月耆英访问香港时的事情。时任英国海军驻“东印度与中国区”（East Indies and China Station）司令的柯克伦（Thomas John Cochrane）与之拥抱告别，郭实猎立于其右，显然是在作翻译。图中的“老郭”（old Gutzlaff）①依旧穿着他那件“陈旧的黑外衣”与“很短”的南京裤，和克里五年前记录的形象丝毫不差。这令人联想起1818年7月5日，巴黎《淑女与时尚》（*Journal des dames et des modes*）杂志上刊登的一幅时装彩图（见图9-9），“有天鹅绒领子和丝绸纽扣的服装、南京裤子”（Habit à Collet de Velours et Boutons de Soie. Pantalon de Nankin）②，图上男子的衣着与郭实猎的极其相似。原来，郭实猎平日的装束，正是曾在欧洲风靡一时的着装风格。

至于克里所说的“古怪”，在图中也能看得十分清楚。除去那身西式的衣裤，郭实猎脑后的头发一直延伸到后背上，直到被肩膀挡住，一条“假辫子”隐约可见，还有他脚下的圆头布鞋也明显是“中

①*Naval Surgeon*, p.174.

②*Journal des dames et des modes*, 1818.7.5.

国货”。作为一种工作需要,郭实猎很可能会在他接触中国人的场合,都拿出那根“假辫子”。他这样做,显然是为了拉近自己与中国人的距离。即使在重要的外交场合,郭实猎也会穿得不中不洋、不伦不类。同类型的场景,还有一幅在香港政府档案处,由G. Martin少校绘制,记录1845年11月耆英访港,与德庇时等人座谈时的水彩画。此画名为《钦差耆英访问香港》(Painting by Major G.Martin of visit of Keying, Imperial Chinese Commissioner to Hong Kong, November 1845, 图9-10)。图中的郭实猎立于环坐四周的两国官员中间,也是在做翻译。他的装束与克里所绘类似,只是头顶的德式水手帽换成了更为庄重的圆形礼帽。他至少没有一直保持在《〈南京条约〉签订图》和《“威尔斯利”号上的谈判》画中的那种西装革履的绅士形象。

不伦不类的中西混搭恐怕是郭实猎刻意为之,这样的着装虽然不符合外交场合的礼仪要求,却很能突出他“沟通中西”的特殊能力。在外语人才奇缺的年代,其实没有西方人会在意他到底穿着什么衣服。但当郭实猎穿着这身行头,戴上假辫子,操着流利的闽南语,出现在交涉过程中时,十有八九都会被中国人当成“汉奸”。

三、传教士的真容

郭实猎的本职是传教,但在他1850年以前的图像资料中,却很少出现与宗教题材有关的形象。这一现象和当时沿海的态势有关。鸦片战争以前,西人很难进入内地,传教士也不敢在中国公开宣道。待鸦片战争结束,天朝国门洞开,特别是在1840年代后期,随着汉会的兴起,郭实猎在传教事业上的业绩才逐渐显现出来。

民国著名外交家王宠惠的祖父王元琛是汉会的早期成员。他曾在《圣道东来考》中记述了郭实猎建立汉会的情况：

> 郭士立教士居香港，为英人翻译官，兼招人学耶稣道，日间办理公事，朝晚教授耶稣道理。其初学道者不满十人，渐招渐众，皆自备斧资而来。稍明达者，郭君即遣之入内地传道，派送耶稣《圣经》，为将来教士入内地传道之先路。郭君立教会时，名其会曰汉会，意欲汉人明道得福也。①

郭实猎是鸦片战争期间第一个深入中国的传教士。多年来积累的资历，使他的影响力远超其他来华传教士。在此时的西方世界，新教的传教活动早成风潮，狂热的信徒不少，只等合适的对象出现，捐款人便会蜂拥而至。在郭实猎的极力宣传下，大量西方传道组织和个人的捐款，纷纷涌入汉会的账户。相比之下，哪怕颇负盛名的伦敦会、美部会都要逊色不少。

1849年4月，郭实猎的妻子温斯蒂在新加坡病逝。10月1日，郭氏乘船返回欧洲度假。②期间，他在德国、荷兰、奥地利、英国等地不断地进行宣传和演讲，甚至马克思、恩格斯、③戴德生（James Hudson Taylor）④等人都前来旁听，并且深受其影响。

当郭实猎途经荷兰时，曾经拍过一张相片（见图9-11），印制在

---

①王庆成编：《稀见清世史料并考释》，第180页。

②Gützlaff, Karl, *Bericht seiner Reise von China nach England und durch die verschiedenen Länder*, Cassel Verlag und Druck der Erpredition der Chinesischen Stifturg, 1851, p.2.

③参见陈力丹《郭士立与马克思、恩格斯》，《国际新闻界》1999年第1期。

④戴德生在1865年创立的“中国内地会”（China Inland Mission），就曾借鉴“汉会”的经验。他曾说：“郭实猎乃中国内地会之祖。”参见GMC，p.301.

《中华帝国史》(*Gützlaff's Geschichte des chinesischen Reiches*)1852年版的荷兰语译本的扉页上。[①]在这张相片上,郭实猎一身正装,但面容却比16年前收在《中国简史》中的画像苍老了许多。传说郭实猎1851年去世的诱因,是他患有严重的痛风。相片中郭氏肥胖的体型,似乎证明这一传说并非空穴来风。

除这张相片外,在巴色会的档案中,还藏有一幅郭实猎版画大像(见图9-12)。这幅版画的尺寸比较大,长31厘米,宽21厘米,由柏林的Waldow发行,但作者及发行时间不详。画中,郭实猎身着牧师袍服,面部特征与相片一致,可知该图与相片为同一时期作品。时隔15年,郭实猎的大幅画像再次出现在欧洲,标志着他与汉会的影响力均已达到顶峰。

然而盛极必衰,关于汉会的种种质疑也随之兴起。美部会的卫三畏、裨治文,伦敦会的理雅各、麦都思,甚至汉会自己的传教士韩山明都对汉会提出过严厉的批评,谴责郭实猎“弄虚作假”,[②]指责汉会的成员骗取川资、倒卖传教书籍、吸食鸦片。[③]就连视郭氏为授业恩师的王元琛也不得不承认:

> 时游郭门学道者日众,领洗者约有一百余人,其间良莠不齐,扶同作弊者有之,郭君不暇察觉,叶、黎、韩三人知其弊,与郭君意向不同,因此又分,各归本会自理。[④]

---

①相片下端有一行小字及郭实猎签名,经笔者仔细辨认,小字的内容为:“F. B. Waanders制版, C. W. Mieling石印。”此二人均为荷兰籍。由此可知这张相片是1850年4月前后,郭实猎于荷兰宣道期间拍摄的。

②参见Theodore Hamberg, *Report regarding the Chinese Union at Hongkong*, 1851.

③转引自苏精:《上帝的人马:十九世纪在华传教士的作为》,第59页。

④王庆成:《稀见清世史料并考释》,第180—181页。

美部会的秘书安德森在后来说得更直接：

> 他（郭实猎）似乎没有真正的观念，据说他留下了多达四万元的财产，但愿上帝阻止这样的人加入传教队伍。①

尽管只是"据说"，但安德森已经是在公开指责郭实猎贪污传教经费了。

1850年2月，理雅各、韩山明等人在香港组织委员会调查汉会。当年4月，这份用以揭露"汉会"的"真实与虚假、善与恶"②的调查报告开始在欧洲流传。报告的冲击力毋庸置疑，在欧洲不少传道会的档案馆中，我们都能找到这份调查报告，有的差会甚至直接将这份报告夹在郭实猎的相关资料甚至是亲笔信当中。1851年1月，面对突如其来的丑闻，郭实猎决定返回香港。他一度试图辩解和反击，但收效甚微。他在传教界的形象轰然垮塌，再难重塑。8月9日，郭实猎突然病逝，汉会也随之衰落，不久便烟消云散了。

皂白难分、真假莫辨，是"汉会"的致命伤，也是郭实猎身败名裂的原因。不过，在传教的问题上，郭实猎似乎并没有后人想象的那么恶名昭彰。

至少在克里的眼中，郭实猎就不是一个唯利是图的恶人。在他的日记里绘有一幅郭实猎在舟山办学时的画像（见图9-13）。图下有文字说明"Miss Parkes"，"Mr. Gutzlaff"，"and their Chinese class"，并标明该画作于1840年12月7日。图中的Miss Parkes是郭实猎的外甥女，巴夏礼的亲姐姐。在她和郭实猎身后站着的，就是他们的

---

①转引自苏精：《上帝的人马：十九世纪在华传教士的作为》，第71页。

②汉会2月23日会议纪要，载《福汉会调查备忘录》。

“中国班”学生,一幅其乐融融的景象。在亚洲传教期间,郭实猎每到一地,只要停留的时间略长些,他总会开办相应的慈善机构和学校。在来到舟山之前,Miss Parkes就曾在郭实猎创办于澳门的学校里担任英文老师,而容闳正是她在该校的学生。[①]在舟山开班办学的郭实猎依旧穿着那身中西混搭的服装,既没有福建水手的马褂,也没有笔挺的西装。

平心而论,在华期间,郭实猎为传教和慈善事业做过大量的工作。汉会的丑闻只是郭实猎传教活动的一个部分。中国的国情复杂,向内地传教殊为不易。对于他在早期新教入华过程中所发挥的作用,学界的研究其实还相当不够。至于汉会所暴露的问题,在传教士大规模入华、信徒数量徒增、教案频发的19世纪下半叶或许已显平常,但在口岸刚刚开放的40年代,却绝非信仰坚定的传教士们所能接受。郭实猎的失败,究竟是他的人品与人格的必然结果?抑或是他超前的思维与行动所带来的失败?仍需大量历史事实的佐证方能做出判断。

值得注意的是,汉会的丑闻和郭实猎的猝死,都没有冷却西方公众对于他的关注。在1850年到1852年间,郭实猎的荷兰语著作《在我的荷兰基督徒兄弟中间》(1850年)[②]和《代表外邦人与穆斯林致所有荷兰基督徒的倡议书》(1850年)[③]、荷兰语和德语的《在华传教》

①参见容闳著,石霓译注:《容闳自传——我在中国和美国的生活》,百家出版社2003年版,第4—5页。

②Gützlaff, Karl, *Aan mijne mede-christenen in Nederland*, Loman Jr, 1850.

③Gützlaff, Karl, *Smeekschrift, ten behoeve der heidenen en Mahomedanen, gerigt aan alle christenen van Nederland,* H. Höveker, 1850.

(1851年)[①]、德语的《东亚地区的贸易条件》(1851年)[②]、英语和德译的《道光皇帝传》(1852年)[③]等著作先后在欧洲出版。在得知郭实猎病逝之后,还有荷兰人撰写和出版了名为《关于郭实猎,在他的送葬曲响起之际》[④]的纪念文章。

1851年,普鲁士的传教组织"普鲁士国家基督教宣教著作总会"(Haupt-Vereinfür christliche Erbauungs-Schriften in den Preußlichen Staaten)出版《郭实猎传》(*Karl Gützlaff's Leben und Heimgang*)。对郭实猎在华传教的历程大加赞许,在这部传记的封面上,就印有那幅在传教界颇有影响的郭氏画像(见图9-14)。

学界公认,郭实猎是颇具争议的历史人物。但只要稍加清理,便不难发现,在公众可以接触到的媒体上,有关郭实猎的负面报道屈指可数。无论是郭氏本人的游记、宗教刊物上的书信和报道,抑或其他的相关信息,无不将他塑造成中国的开拓者和基督教世界的英雄。即便是在汉会丑闻爆发之后,对他公开的指责或攻击也并不多见,而且很快就被30年代以来的大量正面报道所淹没,以至于难觅踪影了。在社会舆论中,对于郭实猎的普遍认知多是正面的、积极的。直到20世纪初,在西方普通大众的心目中,郭实猎依旧是一个传奇的探险家和伟大的开拓者。只有和他同时代的传教士,才会

---

①Gützlaff, Karl, *Die Mission in China: Vorträge*;这两本书并非译本,郭实猎在荷兰和柏林分别做过同名的演讲,上述两书分别整理自对应的演讲记录。

②Gützlaff, Karl, *Ueber die Handelsverhältnisse im östlichen Asien,* Schultze, 1850.

③Gützlaff, Karl, *The Life of Taou-Kwang, Late Emperor of China*, London: Smith, Elder and Co., 65, Cornhill, 1852; Gützlaff, Karl. *Leben des Kaisers Daokuang*, Leipzig, 1852.

④Petrus Hofstede de Groot, *Over Gützlaff, bij de treurmare van zijnen dood*, Oomkens, 1852.

通过差会内部的渠道，讨论郭氏的过失，并宣泄对郭氏的不满。那些抨击他的报道和言论，尽管刺耳且发人深省，却都随着传教士的书信躺在传道会的档案室，直到20世纪40年代以后，随着相关学术研究的开展，才重见天日。

毕竟，对于传教事业而言，丑闻毫无裨益，因此宗教媒体并不会大肆宣扬传教界的丑闻。郭实猎肖像的变迁史似乎也印证了这种现象，从没有图像讽刺或者指责过他的言行和丑闻。

四、小结

也许是因为郭实猎太过活跃的缘故，他在近代史上的每一种身份或事工，都能找到对应的图像资料。这在19世纪上半叶的来华西人中，是极其罕见的。郭实猎的画像，见证了他的年龄变化，记录了他在人生不同阶段的事业成就，也反映了西方公众在各个时期对于他的直观印象。

这些直观印象，构成了郭实猎的形象变迁史，也反映了西方社会对于东方世界的认知和诉求的变迁史。这些图片的绘制和发行，大多有明确的目的和倾向，图中人物的形象和服饰自然会受到有意识的筛选和修饰。舆论的制造者，甚至会选择性地遗忘掉郭实猎的某些身份甚至经历，比如英军的雇员，或者丑闻的主角。只有私人日记里的两幅画像才能向我们展示出郭实猎在正常生活和工作中的形象。时代的焦点、社会的热忱、政治的利益、宗教的狂热和个人的情感都是造成这类现象的重要因素。而这类图像资料所造成的错觉，又常被人们本身固有的成见所利用，直到今日也未能全然消散。

结　论

郭实猎是那个搅动起19世纪上半叶中西碰撞高潮的关键人物。

当这位出身市井的小人物，被时代洪流卷入宏大的历史进程，并凭着他偏执的个性和罕见的天赋，推波助澜，掀起巨浪，终于"开放中国"的时候，他那些"疯狂、奇特和不可理喻"[①]的特异之处，便从此成为后人笔端、口头，经久不息的谈资和传奇。客观地说，在19世纪上半叶中西碰撞的激流之中，因势而生的风云人物并不少见。但如郭氏这般极富争议的"要角儿"，却屈指可数。或许是因为他的个性急功近利，又过于张扬的缘故，郭实猎在那个打开中国大门的历史进程中，常被他同时代的传教士和后世史家视为异数，打入另册。

在鸦片战争前，西方对华政策逐渐转向强硬的十余年间，郭实猎发挥过极其重要的作用。后人因此指责他急功近利、贩卖鸦片、充当帝国主义侵略者的帮凶。这是事实，也是旁人视他为异类，甚至划清界限的缘故，却也因此抹杀了这些事件背后的细节与成因。

这位固执激进、好争好斗的年轻人，拥有异乎寻常的实践能力和冒险精神，他生于拿破仑横扫欧洲的激荡年代，沐浴着浪漫主义的时代精神，享受过敬虔派信徒的规训，只因大觉醒运动的余波所

①*Benjamin Hobson to A. Tidman*, Canton, 20 August 1851, LMS/CH/SC, 5.2.A.

及，便乘上殖民扩张的东风，却阴差阳错地来到了南中国海边缘的蛮荒之地。后人只见他从来自命不凡，反而忘记了，他的每一种经历都深刻地鋻刻着那个时代的烙印。

在南中国海传教，条件艰苦，传教士和眷属早逝的比例极高，选择以此为业之人，多是出身社会底层、走投无路的市井之徒。伦敦会和荷兰传道会也因为缺乏传教士人选，而乐得将他们派驻到东方。于是，贪墨、敛财、通奸，以至于贩卖鸦片者层出不穷。这些“上帝的使者”没有“从马礼逊到司徒雷登”的名气，却在最早一批东来新教传教士群体中占据着极高的比重。郭实猎为后人诟病的不少劣行，都能在这些人身上找到源头。所不同者，是郭实猎并不满足于东印度群岛上的蝇营狗苟。他行事夸张求功，欲成功如大旱望云，冲动又不计后果，极有可能患有严重的“自恋型人格障碍”，虽容易遭人利用，倒也因此脱颖而出。郭实猎能够在东南亚迅速掌握闽南语，是他的语言天才和内心中对成功的渴求共同作用的结果。这使他得以借重南中国海周边地区华人数百年来积累的社会经济网络，也由此找到了“开放中国”的钥匙。他号称归宗于福建同安郭氏宗族，从而获得了最为关键的身份认同和人脉资源，赢得了多数同时代传教士无法企及的成就。

不过，单纯的文化交流不可能突破政治经济利益所构建的壁垒。传教士的宗教理想要进入中国，总归还要借助炮舰、商船和鸦片。这是历史的实相，也是宗教界人士和西方学者常常回避的尴尬话题。鸦片战争之前，广州的英美传教士大多与鸦片商保持着或深或浅的关系。为了打破在华传教的阻碍，他们都主张对华动用武力，都秉持着不可一世的西方中心论。但他们除了与来华洋商勾勾搭搭和出谋划策之外，最多也就是在英文报章上摇旗呐喊，为港脚商人的需求制造舆论。而郭实猎却在马礼逊和渣顿等人的怂恿下公然冲击中国沿海口岸、参与鸦片走私、鼓吹武装入侵。他不但将传教士、港脚商人和外交官的想法化为实践，甚至公开出版自己贩卖鸦片的航行日记，用自己的专著和文章把来华西人的共识传播开来，并最终影响到英国政府的决策。但他并不是唯一在华倒卖鸦片的传教士，更不是唯一鼓吹侵华的基督徒。郭实猎的对华立场为早期新教来华传教士群体所共有。他之所以会被后世单独树作反面典型，不是因为他的立场与众不同，而是因为别的传教士行事低调、圆通，而他个性"疯狂"、表现抢眼。值得注意的是，郭实猎也曾表现过仁慈的一面。他对中国的教育和慈善事业，做出了一些贡献；在鸦片战争中，还一度维护过宁波、上海、镇江等地百姓的生命和财产，并且获得了当地一些民众的认可。这些出于传教士本职而表现出来的良善之举，又向我们展示出他人性中复杂矛盾的另面。

很难用简单的语言概括郭实猎复杂的一生——一个被大时代成就的风云人物，一个极端矛盾的复合体。他出身社会底层，受尽人间疾苦。他不乏良善的本心，却缺少是非界限。他是港脚商人的趁手工具，是鸦片入华的开路先锋，是加剧中英矛盾的催化剂。但他也办学校，开诊所，做慈善。旁人说他是"疯子"，是"骗子"，是"间谍"，但也是"郭先生"、"郭牧师"、"郭太爷"。他偏偏不是传教士中的异类，更不是与众不同的特殊个案。他是殖民扩张时代的必然产物，是来华西人在19世纪上半叶的重要代表，更是后人理解鸦片战争前后二十余年间中西剧烈碰撞过程的典型样本。

附录一　郭实猎大事编年

公元1803年（嘉庆八年）　出生

7月8日，郭实猎生于普鲁士波美拉尼亚（Pommern）的佩日采（Pyritz）。其父名为Johann Jacob Gützlaff。

公元1807年（嘉庆十二年）　4岁

是年，马礼逊来华。

郭实猎生母去世。他由同父异母的长姊照顾，并开始学习拼写。

公元1808年（嘉庆十三年）　5岁

是年，郭父第三次结婚。继母对郭实猎极其粗暴。

公元1809年（嘉庆十四年）　6岁

是年，开始学习书写和阅读。

公元1811年（嘉庆十六年）　8岁

是年，进入中学（hohe schule）学习语言、历史、数学等。

公元1817年（嘉庆二十二年）　14岁

是年，行坚信礼，而后前往什切青作学徒工。

公元1818年（嘉庆二十三年）　15岁

是年，偶然产生过成为传教士的念头。

公元1820年（嘉庆二十五年）　17岁

是年，为普鲁士国王献诗，并争取读书的机会。

公元1821年（道光元年）　18岁

5月7日，放弃前往文理中学深造的希望，进入柏林传教士学校学习。

6、7月间，确定对上帝的信仰。

公元1822年（道光二年） 19岁

5月15日，声称自己同时学习了六门外语。

12月22日，在柏林布道，题为《我们的主，作为得救的唯一途径》（*unsern Herrn, als den einzigen Weg zur Seligkeit, und zwar* Ⅰ. *wie Er der Weg ist, und* Ⅱ. *wie Er es uns wird*）。

公元1823年（道光三年） 20岁

是年初，放弃报考柏林大学的计划，决心前往异域传教。

6月5日，到达鹿特丹，加入荷兰传道会，并开始接受相应的训练。

公元1824年（道光四年） 21岁

3月，马礼逊回到伦敦。

约年中，下决心要前往希腊传教，被荷兰传道会拒绝。

公元1825年（道光五年） 22岁

7月，访问巴黎，为希腊传道计划争取支持。

10月7日，荷兰传道会复函圣公会，明确表示，不支持郭实猎前往希腊。

10月18日，致函圣公会，展示地中海、希腊地区的传教计划。

10月、11月间，访问英国。

11月23日，致函圣公会，表示放弃前往希腊的计划，并为远赴东印度群岛传教做准备。

公元1826年（道光六年） 23岁

5月8日，致函圣公会，告知自己已被指定前往苏门答腊传教，并继续关注希腊的传教事业。

7月20日，获授神职。

9月11日，登船前往东南亚。此后，途经并游历特里斯坦达库尼亚群岛（Triston da Cunha）和圣保罗岛（Sint Paul）。

约12月30日，在巴达维亚登陆。

公元1827年（道光七年）　24岁

1月1日，搬入麦都思家中居住。

1月11日，第一次进入中式庙宇。

1月27日，春节，立志学习中文并向华人传教。取中文名为"爱则蜡"。

4月4日，接到荷兰传道会通知，被派驻民丹岛。

4月13日，到达民丹岛。

4月14日，访问伦敦会驻新加坡的传道站。

4月15日，致函荷兰传道会，声明自己只对华人传教。并改中文名为"郭实猎"。

4月18日，扩建民丹岛上的福建学校（Fokkien-School）。

9月4日，建立针对盲人和麻风病人的收容所。

9月底，初遇汤雅各。

是年，与汤雅各等人在廖内附近的海岛上巡回传教，并于年底开始筹划前往暹罗的旅行。

公元1828年（道光八年）　25岁

8月3日，脱离荷兰传道会，与汤雅各一起，携带27箱中文《圣经》和传教册子，登船前往暹罗。

8月18日，抵达曼谷湾（der Bay des Mainamflusses）。

8月23日，受到葡萄牙领事Carlos de Silveira迎接，进入曼谷。

8月以后，在泰国传教并行医，帮助人们戒除鸦片烟瘾。

公元1829年（道光九年）　26岁

是年下半年，前往马六甲代理伦敦会在该地的事务。

11月26日，与伦敦会女传教士李玛环（Maria Newell）结婚。

公元1830年（道光十年） 27岁

2月11日，携妻返回暹罗。

公元1831年（道光十一年） 28岁

2月2日，致信荷兰传道会，总结一年来的工作。

郭实猎称：夫妇二人一年来翻译并且“反复地修正了暹罗语的《新约》，以及《旧约》的《历史书》部分”；撰写了两篇分别长达130页的暹罗语文章，编集了各长200页的暹英和英暹字典、各长180页的高棉语—英语和英语—高棉语字典、各长约160页的老挝语—英语和英语—老挝语字典，用老挝语节译了《新约》，并且撰写了一部长达500页，同时收录中文口语和书面语的英汉词典。并于1831年2月前，完成了中文小说《赎罪之道传》与《常活之道传》的初稿。

2月16日，李玛环在曼谷诞下一对女婴，但母女三人很快相继离世。

约3、4月间，郭实猎登上了“顺利”号商船，准备前往中国的航行。

5月12日，广东巡抚朱桂桢携粤海关监督中祥强拆广州商馆新建建筑。

6月4日，在“顺利”号出发前，发函停止所有通信，称：“我生命中最重要的时刻现在已经来临；上帝必须行动起来，否则我就必须去死。”以必死的信念准备开始前往中国的航行。

6月18日，启程前往中国，开始第一次中国沿海的航行。

7月30日，到达厦门。

8月中旬，到达扬子江口。

8月23日，到达白河河口，在天津逗留近两个月，并一度计划前往北京。

10月17日，离开天津返航。

12月5日，英印总督本庭克派员向李鸿宾递交信函，就朱桂桢强拆商馆事件提出交涉。

12月13日，到达澳门，受到马礼逊夫妇接待。

是月，得马礼逊推荐被马治平聘为东印度公司临时译员，月薪100元。

公元1832年(道光十二年) 29岁

1月12日，马治平签署命令，派遣东印度公司驻华高级雇员林赛指挥炮舰“克莱福”号北上进行贸易调查。郭实猎是此次行动的翻译和医生。

2月5日前后，东印度公司租用英籍商船“阿美士德勋爵”号，替换“克莱福”号，作北上考察之用。

2月25日，林赛携郭实猎等人登上“阿美士德勋爵”号。

2月26日，“阿美士德勋爵”号正式起航。

4月2日，“阿美士德勋爵”号到达厦门。

4月4日，林赛与郭实猎拜谒福建水师提督陈化成。

4月7日，“阿美士德勋爵”号离开厦门。

4月9日，“阿美士德勋爵”号经过澎湖列岛。

4月11日，“阿美士德勋爵”号到达台湾。

4月16日，“阿美士德勋爵”号穿过海坛海峡。

4月17日，林赛与郭实猎会见海坛镇总兵万超。

4月21日，“阿美士德勋爵”号到达闽江入海口。

4月24日，郭实猎与林赛一行五人乘坐小船进入闽江，直达福州城下，并进入县衙递交要求贸易的禀帖。

4月27日，“阿美士德勋爵”号与闽安左营都司陈显生所率师船发生严重碰撞。英船被撞毁三根横桅，陈显生座船被英人砍断帆缆。

5月3日，“阿美士德勋爵”号驶入闽江，过五虎门，泊于福州海关对岸。

5月7日，林赛和郭实猎开始与福州商人商谈贸易价格，次日双方谈妥，“阿美士德勋爵”号即退出了闽江。

5月12日，林赛与中国商人在闽江口洋面上交易，共卖出了价值2089两7钱白银的纺织品。

5月17日，“阿美士德勋爵”号离开福州。

5月25日，“阿美士德勋爵”号抵达舟山附近洋面，直接驾船闯入甬江，直抵宁波城下。

6月13日，“阿美士德勋爵”号在浙江贸易未果，离开宁波。

6月19日，“阿美士德勋爵”号进入长江。

6月20日，林赛和郭实猎乘坐小艇闯入黄浦江，在上海县城登陆，冲击道台衙门，要求贸易，与苏松太道吴其泰等人交涉。

6月24日，江苏提督王应凤在吴淞检阅苏松镇总兵关天培属下兵勇。

7月3日前后，新任江苏巡抚林则徐到达上海，查看“阿美士德勋爵”号在沪情形。

7月6日，林则徐派员与林赛、郭实猎交涉，重申贸易禁令。

7月8日，“阿美士德勋爵”号离开上海，继而游历山东、朝鲜、琉球等地。

9月5日，“阿美士德勋爵”号返回澳门。郭实猎获酬金1500元。

10月12日，乘“气精”号再度北上，开始参与鸦片走私活动。

公元1833年（道光十三年） 30岁

4月29日，结束“气精”号航行，回到广州。

6月23日，起草《〈东西洋考每月统记传〉缘起》。

8月1日,《东西洋考每月统记传》创刊。

公元1834年(道光十四年)　31岁

是年,在中国沿海从事传教活动,并前往马六甲与温斯蒂(Warnstall)结婚。

1月14日在《广州纪事报》发表评论文章《中华帝国的体制》。

7月2日,致信渣顿,报告《大英国统志(燕京)》杀青。

7月15日,律劳卑抵达澳门。

8月1日,马礼逊于广州逝世。

10月11日,律劳卑因疟疾死于澳门,德庇时继任总监督。

11月18日,在《广州纪事报》发表《关于英国国王的中文职称》(On the King of England's Chinese Title)。

1833、1834年间,多次参与怡和洋行的鸦片走私航行。

是年年底,任英国驻华商务监督处中文秘书。

公元1835年(道光十五年)　32岁

7月7日,巴麦尊收到罗宾臣介绍郭实猎所著有关中国文章的函件。

7月24日,林赛致函巴麦尊,就德庇时与广州政府的冲突发表意见,并探讨对华用兵的可行性。

9月,与夫人一同创办女子学校。不久容闳即入该校就读。

是年,与麦都思、马儒翰、裨治文一同修订《圣经》马礼逊译本。

公元1836年(道光十六年)　33岁

3月1日,林赛致函巴麦尊,论英华关系。

是月,收留三位日本海难生还者。

9月27日,接待交趾使节。

12月14日,义律接任商务总监督。

公元1837年(道光十七年)　34岁

6月24日，前往福州，并横渡至琉球。

7月15日，参与“马礼逊”号航行，前往日本送返三名日本难民，并考察了琉球和江户。同船的传教士还有卫三畏。

7月28日，到达江户。

7月30日，日方向“马礼逊”号开炮，航行失败。

8月10日，到达鹿儿岛，与萨摩藩方面初步接触。

8月12日，被日方驱逐，被迫离开鹿儿岛海域。

8月29日，回到澳门。

9月，与马儒翰一同翻译《广州知府和副将致义律海军上校函》。

11月，于澳门会见浸礼会代表马孔（Howard Malcom）。

是年，拒绝参加“喜马乐号”在中国沿海和邻国的传教活动。中国、印度暨东方促进女子教育协会派遣一名女教师自英到澳门协助郭实猎夫妇教育中国女童，并捐赠书籍和物品。

公元1838年（道光十八年） 35岁

2月26日，怡良任广东巡抚。

2月，伯驾、裨治文创立中国医务传教会（Medical Missionary Society in China）。

公元1839年（道光十九年） 36岁

1月7日，广州宣布禁吸鸦片。

3月10日，林则徐到广州。

3月27日，义律命英商缴出所有鸦片。

4月3日，义律致函巴麦尊，提议武力攻占舟山，封锁广州、宁波和长江口，直到清政府就范。

6月3日，虎门销烟。

6月5日，义律禁止英商贸易。

是月，《中国丛报》刊载卫三畏关于*China Opened*（《开放的中国》)的书评,称该书粗制滥造。

8月15日,林则徐布告,禁绝澳门英人柴米食物,撤退买办工人。

8月25日,英国人被逐出澳门。

9月4日,在九龙之战前,奉义律之命与中方交涉。

10月1日,英国内阁会议决定对中国使用武力。

11月3日,见证穿鼻海战。

11月4日,巴麦尊就对华派遣远征军事致函海军部。

是年,创立“汉会”。

是年,郭实猎夫人解散所办学校,将所收养盲女遣往英美,并移居马尼拉。

公元1840年(道光二十年) 37岁

是年初,郭实猎夫人携两位侄女返回澳门。

1月5日,林则徐任两广总督。

1月24日,进入澳门居住。

6月,鸦片战争爆发,郭实猎积极参与了英方的行动。

6月28日,随同英军封锁广州。

7月5日,随同英军进攻定海。

7月6日,英军进入定海,郭实猎协助英军安抚、管理定海城内居民。他的夫人和两位表侄女也居住于此。

8月6日,御史贾臻奏《追究已革陈姓举人诱导张朝发从逆缘由片》

8月11日,随同懿律到白河口投书。

8月29日,因染疟疾离开定海回船。

9月28日,琦善钦署两广总督。

10月3日,林则徐、邓廷桢革职。

10月25日,随同懿律等人会见谢辅陛、张喜、陈志刚。

11月29日，琦善到粤。

公元1841年(道光二十一年) 38岁

1月7日，大角、沙角之战。

1月20日，穿鼻草约议定。

1月26日，英军占领香港。

2月24日，英军交还定海，郭实猎留与中方六箱传教书籍。

2月26日，英军攻陷虎门炮台，琦善革职。

2月27日，参加乌涌之战，见证清军“马桶阵”。

3月12日，琦善革职拿问。祁𡎴以刑部尚书署两广总督(8月26日实授)

5月26日，随同英军进攻广州城。

7月11日，裨治文致函美部会秘书安德森，批评郭实猎。

10月1日，英军再陷定海。

10月8日，内侄巴夏礼到达澳门。

10月10日，英军陷镇海。

10月13日，英军陷宁波，郭实猎出任英军在宁波的行政长官。

公元1842年(道光二十二年) 39岁

5月13日，奕经等奏郭实猎疑似身死。

5月18日，随同英军进攻乍浦。

6月初，协助英军封锁长江。

6月16日，随同英军进攻吴淞，江南提督陈化成战死。

6月18日，催促英军进攻上海县城。

6月19日，随同英军进攻上海，后负责维护城内秩序。

6月22日，马儒翰携巴夏礼等人至上海，拜访郭实猎。

6月23日，英军撤出上海。

7月5日，向中方索要赎城费。

7月21日，随同英军攻陷镇江。

7月22日，入驻镇江官署。

7月24日，出示维持地方治安，并惩处土匪。

8月8日，随璞鼎查、马儒翰、罗博聃等会见张喜，议停战事。

8月14日，伊里布、耆英、牛鉴向英方求和。江宁布政使黄恩彤、侍卫咸龄与麻恭、马儒翰、罗伯聃会于静海寺。

8月17日，《南京条约》草稿送交中方，主要起草人为马儒翰。

8月19、20日，伊里布、耆英、牛鉴登英国轮船，晤璞鼎查，郭实猎为翻译之一。

8月24日，璞鼎查会伊里布等于静海寺，郭实猎携巴夏礼先行到达，当晚游览南京大报恩塔。

8月26日，郭实猎参与《南京条约》细节的谈判，地点在南京城内上江考棚。是日，翻译璞鼎查与中方官员关于鸦片贸易的谈话。

8月29日，《南京条约》签订。巴夏礼离开马儒翰，开始随郭实猎学习中文。

9月24日，郭实猎携巴夏礼启程前往舟山。

9月29日，到达舟山。

12月29日，在定海组织战后恢复。

公元1843年（道光二十三年）　40岁

1至6月，管理舟山民政，并辅导巴夏礼学习中文。

6月，雒魏林及夫人、伊莎贝拉·巴夏礼到达定海。

8月，出任港英政府的中文秘书。

8月29日，马儒翰因疟疾死于香港。

公元1844年（道光二十四年）　41岁

12月28日，道光皇帝颁布天主教弛禁的上谕。

公元1845年（道光二十五年）　42岁

是年，继续出任港英政府中文秘书，参与中英后续交涉。

11月6日，李太郭在华病逝。

公元1846年（道光二十六年） 43岁

是年，继续出任港英政府中文秘书。

4月2日、3日，随德庇时与耆英等谈判交还舟山条件。

6月27日，英国交还舟山。

8月4日，随德庇时返回香港。

公元1847年（道光二十七年） 44岁

是年，继续出任港英政府中文秘书。

2月，韩山明等四名传教士抵港，协助郭实猎传教。

4月6日，参与对三名侵扰英国水手和军官的中国人的惩处。

6月，在Evangelical Christendom上撰文夸耀汉会成就。

是月，为罗琛源、王元琛等人施洗礼。

7月29日，李泰国抵达香港，开始在郭实猎的监护下学习中文。

11月，派王元琛等人入内地传教。

公元1848年（道光二十八年） 45岁

是年，继续出任港英政府中文秘书。

3月，伦敦会传教士柯理兰致信伦敦会秘书梯德曼，向母会报告汉会的恶劣情况。郭实猎与在港传教士的冲突渐趋公开。

公元1849年（道光二十九年） 46岁

是年或稍早，郭实猎曾给将为美国赴日代表团充当翻译的李泰国写过一个备忘录。

4月，郭妻温斯蒂去世。

5月30日，收到德庇时的秘书约翰·斯顿（Alexander Robert Johnston）的来信。李泰国脱离郭实猎的监护被任命为英国领事馆的额外翻译员。

6月30日，伦敦会传教士麦都思致信伦敦会秘书梯德曼，批判汉会的情况。

9月17日，麦都思再度致信梯德曼，质疑汉会的情况。

约9月底，返回欧洲，后与加布里埃尔（Gabriel）结婚。

12月24日，梯德曼致函理雅各，讲述郭实猎访欧的情形。

公元1850年（道光三十年）　47岁

1月24日，梯德曼致函理雅各，批评郭实猎是狂热分子。

2月20日，在港各国传教士，圣公会史丹顿（Vincent Stanton），伦敦会理雅各、纪理士毕（William Gillespie）、纪扶兰（Thomas Gilfillan）、贺旭柏（Henri Julius Hirschberg）、柯理（Richard Cole），英格兰长老会宾（William C.Burns）、养（James H.Young），美国浸礼会赞算约翰（John Johnson），瑞典传教会士吉士（A.Elgquist），巴色会韩山明，圣公会英华书院的教师麻士（Summers）等十二人，共六个宗派出席"在华传教士全体会议"（General Meeting of Missionaries in China）调查"汉会"真相。

3月28日，理雅各致函梯德曼，批评郭实猎及汉会。

5月11日，安德森致函柯理，批评郭实猎。

是年，在伦敦、柏林、阿姆斯特丹等地巡回布道、演讲，宣传汉会。

公元1851年（咸丰元年）　48岁

1月11日，太平军于金田起义。

1月，携新婚妻子返回中国。

是年，在香港收养男女弃婴各一。

8月9日，在香港去世。

8月20日，合信向梯德曼报告郭实猎去世。

8月22日，卫三畏向安德森报告郭实猎去世。

附录二　译名对照表

A

A. Elgquist	士吉士
Alexander Wylie	伟烈亚力
Alexander Robert Johnston	约翰斯顿
American Baptist International Ministries	浸信会
American Board of Commissioners for Foreign Missions	美国公理会
American Tract Society	美国小册协会
Amherst	阿美士德
Amboyna	安汶岛
Adoniram Judson	贾德森
Arthur Tidman	梯德曼

B

Banka	班卡
Barmen	巴门
Batak	巴达克
Beche-de-mar	刺参
Benjamin Hobson	合信
Berliner Missionsinstitut	柏林传教士学院

Borneos	婆罗洲
Brigadier Burrell	伯勒尔
British Foreign Bible Society	英国圣经公会

C

Calw	卡尔夫
Carl Vogel	乌
Charles Elliot	义律
Charles Grant	查理斯・格兰特
Charles Marjoribanks	马治平
Christian Advocate	基督教倡导者
Christian G. Barth	巴特
Church Missionary Society	英国圣公会
Church of England's Anglo-Chinese School	圣公会英华书院
Claudius Henry Thomsen	汤姆森
Clive	克莱福
Cochin-china	南圻
Cree	克里

D

David Collie	高大卫
Der Bay des Mainamflusses	暹罗湾/曼谷湾

E

Eliza Jones	伊丽莎・琼斯
Eliza Morrison	艾莉莎・马礼逊
Elijah Coleman Bridgman	裨治文
Erweckungstheologie	觉醒神学(大觉醒运动)
Evangelical Missionary Society of Basle	巴色会

Evangelischen Kirchen-Zeitung	福音教会报

F

Ferdinand Genähr	叶纳清
Frederick Wells Williams	卫斐列
Friedrich August Tholuck	托卢克
Friedrich Wilhelm Ⅲ	腓特烈·威廉三世

G

G. B. Robinson	罗宾臣
G. J. Gordon	戈登
Gabriel	加布里埃尔
General Meeting of Missionaries in China	在华传教士全体会议
George Alexander Malcolm	麻恭
George Chinnery	钱纳利
George Elliot	懿律
George Tradescant Lay	李太郭
George Thomas Staunton	小斯当东
Gollnisch	戈尔尼施
Grannille G. Loch	利洛

H

Harry Darell Bart	达雷尔
Harry Parkes	巴夏礼
Heinrich Küster	柯士德
Henry Pottinger	璞鼎查
Henry Ellis	艾理斯
Helena Christina	海伦娜·克丽丝缇娜
Henri Julius Hirschberg	贺旭柏

Henry John Temple Palmerston	巴麦尊
Horatia Nelson Lay	李泰国
Hosea Ballou Morse	马士
Howard Malcom	马孔
Hugh Hamilton Lindsay	林赛(又作胡夏米)

I

Indian Archipelago	印度群岛
Insel Rhio	廖内岛
Issachar J. Roberts	罗孝全
Insel Bintang	民丹岛

J

Jacob Tomlin	汤雅各
James H.Young	养
James Hudson Taylor	戴德生
James John Gordon Bremer	伯麦
James Legge	理雅各
James Matheson	詹姆斯・马地臣
John Francis Davis	德庇时
John Fullerton Cleland	柯理兰
John Johnson	赞算约翰
John Jones	约翰・琼斯
Johann August Wilhelm Neander	尼安德
Johann Jacob Gützlaff	约翰・雅克布・居茨拉夫
John Robert Morrison	马儒翰
Joseph Daniel Jänicke	雅尼克

Joshua Marshman	马士曼
Josiah Goddard	高德
Journal des dames et des modes	淑女与时尚

K

Karla Brth	卡尔・巴特
Karl Friedrich August Gützlaff	郭实猎
Kenneth Scott Latourette	赖德烈

L

Lanting	兰廷
London Missionary Society	伦敦会
Lord W. Bentinck	本庭克
Lord Jocelyn	乔斯林
Lzarus	拉撒路

M

Maitland	梅特兰
Mary Newell	李玛环
Medical Missionary Society in China	中华医务传教会
Messrs. Colnaghi&Pucker	科尔那杰帕克公司
Michael Gregorio	迈克尔・格利高里奥
Missionary society of Württemberg	符腾堡传教会
Morrison Education Society	马礼逊教育基金会

N

Namenchristen	名字基督徒
Nederlandsch Zendelinggenootschap	荷兰传道会
New England Spectator	新英格兰旁观者

P

Parapattam	帕拉巴特
Peter Auber	欧博
Pietismus	虔信主义
Pommern	波美拉尼亚
Post-Traumatic Stress Disorder, PTSD	创伤后应激障碍
Pyritz	佩日采

R

Rees	雷斯
Religious Tract Society	英国宗教小册会
Rhenius	赖纽斯
Richard Cole	柯理
Robert Inglis	罗伯特·英格利斯
Robert Morrison	马礼逊
Robert Thom	罗伯聃
Rotterdam	鹿特丹
Rudolf Lechler	黎力基
Rufus Anderson	安德森

S

S. Garling	伽龄
Sailor's Magazine, & Naval Journal	水手与海军杂志
Samuel Wells William	卫三畏
Sint Paul	圣保罗岛
Société des Missions Evangéliques	法国福音传道会
Stettin	什切青
Summers	麻士

Sunda Strait	巽他海峡
Swedish Missionary Society	瑞典传教会
Sylph	气精

T

The Methodist Episcopal Church	美国卫理公会
Theodor Hamberg	韩山明
The Society for the Diffusion of Useful Knowledge in China	中国益智会
Thomas Gilfillan	纪扶兰
Thomas John Cochrane	柯克伦
Thomas Richardson Colledge	郭雷枢
Triston da Cunha	特里斯坦达库尼亚群岛

V

Viscount Hugh Gough	郭富
Vincent Stanton	史丹顿

W

W. D. Bernard	伯纳德
William John Napier	律劳卑
Walter Henry Medhurst	麦都思
Warnstall	温斯蒂
Wellesley	威尔斯利
William Baynes	盼师
William C. Burns	宾
William Gillespie	纪理士毕
William Lockhart	雒魏林
William A. P. Martin	丁韪良

附录三　缩略语对照表

ARM　Archiv der Rheinischen Missionsgesellschaft, Barmen

ANZ　Archief van het Nederlandsch Zendelinggenootschap 1797—1951

BMA　Basel Mission Archives

CMS　Church Missionary Society Archives

CR　The Chinese Repository

DA19　University of Birmingham, Special Collections, Dr Karl Gutzlaff Collection

FES　Records of the Society for Promoting Female Education in the East

FO　Great Britain. Foreign Office

NHA　Noord-Hollands Archief

MMC　Memorials of Protestant Missionaries to the Chinese: Giving a List of their Publications and Obituary Notices of the Deceased

MJL　Missionary Journals and Letters, Written during Eleven Years' Residence and Travels among the Chinese, Siamese, Javanese, Khassias, and Other Eastern Nations

LMS　London Missionary Society Archives

LVP　Letter to The Right Honourable Viscount Palmerston, on British Relations with China

JVC	Journals of Three Voyages along the Coast of China in 1831, 1832, &1833
RAZ	Regional Archives of Zutphen
SBH	Staatsbibliothek zu Berlin/ Handschriftenabteilung
RVA	Report of Proceedings on a Voyage to the Northern Ports of China in the Ship lord Amherst
GMC	Karl Gützlaff als Missionar in China
GCB	Gaihan's Chinesische Berichte
SCH	A Sketch of Chinese History
THK	Theoder Hamberg den förste svenske Kinamissionären

参考文献

档案、特藏

Basel Mission Archives（巴色会档案）

QS-30.017.0005 Gützlaff.

QS-30.021.0046 The missionary Gützlaff disguised as a sailor from Tokien Province.

Great Britain. Foreign Office Documents（英国外交部档案）

F. O. 17 Foreign Office General Correspondence before 1906, China.

Het Utrechts Archief（乌特列支城市档案馆）

1102—1 Raad voor de Zending :rechtsvoorgangers

-804 Levensbeschrijving, reisverhaal, dagverhalen en correspondentie van K.P.A. Gützlaff, zendeling op Java en Riouw en in China, met getypte transcripten van reisverhalen en brieven, 1823—1850.

-805 Diverse zendingsterreinen, onder meer van ds. D. Lenting, G. Bruckner, K. Gützlaff, 1834—1835.

-807 K.F.A. Gützlaff en E.H. Röttger, 1836—1842.

Leiden University, East Asian Library, Special Collections（莱顿大学东亚图书馆特藏）

GÜTZLAFF COLLECTION（郭实猎收藏）

Gutz 1 马礼逊：《问答浅注耶稣教法》，无出版信息。

Gutz 2 马礼逊：《年中每日早晚祈祷叙式》，无出版信息。

Gutz 3 马礼逊：《新增养心神诗》，无出版信息。

Gutz 4 马礼逊：《劝读圣录熟知文》，无出版信息。

Gutz 5 马礼逊：《道之本原全体要论》，英华书院刊本。

Gutz 6 米怜：《救世者言行真史纪》，无出版信息。

Gutz 7A 米怜：《进小门走窄路解论》，无出版信息。

Gutz 7B 米怜：《进小门走窄路》，无出版信息。

Gutz 9 米怜：《祈祷真法批注》，无出版信息。

Gutz 11 米怜：《圣书节注十二训》，无出版信息。

Gutz 12A 米怜：《赌博明论略讲》，无出版信息。

Gutz 12B 米怜：《赌博明论略讲》，无出版信息。

Gutz 13 米怜：《古今圣史纪集》，无出版信息。

Gutz 16 米怜：《察世俗每月统记传》，1821 年刊本。

Gutz 17 梁阿发：《拣选劝世要言》，新加坡坚厦书院藏板。

Gutz 19I、II 麦都思：《特选撮要每月纪传》，巴达维亚。

Gutz 22 麦都思：《清明扫墓之论》，无出版信息。

Gutz 24 麦都思：《妈祖婆生日之论》，无出版信息。

Gutz 27I 麦都思：《马太传福音书》，新加坡坚夏书院藏版，1836.

Gutz 27II 麦都思：《马可传福音书》，新加坡坚夏书院藏版，1836.

Gutz 27III 麦都思：《约翰传福音书》，新加坡坚夏书院藏版，1836.

Gutz 28 麦都思：《新遗诏书》，无出版信息。

Gutz 32 高大卫：《天镜明鉴》，道光六年镌。

Gutz 33 高大卫：《圣书凭据总论》，道光七年镌。

Gutz 34 高大卫：《圣书袖珍》，聚宝楼藏板。

Gutz 35 郭实猎:《诚崇拜类函》,道光甲午年镌。

Gutz 36 郭实猎:《赎罪之道传》,道光甲午年镌。

Gutz 37 郭实猎:《赎罪之道传》,道光丙申年镌。

Gutz 38 郭实猎、李玛环:《常活之道传》,道光十四年版。

Gutz 39 郭实猎:《上帝真教传》,道光十四年版。

Gutz 40 郭实猎:《救世主[耶稣]言行全传》,新加坡坚夏书院藏板。

Gutz 41 郭实猎:《是非略论》,道光十五年镌。

Gutz 42 郭实猎:《正教安慰》,新加坡坚夏书院藏板。

Gutz 43a 郭实猎:《救世主耶稣之圣训》,新加坡坚夏书院藏板。

Gutz 43b 郭实猎:《救世主耶稣之圣训》,新加坡坚夏书院藏板。

Gutz 44 郭实猎:《耶稣神绩之传》,新加坡坚夏书院藏板。

Gutz 45 郭实猎:《全人矩矱》,新加坡坚夏书院藏板。

Gutz 46a 郭实猎:《福音之箴规》,道光十六年镌。

Gutz 46b 郭实猎:《福音之箴规》,道光十六年镌。

Gutz 47a 郭实猎:《耶稣之宝训》,道光十六年镌。

Gutz 47b 郭实猎:《耶稣之宝训》,道光十六年镌。

Gutz 48 郭实猎:《耶稣降世之传》,道光十六年镌。

Gutz 49 郭实猎:《正道之论》,无出版信息。

Gutz 50 郭实猎:《东西洋考每月统记传》。

Gutz 51 郭实猎:《摩西言行全传》,道光十六年镌。

Gutz 52 郭实猎:《但耶利言行全传》,道光十七年镌。

Gutz 53 郭实猎:《保罗言行录》,道光十七年镌。

Gutz 54 郭实猎:《约翰言行录》,道光十七年镌。

Gutz 55 郭实猎:《关系重大略说》,道光十七年镌。

Gutz 56 郭实猎:《真道自证》,新加坡坚夏书院藏板。

Gutz 57a 郭实猎 :《上帝万物之大主》,新加坡坚夏书院藏板。

Gutz 57b 郭实猎 :《上帝万物之大主》,新加坡坚夏书院藏板。

Gutz 58 郭实猎 :《约色弗言行录》,新加坡坚夏书院藏板。

Gutz 59 郭实猎 :《彼得罗言行全传》,道光十八年镌。

Gutz 60 郭实猎 :《圣书列祖全传》,道光十八年镌。

Gutz 61 郭实猎 :《颂言赞语》,道光十八年镌。

Gutz 62A 郭实猎 :《转祸为福之法》,道光十八年镌。

Gutz 62B 郭实猎 :《转祸为福之法》,无出版信息。

Gutz 63 郭实猎 :《诲谟训道》,道光十八年镌。

Gutz 64A 郭实猎 :《世人救主》,道光十八年镌。

Gutz 64B 郭实猎 :《世人救主》,无出版信息。

Gutz 65 郭实猎 :《生命无限无疆》,新加坡坚夏书院藏板。

Gutz 66 郭实猎 :《慈惠博爱》,道光十八年镌。

Gutz 67 郭实猎 :《圣书注疏》,道光十九年镌。

Gutz 68 郭实猎 :《贸易通志》,无出版信息。

Gutz 69a 郭实猎 :《小信小福》,无出版信息。

Gutz 69b 郭实猎 :《小信小福》,无出版信息。

Gutz 70 郭实猎 :《改邪归义之文》,新加坡坚夏书院藏板。

Gutz 71 郭实猎 :《耶稣比喻注说》,无出版信息。

Gutz 72a 郭实猎 :《悔罪之大略》,无出版信息。

Gutz 72b 郭实猎 :《悔罪之大略》,无出版信息。

Gutz 73I-IV 郭实猎 :《旧遗诏圣书》,无出版信息。

Gutz 74 郭实猎 :《救世主耶稣新遗诏书》,无出版信息。

Gutz 79 顺德欧适子 :《解元三字经》,芥子园藏板。

Gutz 84 郭实猎 :《救世耶稣受死全传》,赐福堂藏版。

Gutz 85a 郭实猎 :《山上宣道》,无出版信息。

Gutz 85b 郭实猎 :《山上宣道》,无出版信息。

Gutz 85c 郭实猎 :《山上宣道》,无出版信息。

Gutz 86a-e 郭实猎 :《皇城信式》,无出版信息。

Gutz 86a-e 郭实猎 :《天教各条问答解名》,无出版信息。

Gutz 87 郭实猎 :《紧要问答》,无出版信息。

Gutz 88 郭实猎 :《上帝创造》,汉会出版。

Gutz 89 郭实猎 :《招人获救》,汉会出版。

Gutz 90 郭实猎 :《上帝垂爱世人》,汉会出版。

Gutz 91 郭实猎 :《耶稣复生传》,福德堂藏板,汉会出版。

Gutz 92 郭实猎 :《耶稣赎罪之道》一 ;《觉世遗规》二 ;《耶稣慈悲爱世》三 ;《论耶稣降生以救世人》四等,汉会出版。

Gutz 93 郭实猎 :《圣书新遗诏卷一・马太福音传》,无出版信息。

Gutz 94 佚名 :《*The sermon of Jesus upon the mount* 耶稣在山传道》, 英华书院。

Gutz 95《朝廷准行正教录》,道光二十五年镌。

Gutz 96《善人安死之道》,1846 年英华书院藏板。

Gutz 97《福音大旨》,1847 年香港英华书院藏板。

Gutz 99 Dyer Ball :《常拜真神之道》,无出版信息。

Or.27044 何八 :《何八禀》,手稿,约 1851 年。

Koninklijk Nederlands Aardrijkskundig Genootschap Collection（荷兰皇家地理学会收藏）

KNAG 84a 郭实猎 :《圣书劝言》,无出版信息。

KNAG 84b 郭实猎 :《圣书劝言》,无出版信息。

KNAG 86a 郭实猎 :《圣会祷词》,无出版信息。

KNAG 86b 郭实猎 :《圣会祷词》,无出版信息。

KNAG 87a 郭实猎 :《圣会之史》,无出版信息。

KNAG 87b 郭实猎 :《圣会之史》,无出版信息。

KNAG 88a 郭实猎 :《万国史传》,无出版信息。

KNAG 88b 郭实猎 :《万国史传》,无出版信息。

KNAG 89 郭实猎 :《圣经之史》,无出版信息。

KNAG 90a 郭实猎 :《教条》,无出版信息。

KNAG 90b 郭实猎 :《教条》,无出版信息。

KNAG 96 郭实猎 :《救世主言行撮略(6卷)》,为仁公会纂著,暹罗国理夏书院藏板。

National Maritime Museum Collection

Private illustrated Journal of Dr E H Cree.

Noord-Hollands Archief,Digitale Collectie

Portret (silhouet) van Karl Friedrich Gützlaff.

National Library of Australia, Digital Collections

Karl Friedrich August Gutzlaff :《救世主耶稣基督行论之要略传》,道光甲午刻本。

郭实猎 :《赎罪之道传》,道光丙申刻本。

郭实猎 :《耶稣神迹之传》,道光十六年刻本。

Regional Archives of Zutphen（聚特芬地方档案馆）

Letter of K.F.A.Gutzlaff, archive no.0286, Collection of autographs of Schimmelpenninck van der Oye（1327—1918）, inventory no.456.

Staatsbibliothek zu Berlin/ Handschriftenabteilung（柏林国家图书馆手稿部）

Autogr.I/1122—86：*Brief von Gützlaff an Bitter.*

Autogr.I/1122—87：*Brief von Carl F. Gützlaff an Johann Georg Wermelskirch.*

Autogr.I/1122—88 : *Brief von Carl F.Gützlaff an Christian Gottlob Barth.*

Autogr.I/1122—89 : *Brief von Carl F.Gützlaff an Unbekannt.*

Nachl. Alexander von Humboldt, kl. Kasten 3b, Nr112 :*Brief von Carl F.Gützlaff an Alexander von Humboldt.*

Nachl. Alexander von Humboldt, kl. Kasten 3b, Nr113 :*Brief von Carl F.Gützlaff an Alexander von Humboldt.*

Nachl.480, 4 :Gützlaff, Karl Friedrich :Sinnspruch, chinesisch und deutsch (Einheitstitel von Bearbeiter/in).

Sig. Darmstaedter Asien 1831 ;Gützlaff. Karl friedrich August Blatt 1—2 :*Brief von Carl F.Gützlaff an Rückert.*

Sig. Darmstaedter Asien 1831 ;Gützlaff. Karl friedrich August Blatt 3—4 :*Brief von Carl F.Gützlaff an Karl Friedrich Neumann.*

Sig. Darmstaedter Asien 1831 ;Gützlaff. Karl friedrich August Blatt 5 :*Brief von Carl F.Gützlaff an Unbekannt.*

Sig. Darmstaedter Asien 1831 ;Gützlaff. Karl friedrich August Blatt 6 :*Brief von Carl F.Gützlaff an Unbekannt.*

Sig. Darmstaedter Asien 1831 ;Gützlaff. Karl friedrich August Blatt 7 :*Brief von Carl F.Gützlaff an Johann Joseph Hoffmann.*

Sig. Darmstaedter Asien 1831 ;Gützlaff. Karl friedrich August Blatt 8—9 :*Brief von Carl F.Gützlaff an Friedrich Wilhelm Lindner.*

Sig. Darmstaedter Asien 1831 ;Gützlaff. Karl friedrich August Blatt 10—13 :*Veryeichnung für eine Reise nach Tibet*

(*incipit der Unterlage*).

Sig. Darmstaedter Asien 1831 ;Gützlaff. Karl friedrich August Blatt 14 :*Namenszeichnung.*

University of Birmingham, Special Collections（伯明翰大学特藏）

XCMS-*Church* Missionary *Society Unofficial Papers*（圣公会传教会非官方文件）.

CMS/ACC46 C1 Letters *from Dr. Charles Gutzlaff to Mrs. R. Howard of Tottenham.*

CMS/B/OMS/C CH M1 *Mission book: documents received 10 March 1836—10 June 1840; 9 January 1845—22 April 1851: index of names and a few subjects.*

CMS/B/OMS/C CH O3b *Smith, George, Bishop of Victoria [Hong Kong] [acted as mission secretary 1850—1852?]*

CMS/B/OMS/C CH O12 *Miscellaneous papers.*

CMS/B/OMS/C CH O47 *Gutzlaff, Charles.*

CMS/B/OMS/C CH O72 *Russell, Rev. William Armstrong.*

CMS/B/OMS/C I1 O167 *Kruckeberg, Rev. Henry Christian Ludwig.*

CMS/B/OMS/C I2 O217 *Schmid, Rev. Ludwig Bernhard Ehregott.*

CMS/G/AC 14K *Society of Christian Morality and Paris Evangelical Missionary Society, Paris.*

CMS/G/AC 15/8 *Letters from Reverend Christian G. Barth, Mottlingen near Calw.*

CMS/G/AC 15/64 *Letters from Charles Gutzlaff, Rotterdam.*

CMS/G/AC 15/99 *Letters from Reverend B. Ledeboer,*

Netherlands Missionary Society, Rotterdam.

CMS/G/AC 15/129 *Letters from Reverend J. Christian Reichardt, Rotterdam and Warsaw.*

CMS/G/AC 15/146 *Letter from Reverend A. S. Thelwall, Amsterdam.*

XDA19 -*Dr Karl Gutzlaff Collection*（郭实猎收藏）.

DA19/1/1/1 *Letters, papers and printed material.*

DA19/1/2/1 *Drafts of parts of English-Mandarin dictionary.*

DA19/1/2/2 *Drafts of parts of English-Chinese dictionary.*

DA19/1/2/3 *Draft of article.*

DA19/1/2/4 *Drafts of parts of English-Chinese dictionary.*

DA19/1/2/5 *Notes possibly for use in an article.*

DA19/1/3/1 *Catalogue of Chinese books.*

DA19/2/1/1 *Bound volume of letters, papers and printed material, 1849—1853.*

DA19/2/1/2 *Letters, printed material and a notebook relating to the translation, printing and distribution of the scriptures in China, 1850-(1854).*

DA19/3/1/1 *Photocopies of papers in the archives of the China Inland Mission.*

XDA21-*Papers of James Rendel Harris and Helen Balkwill Harris.*

DA21/1/5/1/11 *List of the archives of Karl Gutzlaff.*

XFES-*Records of the Society for Promoting Female Education in the East.*

FES AM1 Minutes 25 July 1834—2 July 1846.

XL-*Records of the Loochoo Naval Mission.*

L A8 *Dr Charles Gutzlaff.*

XHT-*The Harold Turner Collection*（哈罗德·特纳收藏）.

HT/G/8/160 *First converts and Charles Gutzlaff's chinese union (by) Bob Whyte.*

中国第一历史档案馆藏清朝档案：

《军机处录副奏折》帝国主义侵略类、财政类、军务类等

《朱批奏折》帝国主义侵略类、财政类、军务类等

《上谕档》道光朝

《剿捕档》道光朝

已刊文献

爱汉者等编，黄时鉴整理:《东西洋考每月统记传》，中华书局1997年版。

艾莉莎·马礼逊编:《马礼逊回忆录》，大象出版社2008年版。

Bernard, W. D. Narrative of the Voyages and Services of the Nemesis, from 1840 to 1843, london 1844.

白晋著，赵晨译，刘耀武校:《康熙皇帝》，黑龙江人民出版社1981年版。

博爱者(米怜):《察世俗每月统记传》，1815—1822年。

Cosack, C. J., *Gützlaff und die evangelische Mission in China.* Königsberg 1851.

陈全之:《蓬窗日录》，明嘉靖四十四年刻本。

崇彝:《道咸以来朝野杂记》，北京古籍出版社1982年版。

戴枚修，董沛纂:《(同治)鄞县志》，光绪三年刊本。

丁韪良:《花甲忆记:一位美国传教士眼中的晚清帝国》，广西师范大

学出版社,2004年版。

E.A. Morrison, *Memoirs of the Life and Labours of Robert Morrison*, London:Longman, Orme, Brown, Green and Longmans, 1839.

福建师范大学历史系、福建地方史研究室编:《鸦片战争在闽、台史料选编》,福建人民出版社1982年版。

Gerhard Rudolf Erdbrink, *Gützlaff, de apostel der Chinezen, in Zijn Leven en Zijne Werkzaamheid,* Wijt, 1850.

Gutzlaff, Charles, *Journals of Three Voyages along the Coast of China in 1831, 1832, &1833*, New York, 1834.

Gutzlaff, Charles, *Journals of Three Voyages along the Coast of China in 1831, 1832, &1833*, London, 1834.

Gutzlaff, Charles, *Journals of Three Voyages along the Coast of China in 1831, 1832, &1833*, Second Edition, London, 1834.

Gutzlaff, Charles, *China Opened,* Hackney, 1838, 2 Vols.

Gutzlaff, Charles, *China Opened,* London: Smith, Elder and Co., 1838, 2 Vols.

Gutzlaff, Charles, *A Sketch of Chinese History*, London: Smith, Elder and Co., 1834, 2vols.

Gutzlaff, Charles, *A Sketch of Chinese History*, New York: Haven, 1834, 2vols.

Gützlaff, Karl, *The Life of Taou-Kwang, Late Emperor of China*, London: Smith, Elder and Co., 65, Cornhill, 1852.

Gutzlaff, *Charles. The Journal of Two Voyages Along the Coast of China in 1831, &1832*, New York: J.P. Haven, 1833.

Gutzlaff, Karel, *Geschiedenis der uitbreiding van Christus Koningrijk op aarde,* Rotterdam, 1828.

Gützlaff, Karl, *Leben des Kaisers Daokuang*, Leipzig, 1852.

Gützlaff, Karl, *von der Mitte des Jahres 1841 bis zum Schluss des Jahres 1846*, Cassel, 1850.

Gützlaff, Karl, *Missionar Gützlaff's ausführlicher Bericht von seinem dreijaehrigen Aufenthalt in Siam und seiner Reise Laengs der Küste von China bis nach Mantschu-Tartarei.* Elberfeld, 1834.

Gützlaff, Karl, *Gützlaff's Geschichte des chinesischen Reiches von den ältesten Zeiten bis auf den Frieden von Nanking. J.G. Cotta, 1847.*

Gützlaff, Karl, *Die Mission in China: Vorträge.*1851.

Gützlaff, Karl, *Über die Handelsverhältnisse im östlichen Asien.* Schultze, 1850.

Gützlaff, Karl, *Gützlaff's geschiedenis van het chinesche rijk van de oudste tijden tot op den vrede van Nanking.* bij K. Fuhri, 1852.

Gützlaff, Karl, *Reizen langs de kusten van China, en bezoek op Corea en de Loo-Choo-eilanden, in de jaren 1832 en 1833.* bij M. Wijt & Zonen, 1835.

Gützlaff, Karl, *Gützlaffä's Geschiedenis van het Chinesche Rijk,* K.Fuhrl, 1852.

Gützlaff, Karl, *Verslag van een driejarig verblijf in Siam, en van eene reize langs de kust van China naar Mantchou-Tartarije.* bij M. Wijt & Zonen, 1833.

Gützlaff, Karl, *Aan mijne mede-christenen in Nederland,* Loman Jr, 1850.

Gützlaff, Karl, *Smeekschrift, ten behoeve der heidenen en Mahomedanen, gerigt aan alle christenen van Nederland.* H.

Höveker, 1850.

ギュツラフ译:《约翰福音之传》(原文),《基督教研究》(日本),卷16号1,pp.1—66,1938年10月15日。

郭实猎著,黎子鹏编注:《赎罪之道传:郭实猎基督教小说集》,橄榄出版有限公司2013年版。

顾长声:《从马礼逊到司徒雷登——来华新教传教士评传》,上海人民出版社1985年版。

广东省文史研究馆译:《鸦片战争史料选译》,中华书局1983年版。

"国史馆"校注:《清史稿校注》,台湾商务印书馆1999年版。

荷尔德林著,林克译:《浪游者》,上海文艺出版社2014年版。

亨特著,冯树铁、沈正邦译:《广州番鬼录 旧中国杂记》,广东人民出版社2009年版。

胡滨:《英国档案有关鸦片战争资料选译》,中华书局1993年版。

John Stow, *A hermit's narrative of opinions, on divine revelation, and Christianity, as its crowning point.* 1861.

Jacob Tomlin, *Missionary Journals and Letters, Written during Eleven Years' Residence and Travels among the Chinese, Siamese, Javanese, Khassias, and Other Eastern Nations*, London: Nisbet, 1844.

蒋廷黻编:《筹办夷务始末补遗》,北京大学出版社1988年版。

蒋廷黻编:《近代中国外交史资料辑要》,《民国丛书》第二编27,上海书店1990年版。

Karl Gützlaff's Leben und Heimgang , Berlin, 1851.

Karl Friedrich Ledderhole, *Johann Jänicke, der evangelisch-lutherische Prediger an der böhmischen oder Bethlehems-Kirche zu Berlin,* Berlin 1863.

Lieutenant John Ouchterlony, *The Chinese War:an Account of all the Operations of the British Forces from the Commencement to the Treaty of Nanking,* London:Saunders and Otley, 1844.

Lindsay & C. Gutzlaff, *Report of Proceedings on a Voyage to the Northern Ports of China in the Ship lord Amherst*, London:B. Fellowes, 1834.

Lindsay, H. Hamilton, *Letter to the Right Honourable Viscount Palmerston, On British Relations with China*, London:Saunders and Otley, 1836.

Loch, Granville, *The Closing Events of the Campaign in China*, London:J. Murray, 1843.

来新夏编著:《林则徐年谱长编》,上海交通大学出版社2011年版。

李长传:《民国江苏省地志》,1936年铅印本。

梁廷枏:《夷氛闻记》,中华书局1959年版。

林则徐:《林文忠公日记》,《近代中国史料丛刊续编》第五辑,文海出版社1974年版。

林则徐全集编辑委员会:《林则徐全集》,海峡文艺出版社2002年版。

Medhurst, W. H., *China: Its State and Prospects*, London:John Snow, 1840.

穆彰阿:《(嘉庆)大清一统志》,《四部丛刊续编》景旧钞本。

宁波市社会科学界联合会、中国第一历史档案馆编:《浙江鸦片战争史料》,宁波出版社1997年版。

Petrus Hofstede de Groot, *Over Gützlaff, bij de treurmare van zijnen dood,* Oomkens, 1852.

Petrus Hofstede de Groot, *De zending in china: volgens't geen Dr. K. Gützlaff den 18 April 1850, daarvan te Groningen mededeelde :*

benevens eenige woorden over de noodwendigheid der zending, vooral over die in china in onzen tijd. Bij A. L. Scholtens, 1850.

Peter Auber, *China, An Outline of Its Government, Laws and Policy*, London：Parbury, Allen and Co., 1834.

彭润章:《光绪平湖县志》,清光绪十二年刊本。

齐思和等整理:《筹办夷务始末·道光朝》,中华书局1964年版。

《清实录》,中华书局2008年版。

容闳著,沈潜、杨增麒评注:《西学东渐记》,中州古籍出版社1998年版。

容闳著,恽铁樵、徐凤石译:《容闳自传:我在中国和美国的生活》,团结出版社2005年版。

容闳著,石霓译注:《容闳自传:我在中国和美国的生活》,百家出版社,2003年版。

Theodore Hamberg, *Report regarding the Chinese Union at Hongkong,* Hongkong Register Office, 1851.

王庆成编著:《稀见清世史料并考释》,武汉出版社1998年版。

王铁崖:《中国旧约章汇编》,生活·读书·新知三联书店1982年版。

王之春:《清朝柔远记》,中华书局1989年版。

魏源:《海国图志》,岳麓书社2011年版。

伟烈亚力著,倪文君译:《1867年以前来华基督教传教士列传及著作目录》,广西师范大学出版社2011年版。

Wylie Alexander, *Memorials of Protestant Missionaries to the Chinese：Giving a List of their Publications and Obituary Notices of the Deceased*, Shanghae：American Presbyterian Mission Press, 1867.

William Lockhart, *The Medical Missionary in China: A Narrative of*

Twenty Years' Experience, London: Hurst and Blackett , 1861.
卫斐列著,顾钧、江莉译:《卫三畏生平及书信——一位美国来华传教士的心路历程》,广西师范大学出版社2004年版。
卫三畏著,陈俱译,陈绛校:《中国总论》,上海古籍出版社2005年版。
夏燮:《中西纪事》,岳麓书社1988年版。
《新约全书》和合本修订版,香港圣经公会2006年6月版。
许地山:《达衷集》,沈云龙等编:《近代中国史料丛刊续编》第五辑,文海出版社1974年版。
荑秋散人:《玉娇梨》,人民文学出版社1983年版。
佚名:《夷匪犯境闻见录》,《中国公共图书馆古籍文献珍本汇刊》,中华全国图书馆文献微缩复制中心1995年版。
应宝时:《(同治)上海县志》,清同治十一年刊本。
德庇时(Davis, J. F.)著,易强译:《崩溃前的大清帝国:第二任港督的中国笔记》,光明日报出版社2013年版。
中国史学会主编:《中国近代史资料丛刊·鸦片战争》,上海人民出版社1957年版。
中国第一历史档案馆编:《鸦片战争档案史料》,天津古籍出版社1992年版。
中国第一历史档案馆编:《咸丰同治两朝上谕档》,广西师范大学出版社1998年影印。
中国第一历史档案馆、中共舟山市委宣传部、舟山市社会科学联合会、舟山市档案局:《鸦片战争在舟山史料选编》,浙江人民出版社1992年版。
中国科学院上海历史研究所筹备委员会编:《鸦片战争末期英军在长江下游的侵略罪行》,上海人民出版社1958年版。
朱静编译:《洋教士看中国朝廷》,上海人民出版社1995年版。

庄建平主编:《近代史资料文库》,上海书店出版社2009年版。
周凯:《(道光)厦门志》,清道光十九年刊本。
佐佐木正哉:《鸦片战争之研究(资料篇)》,文海出版社1983年版。
佐佐木正哉:《鸦片战争前中英交涉文书》,文海出版社1967年版。
爱德华·V·吉利克(Edward V·Gulick)著,董少新译:《伯驾与中国的开放》,广西师范大学出版社2008年版。
Arthur Waley, *The Opium War through Chinese Eyes*, London, 1958.
北京师范学院历史系中国近现代史教研室:《简明中国近现代史词典》,中国青年出版社1985年版。
伯林著,哈代编,吕梁等译:《浪漫主义的根源》,译林出版社2011年版。
陈汉才:《容闳评传》,广东高等教育出版社2008年版。
陈景熙主编:《潮青学刊》第1辑,社会科学文献出版社2013年版。
陈旭麓等编:《中国近代史词典》,上海辞书出版社1982年版。
陈玉堂编:《中国近现代人物名号大辞典》,浙江古籍出版社1993年版。
陈鸿瑜:《印度尼西亚史》,台北编译馆2008年版。
戴学稷主编:《鸦片战争人物传》,福建教育出版社1985年版。
《东南亚历史词典》编辑委员会编:《东南亚历史词典》,上海辞书出版社1995年版。
樊桂英等编:《香港地名词典》,中国社会出版社1999年版。
范正义:《众神喧哗中的十字架——基督教与福建民间信仰共处关系研究》,社会科学文献出版社2015年版。
范文澜:《中国近代史》上编第1分册,读书出版社1947年版。
方汉奇:《中国近代报刊史》,山西教育出版社1995年版。
费正清主编:《剑桥中国晚清史(中译本)》,中国社会科学出版社

1991年版。

格林堡著,康成译:《鸦片战争前中英通商史》,商务印书馆1961年版。

葛松著,中国海关史研究中心译:《李泰国与中英关系》,厦门大学出版社1991年版。

戈公振:《中国报学史》,上海古籍出版社2003年版。

龚缨晏:《鸦片的传播与对华鸦片贸易》,东方出版社1999年版。

顾卫民:《基督教与近代中国社会》,上海人民出版社1996年版。

郭廷以:《近代中国史事日志》,中华书局1987年版。

郭廷以:《近代中国史纲》,香港中文大学出版社1980年版。

郭廷以:《近代中国史》第一册,商务印书馆1940年版。

郭廷以:《近代中国史》第二册,商务印书馆1941年版。

郭廷以:《近代中国史》,《民国丛书》,上海书店1989年版。

Herman Schlyter, *Der China-Missionar Karl Gützlaff und seine Heimatbasis,* Schweden, 1976.

Herman Schlyter, *Karl Gützlaff als Missionar in China*, Lund: Copenhagen : Gleerup; Munksgaard, 1946.

Herman Schlyter, *Theoder Hamberg den förste svenske Kinamissionären,* Lund, 1952.

洪泽主编:《上海研究论丛》第2辑,上海社会科学院出版社1989年版。

胡绳:《从鸦片战争到五四运动》,人民出版社1981年版。

胡卫清:《苦难与信仰》,生活·读书·新知三联书店2013年版。

黄安年主编:《史学选译》总第17期,北京师范大学史学选译编辑部1990年10月。

黄宇和:《两次鸦片战争与香港的割让:史实和史料》,台北"国史馆”1998年版。

Jessie G. Lutz, *Opening China:Karl F. A. Gützlaff and Sino-western Relation, 1827—1852,* Grand Rapids, Michigan: Wm. B. Eerdmans Publishing Co., 2008.

蒋廷黻:《中国近代史》,岳麓书社1987年版。

江庆柏:《清代人物生卒年表》,人民文学出版社2005年版。

Koos Kuiper, *List of Chinese Works by Early Nineteenth-century Protestant Mssionaries (until 1867) Introduction and catalogue*, Netherlands:Leiden University Library East Asian Library, leiden, 2009.

赖德烈(Latourette, K.S.)著,陈郁译:《早期中美关系史》,商务印书馆1963年版。

蓝诗玲(Julia Lovell)著,刘悦斌译:《鸦片战争》,新星出版社2015年版。

雷雨田主编:《近代来粤传教士评传》,百家出版社2004年版。

栗叶:《罗伯聃与〈华英说部撮要〉》,硕士学位论文,华东师范大学对外汉语学院,2011年。

李剑农:《中国近百年政治史》,《民国丛书》第一编23,上海书店1989年版。

李天锡:《华侨华人民间信仰研究》,中国文联出版社2004年版。

李志刚:《基督教与近代中国人物》,宇宙光全人关怀机构2006年版。

李志刚:《马礼逊牧师传教事业在香港的延展》,香港中文大学崇基学院宗教与中国社会研究中心2007年版。

列岛编:《鸦片战争史论文专集》,生活·读书·新知三联书店出版1958年版。

林国平、彭文宇:《福建民间信仰》,福建人民出版社1993年版。

林启彦、朱益宜编著:《鸦片战争的再认识》,香港中文大学出版社2003年版。

林治平主编:《近代中国与基督教论文集》,宇宙光出版社1981年版。

刘祺:《西方医学在近代中国(1840—1911)——医术、文化与制度的变迁》,博士学位论文,南开大学历史学院,2012年。

刘彦:《中国近时外交史》,《民国丛书》第一编27,上海书店1989年版。

刘禾著,杨立华等译:《帝国的话语政治》,生活·读书·新知三联书店2009年版。

吕思勉:《吕著中国通史》,华东师范大学出版社1997年版。

罗尔纲:《绿营兵志》,中华书局1984年版。

马士著,区宗华译:《东印度公司对华贸易编年史》,中山大学出版社1991年版。

马士著,张汇文等译:《中华帝国对外关系史 第1卷 1834—1860年冲突时期》,生活·读书·新知三联书店1957年版。

麦可·葛雷哥里奥著,宋伟航译:《谋杀理性批判》,远流出版事业股份有限公司2009年版。

茅海建:《近代的尺度》,生活·读书·新知三联书店1998年版。

茅海建:《天朝的崩溃:鸦片战争再研究》,生活·读书·新知三联书店2005年版。

牟安世:《鸦片战争》,上海人民出版社1982年版。

John K. Fairbank, *The Missionary Enter Prise in China and America*, Cambridge : Harvard University Press, 1974.

Murray A. Rubinstein, *The Origins of the Anglo-American Missionary Enterprise in China,1807—1840,* Lanham and London: Scarecrow Press, 1996.

钱实甫:《清代职官年表》,中华书局1980年版。

Reichter, J., Die evangelische Mission in Niederländisch-Indien, Gütersloh: Bertelsmann, 1931.

斯坦利·莱恩-普尔、弗雷德里克·维克多·狄更斯著,金莹译:《巴夏礼在中国》,广西师范大学出版社2008年版。

宋莉华:《传教士汉文小说研究》,上海古籍出版社2010年版。

苏精:《马礼逊与中文印刷出版》,台湾学生书局2000年版。

苏精:《上帝的人马:十九世纪在华传教士的作为》,基督教中国宗教文化研究社2006年版。

陶飞亚、杨卫华:《基督教与中国社会研究入门》,复旦大学出版社2009年版。

王治心:《中国基督教史纲》,沈云龙主编:《近代中国史料丛刊》第64辑,台湾文海出版社。

王德毅编:《清代别名字号索引》,台湾新文丰出版公司1985年版。

王宏志主编:《翻译史研究(2011)》,复旦大学出版社2011年版。

魏斐德著,王小荷译:《大门口的陌生人:1839—1861年间华南的社会动乱》,中国社会科学出版社1988年版。

吴庆棠:《新加坡华文报业与中国》,上海社会科学院出版社1997年版。

吴文莱主编:《容闳与中国近代化》,珠海出版社1999年版。

吴义雄:《在宗教与世俗之间:基督教新教传教士在华南沿海的早期活动研究》,广东教育出版社2000年版。

吴义雄:《条约口岸体制的酝酿——19世纪30年代中英关系研究》,中华书局2009年版。

吴义雄:《开端与进展:华南近代基督教史论集》,台湾宇宙光全人关怀机构2006年版。

吴义雄:《开端与进展:华南近代基督教史论集》,广西师范大学出版社2011年版。

吴义雄:《在华英文报刊与近代早期的中西关系》,社会科学文献出版社2012年版。

严中平著,经君健编:《严中平文集》,中国社会科学出版社1996年版。

杨森富:《中国基督教史》,台湾商务印书馆1984年版。

杨佳智:《郭实腊其人及其在早期对华传教活动中所扮演的角色和影响》,《“传教运动与中国教会”学术研讨会论文集》,2006年11月。

杨廷福等编:《清人室名别号字号索引》,上海古籍出版社2001年版。

姚薇元:《鸦片战争史实考》,人民出版社1984年版。

俞强:《鸦片战争前传教士眼中的中国》,山东大学出版社2010年版。

萧致治、杨卫东编撰:《鸦片战争前中西关系纪事》,湖北人民出版社1986年版。

熊月之:《西学东渐与晚清社会(修订版)》,中国人民大学出版社2011年版。

新华通讯社译名室编:《世界人名翻译大辞典(修订版)》,中国对外翻译出版公司2007年版。

徐中约著,计秋枫、朱庆葆译,茅家琦、钱乘旦校:《中国近代史》,香港中文大学出版社2001年版。

张海鹏主编:《中国近代通史》,江苏人民出版社2006年版。

张西平主编:《〈中国丛报〉篇名目录及分类索引》(*List of articles and subject index of Chinese repository*),广西师范大学出版社2008年版。

张美兰编:《美国哈佛大学哈佛燕京图书馆藏晚清民国间新教传教

士中文译著目录提要》,广西师范大学出版社2013年版。
赵匡为主编,丁一伟等撰稿:《简明宗教辞典》,上海辞书出版社2006年版。
赵路卫:《麦都思与〈圣经〉中译》,硕士学位论文,湖南大学岳麓书院,2011年。
郑连根:《昨夜西风:那些活跃在近代中国的传教士》,中国华侨出版社2011年版。
郑绍昌主编:《宁波港史》,人民交通出版社1989年版。
中国社会科学院近代史研究所《国外中国近代史研究》编辑部编:《国外中国近代史研究》第十辑,中国社会科学出版社1988年版。
中国社会科学院近代史研究所《国外中国近代史研究》编辑部编:《国外中国近代史研究》第十二辑,中国社会科学出版社1992年版。
中国人民政治协商会议福建省漳浦县委员会文史委员会编:《漳浦文史资料》第21辑,2002年版。
朱宝炯等编:《明清进士题名录》,上海古籍出版社1979年版。
朱维铮:《重读近代史》,中西书局2010年版。
朱维铮:《走出中世纪》(增订本),复旦大学出版社2007年版。
朱维铮:《走出中世纪二集》,复旦大学出版社2008年版。
朱维铮:《音调未定的传统》,浙江大学出版社2011年版。
朱杰勤:《东南亚华侨史》,中华书局2008年版。
舟山市政协文史和学习委、舟山晚报编:《文史天地》,文津出版社2003年版。
珠海文史研究所学会主编:《罗香林教授纪念论文集》,台湾新文丰出版公司1992年版。

期刊

American Tract Magazine

Evangelical Magazine & Missionary Chronicle

Christian Advocate

Children's Magazine (New York)

Christian Advocate & Journal & Zion's Herald (New York)

The Canton Register

The Canton Press

The Chinese Courier

The Chinese Repository

The Indo-Chinese Gleaner

The Hong Kong Government Gazette

Missionary Register

Mother's Magazine

The North American Review

New England Spectator

The Spectator

Boston Observer, & Religious Intelligencer

Sunday School Journal & Advocate of Christian Education

Weg und Wahrheit

《中央音乐学院学报》

《中山大学学报》

《近代史研究》

《历史研究》

《历史档案》

《史学月刊》

《国际汉学》
《文史哲》
《史林》
《文献》
《国际新闻界》
《中国文化研究所学报》
《辅仁历史学报》
《德国研究》
《清华学报》
《东方翻译》
《国际新闻界》
《人民日报》
《广州大学学报》
《上海海运学院学报》

后　记

> 老师的长女，现在柏林念高中。我听说她在德国学过拉丁语，便将手中一封无法辨认的拉丁语信件交给她，希望她能助我略释大意。未曾想她办事极其认真，竟将该信交与学校的拉丁语老师辨认。但19世纪的手稿晦涩难懂，就连德国的年轻教师也难以悉释。这名老师又将此信交给学校数学教研组长，请这位老师业已退休却研习过拉丁语手稿的母亲帮助辨认。两页文献，辗转大半个地球，叨扰三代人，才最终得以释读，每念及此，我的内心就充满了感激。

这是2018年，我在博士论文答辩时所撰后记的一部分，也是这本《郭实猎与“开放中国”》从搜集文献、释读内容，到最终成文艰难过程的见证。诚如王维江老师所言，在接受他的建议把郭实猎作为博士论文选题之际，我便知道自己是在冒险。“首先面临的挑战是第一手文献搜集、整理和外语知识储备的不足，不只是已知英文、德文的运用和未知的荷兰文、日文的学习，同时还需掌握手稿辨认和阅读的技巧。”而另一个挑战则在于，“如何打破学界已形成的对郭实猎的固有看法和学术之外的观念禁锢”。回想研究起步的最初两年，陆续收集的文献超过十个语种，尤其是英、德、荷、汉四种语言高频切换的研究状况，和头脑中挥之不去的条条框框，确实都令我迷惑、困顿，甚至苦不堪言。

作为彼时中外关系史上的关键人物，郭实猎身上所背负的争议，不知凡几。倘若我们将这些争议，进一步放大到来华新教传教士群体研究的学术史上，便会发现，这类争议，本就构成了一部迅速变化着的观念史。自20世纪初叶，近代来华西人进入学界的视野以来，无论将他们视为殖民者的爪牙、鸦片商的掮客、侵略者的帮凶，抑或上帝的信徒、文明的种子、科学的使者，任何一种论调都深深地錾刻着时代的烙印，却与事实本身保持着似近而远的距离。或可说，所谓的人文学科、历史著作，真正反映的问题，并非纯粹事实，而是后世论者的知识结构和观念体系。著史者常言求真，尤其我身边四〇、五〇、六〇后的前辈师长，这自然是对“影射”之弊的痛定思痛。但需承认，历史真实固然重要，建立在历史真实基础上的反思和批评更弥足珍贵。还是克罗齐的那句老调——“一切历史都是当代史”。历史承担不起教化的功能，只是教认同者聚集，再教反对者尽速离去。

这本《郭实猎与“开放中国”》在实证方面，是竭尽全力的。答案须从“矛盾的历史陈述中清理出来”。19世纪的英帝国已显出极盛之势，但那毕竟还不是英文主导全球的时代。文献语种的多元，已经呈现出此间中西碰撞过程的复杂形势。当我将研究聚焦于鸦片战争前后二十余年间的“开放”问题时，就必然需要在全球视野之下，重新审视郭实猎在19世纪40年代前后，中国沿海地区所发生的一系列重大事件中所扮演的角色。身为普鲁士人的郭实猎，奉荷兰传道会所派，来到东方，向马来人传教，又为英商、英军、英国政府所用，最终突破中国的海禁。他的背后，是自大航海时代起逐渐形成的殖民贸易体系，是英帝国在殖民扩张时代的强大势力。他在中国的突破和成就，却又得益于南中国海周边地区积累数百年而成的华人华侨人际、经贸网络。而他在汉会问题上的折戟,也清晰地折射出,那些知名传教士和传教机构在争夺利益版图过程中的复杂博弈过程。

重新揭示郭实猎矛盾复杂的人格和经历,可使他摆脱过往几近脸谱化的僵化叙事,还历史以本来面目。更为重要的是,随着这些基本历史事实的清理,陆续涌现的海量西文文献,已经提示出,19世纪上半叶的中外关系史,尤其是鸦片战争史,还存在着一系列更为复杂、重要的面相。我们需要回到全球史的视角,系统性地重新审视此间中英双方,乃至东西方两个世界对彼此的认知情况、知识储备,以及相应的人员交往、贸易网络和政治需求。

直到不久前,华语学界研究鸦片战争的主旨,仍多集中于对王朝昧政的批判,着力强调中国自身"开眼"或"开放"的价值。可如今,曾经号召开放门户的列强,已经转变了姿态。早已视"开眼"为常识的中国,也面临着新的困惑。势随时变,时代话题的变化之快,叫人猝不及防。当鸦片战争的相关研究,在事隔近30年的清冷之后,再次受到更多学者的关注时,新一代学人的价值取向、读史心境、现实关怀和他们所感受到的世界大势都已变化。后人,还能一如既往地赞成近代中国从王朝时代向现代国家的转型吗?旧论似已松动,新说尚未现身。我不禁好奇,变局发生的时代,将变化出怎样的学术?

这部《郭实猎与"开放中国"》的主体,是我于2018年6月在复旦大学完成的博士论文。第三、第八两章则陆续草于毕业之后。2024年5月在本书定稿之前,我又将原有的第七章"郭实猎与鸦片战争"以原标题推翻重写,内容作了较大改动。文前两篇序言,一篇得自王老师,一篇受赐于吴义雄老师。两位老师的序言,多鼓励之言,却叫我惶恐而不知所措。

我不应该回避本书存在的一系列缺陷和争议。诚如吴义雄老师所说，“郭实猎的一个重要身份是香港英国当局的中文秘书”，“对于这个方面，有关研究一向很少，本书亦未予梳理和论述”，这并不是我“自有考虑”，而是近年来因精力分散，无暇顾及的遗憾留白。还有王老师提到，郭实猎在欧洲的拥护者群体、人脉网络，以及与之相应的对立面，也因为文献存量过大，而没能来得及做系统梳理。这些遗憾都只能留待来日从容续写了。此外，韩山明主持汉会工作阶段的状况，也就是本书第八章“汉会‘丑闻’再探”的相应内容，也仍有进一步探索的必要。此章成文后不久，我即呈予苏精先生批阅。先生极认真，迅速传来严肃的批评。邮件很长，概而言之，认为我在文中引用新发现的《何八禀》属于轻信，不可仅以此证，便毁掉韩山明的声誉。信中充满护惜古人之意，令我动容。根据先生的批评，我修改了文中对这份何八供词的部分分析，使文章更趋严谨。但直到发表之时，还是感到，汉会一事实在过于复杂，现有研究仍不够充分。近期，我已着手重新系统梳理巴色会所存相关档案，希冀能在不久之后，再有新的发现。

遇到能够认真批评学生的老师，是一种幸福。

王老师，自不必说。回忆读书的时候，每每被老师骂得狗血淋头的场景，我便会联想到魏达志老师追忆朱维铮先生带学生时的样子：“朱老师批评的严厉，训练的残酷，可以摧毁你所有的自信，摧毁你所有的自尊，然后让你在一种深刻的反思中，让你通过艰苦卓绝的训练进行脱胎换骨的改造，直到你能够重新寻觅生命的起点，重塑你自己的信心，重塑你自己的知识和价值体系，然后才有点希望，才有可能获得新生！”我时常疑心，老师就是想在我的身上复制朱先生当年在他的学生身上所制造的一切磨难。这种“既让人胆战心惊，又让人受益匪浅”的学习经历，可遇而不可求，同样使我受益终身。如今手捧老师写下的序言,读不出当年令我时刻畏惧的威严,那紧锁的眉头似乎也全然化解,满纸尽是温情。是啊!当年答辩的情景宛在眼前,可我离开复旦已经六年了。

吴老师说,在我从事博士论文研究期间,就曾和他"数次分享过"我在文献上的发现。实际情况却是,吴老师在用他寻得的珍本或档案,接济我这个初入此道的学界新人。也不止是文献。自《宗教与世俗之间》起,到《条约口岸体制的酝酿》和《在华英文报刊与近代早期的中西关系》,我对19世纪30年代中西关系发展趋势的基本认识,乃至不少文献的使用和分析方法,都是从吴老师和他的著作中习得的。记得写作博论的时候,案头常备的几本吴老师的著作,因为反复翻阅而屡次散落脱页的情形,正是我大量汲取营养,增长见识的最好例证。有位吴老师的博士后,私下和我聊天,说她这几年,仅仅是每周参加吴老师读书班的收获,便使人感觉,像是又读过一个博士。这也是我每次读书迷茫之时,向吴老师求教之后的同感。2021年,我来到中山大学工作,从吴老师问学之余,又添上了小西门外的旺京鸽和江淮尚品的臭鳜鱼。于严肃儒雅的学者形象之外,才发现他和我一样,也同是喜爱美食之人。研习学问的乐趣,自此又平添出不少。

其实,这些年来,接济我文献、指点我文章的,还有苏精先生和周伟驰老师。当年苏先生来上海讲学,每到复旦,便会请我到街边小店各吃上一碗面。一面分享他在整理档案时的进展,一面为我答疑解惑。我有文章呈送,先生的批评也从来不会客气。尤记得,我在博士论文选题初定的时候,先生就曾鞭策我,像郭实猎这样的选题,"要大题大作,不要大题小作"。这大抵是拙作最终能够成书的最初一方基石。还有,周伟驰老师的那句提醒,"要以热血写冷文章"。有了前辈学人的谆谆教诲,才有家国情怀的代代相传。难忘周老师打包向我传送传教士中文著作时的情形。那些全都是来之不易的稀有文献。而周老师传给我时,一次就是数十上百本。如今,这些珍本也被我连同近年来收集的郭实猎相关档案,逐次转赠给不少共同切磋的学界同仁,使公器能不断生出新论,使学问能在师友间,生机盎然。

2018年博士毕业后,我转至德国图宾根大学,跟随闵道安(Achim Mittag)教授学习。闵老师好酒,在中德两国学界都极有名。德国高校没有禁酒令,如果机会凑巧,你甚至能在他的讨论课上喝到香槟。闵老师曾戏言,他平生最得意的成就,不在学问,而是把当时的图大校长教成了二锅头的粉丝。最难忘的经历,是我和闵老师讨论论文,每次来到他的办公室,都需要面对柜子里数不胜数的汾酒。一斤白酒,两篇论文,虽然高妙之意迭起,我却总会在谈完之后,走不动道。这是老一辈德国汉学家的风骨,更是中西文化碰撞着的别样体验。如今,汉学研究在西方已见整体萎缩之势,名师渐老,新人难济。整个社会的对华兴趣下滑多年。已经荣休的闵老师,却仍旧坚守在他的教学岗位上,希望德国学生仍能像从前一样,以“开放”的眼光,回望中国。读书人的使命,便是在逆境中,破除偏见,还社会以明智。这令我心酸,也令我感同身受。不错的,所谓的“开放”话题,曾经是中国专利,却早已放之西洋而皆准。如今,我坐在杭州魏源墓前,提笔撰写后记,面对这位曾经自诩“以西洋人谭西洋”,实则半窍都不通的“夷务”专家,怅然之间,竟不知吾何所归。

这些拉拉杂杂的思绪、记忆和情感,是我志学十几年来的成长历程,也是一个学生,对老师们的无限感激与敬意。还有中华书局的罗华彤、葛洪春两位先生,以及协助我校对书稿的袁鸿、储伟、李溢澎、张昕悦、占佳君几位同学。本书得以按时出版,离不开他们的心血和付出。说实话,除去上述师友,需要感谢的友人还有很多很多,难以一一照顾周全。我曾开玩笑,后人研究21世纪的中国学术生活,只消打开论著的后记,将致谢名录悉数统计一番,便很容易能绘成一幅巨大的人际网络图谱。为了不让后人在研究中躲懒,此处谨将本该一一谢过的那些,天南海北,激扬文字,把酒言欢的老师、朋友们悉数略去。心照神交,本在肝胆,光彩耀目,无须名状!

2024年8月15日,草于杭州南屏山麓